U0440870

ISBN 978-7-309-10772-2

9 787309 107722 >

定價：32.00圓

李天綱 主編

浦東歷代要籍選刊編纂委員會 編

黃體仁集

[明]黃體仁 撰

杜怡順 整理

復旦大學出版社

自叙

余讀清菴先生中和集閱委順圖曰身心世事謂之四緣委身寧然委心洞然委世混然委事自然作是見者常應常靜何緣之有余懔然有概

湖北省圖書館藏明萬曆刻本《四然齋藏稿》書影一

四然齋藏稿卷之一

上海黃體仁長卿父譔
門人王偕春子與父校

上海縣築浦塘記

今之為德於民也莫大於逆消其害而使民永享其利顧利害有伏於所忽未必倉皇告急而愈緩愈迫實切剝膚者非深識之士不能蚤見預圖即識及矣以傳舍視茲土或慮首事之難或畏衆喙之易亦多浮沉簿書間冀淹引歲月亡恙逭其責以去以故境

湖北省圖書館藏明萬曆刻本《四然齋藏稿》書影二

浦東歷代要籍選刊　編纂委員會

主　任　吳泉國

副主任　秦泉林　葛方耀　柴志光　吳才珺

委　員　丁麗華　朱峻峰　吳昊蕻　沈樂平　金達輝　孟　淵　邵　薇　施利民
唐湘根　唐正觀　莊　崚　馬春雷　許　芳　陳長華　陳偉忠　張劍容
張建明　張　堅　張澤賢　梁大慶　景亞南　費美榮　湯明飛　喬　漪
溫愛珍　楊　雋　潘　浩　趙鴻剛　盧　嵐　龍鴻彬

上海市浦東新區地方誌辦公室
上海市浦東新區政協學習和文史委員會　編

主　編　李天綱

副主編　柴志光　陳長華　金達輝　許　芳　張劍容

總序

葛劍雄

改革開放以來，浦東以新區的設立和其日新月異的發展面貌聞名於世，而此前還只是一個附屬於上海的地名。但這並不等於浦東的歷史是從二十世紀九十年代纔開始的，更不意味着此前的浦東没有自己的文化積累。

由於今上海市一帶至遲在西元十世紀已將河流稱之爲「浦」，如使上海得名的那條河即爲上海浦，一條河的東面就能被稱之爲「浦東」。因而「浦東」可以不止一個，但只有其中依託於比較大的、重要的「浦」而得名的「浦東」，方能成爲一個專用地名，並且能長期使用和流傳。這個「浦」自然非黄浦莫屬。

廣義的浦東是指黄浦江以東的地域，自然得名于黄浦江形成之後，但在兩千多年前的秦漢時期已經開始成陸，此後不斷擴大。黄浦這一名稱始見於南宋紹興二十八年（一一五八），是指吴淞江南岸的一條曾被稱爲東江的支流。此後河面漸寬，到明初已被稱爲大黄浦。永樂年間經夏元吉疏浚，黄浦水道折向西北，在今吴淞口流入長江。正德十六年（一五二一），經疏浚後的吴淞江下游河道流入黄浦，此後，原在黄浦以東的吴淞江故道逐漸堙没，吴淞江成爲黄浦的支流，而黄浦成了上海地區最大河流。

南宋以降，相當於此後黄浦以東地屬兩浙路華亭縣。元至元二十九年（一二九二）析華亭縣置上海縣，此地大部改屬上海縣，南部仍屬華亭縣，北部一小塊自南宋嘉定十五年（一二二二）起屬嘉定縣。在明代黄浦下游河道形成後，黄浦以東地的隸屬關係並無變化。清雍正三年（一七二五）寶山縣設立，黄浦東原屬嘉定縣的北端改屬寶山。雍正四年，黄浦以東地的大部分設置了奉賢縣和南匯縣。嘉慶十五年（一八一〇），以上海縣東部濱海和南匯北部置川沙撫民廳（簡稱川沙廳），民國元年（一九一二）建川沙縣。但上海縣的轄境始終有一塊在黄浦之東，寶山縣也有一小塊轄境處於高橋以西至黄浦以東，故狹義的浦東往往專指這兩處。

一八四三年上海開埠後，租界與華界逐漸連成一片，形成大都市。一九二七年上海設特別市，至一九三〇年改上海市，其轄境均包括黄浦江以東部分，一般所稱浦東即此。一九五八年至一九六一年一度設縣，即以浦東爲名。川沙、南匯二縣雖屬江蘇，但與上海市區關係密切，故仍被視爲浦東，或稱浦東川沙、浦東南匯。一九五八年二縣由江蘇劃歸上海市後更是如此。

改革開放後，浦東新區於一九九二年成立，轄有南市、黄浦、楊浦三區黄浦江以東地、上海縣三林鄉，川沙縣撤銷後全部併入。至二〇〇九年五月，南匯區也撤銷併入浦東新區，則浦東已臻名實相符。

故浦東雖仍有上海市域最年輕的土地，且每年續有增加，但其歷史文化仍可追溯一千多年。特別是上海建鎮、設縣以後，浦東地屬江南富裕地區，經濟發達，文教昌隆，自宋至清産生進士一百多名以及衆多舉人、貢生和秀才，留下大量著作和詩文。上海開埠和設市後，浦東作爲都市近鄰，頗得風氣之先，出現了具有全國影響的人物和著作。

據專家調查，浦東地區一九三七年前的人物傳世著作共有一千三百八十九種，其中收入四庫全書者十二種，列入四庫全書存目者十餘種，在小説、詩文、經學和醫學中均不乏一流作品。但其中部分已成孤本秘笈，本地久無收藏。大多問世後迄未再版，有失傳之虞。由於長期未進行搜集匯總，專業研究人員也難窺全貌，公衆不易查閲瞭解，外界更鮮爲人知。

浦東新區政府珍惜本地歷史文化，重視文化建設，滿足公衆精神需求，支持政協委員提案，決定由新區政協文史資料委員會和地方志辦公室聯合編纂浦東歷代要籍選刊。計劃以至少三年時間，選取整理宋代至民國初年浦東人著作一百種，近千萬字，分數十册出版。此舉不僅使浦東鄉邦文獻得以永續傳承，也使新老浦東人得以瞭解本地歷史和傳統文化，並使世人更全面認識浦東新區，理解浦東實施改革開放的內因和前景。

長期以來，流傳着西方人的到來使上海從一個小漁村變成了大都會的錯誤説法，完全掩蓋了此前上海由一聚落而成大鎮、由鎮而縣、由縣而設置國家江海關的歷史。這固然是外人蓄意誤導的結果，也是本地人對自己的歷史和文化瞭解不夠、傳播更少所致。浦東自改革開放以來，外界也往往只見其高新技術産品密集於昔日農舍田疇，巨型建築崛起於荒野灘塗，而忽視了此前已存在的千年歷史和鬱鬱人文。況新浦東人不少來自外地和海外，又多科研、理工、財經、企管、行政專業人士，使他們全面深入瞭解浦東的歷史文化，更具現實和長遠的意義。

我自浦西移居浦東十餘年，目睹發展巨變，享受優美環境，今又躬逢浦東歷代要籍選刊編纂出版之盛事，曷其幸哉！是爲序。

二〇一四年六月於浦東康橋寓所

主編序

地名：浦東之淵源

李天綱

「浦東」，現在作爲一個「開發區」的概念，留在世人的印象中。一九九〇年代，「浦東」是國内外媒體上出現頻率最高的詞之一。一九九三年一月成立上海市政府直屬地方銀行，以「浦東發展銀行」命名，可見當代「浦東」之於上海的重要性。一九九二年十月，上海市政府執行國家「浦東開發」戰略，以川沙縣全境爲主體，將上海縣位於浦東的三林鄉，當年曾劃歸楊浦、黃浦、南市等市區管理的「浦東」部分合併，設立「浦東新區」。二〇〇九年，上海市政府又決定將地處黃浦江以東的南匯區（縣）全境劃入，成爲一個轄境一千四百二十九點六七平方公里的副省級行政單位，高於上海的一般區縣。「浦東」，作爲一個獨立的行政區劃概念，以强勢的面貌，出現於當代，爲世界矚目。

「浦東」一詞出現得晚，但絶不是没有來歷。浦東和古老的上海、松江和江南一起發展，已經有了上千年的歷史。固然，浦東新區全境都在三千年前形成的古岡身帶以東，所有陸地都是由長江、錢塘江攜帶的泥沙，與東海海潮的沖頂推湧，在唐代以後才形成的。上海博物館的考古隊，没有在浦東地區找到明以前的豪華墓葬。但是，這裏的土地、人物和歷史，與上海縣、松江府和江蘇省相聯繫，是江南地區吳越文明的繁衍與延伸。經過唐、宋時期的墾殖、開發和耕耘，浦東地區的經濟、社會和文化在明、清兩代登峯造極。川沙、周浦、横沔、新場這樣的鄉鎮日臻發達，絶非舊時的一句「斥鹵之地」所能輕視。

浦東新區由原屬上海市位於黄浦江東部的數縣，包括了川沙、南匯和上海縣部分鄉鎮重組而成。從行政統屬來看，浦東新區原屬各縣設立較晚。清代雍正四年（一七二六），從上海縣析出長人鄉，設立南匯縣；嘉慶十五年（一八一〇），由上海縣析出高昌鄉，南匯縣析出長人鄉，加上八、九兩團，合併設立川沙撫民廳，簡稱川沙廳。開埠以後，租界及鄰近地區合併發展，迅速成爲「大上海」，上海、寶山、川沙等縣份受「洋場」影響，捲入到現代都市圈。南匯縣則因爲離市區較遠，和川沙仍皆隸屬於江蘇省松江府。一九一一年，中華民國建立後，廢除州、府、廳建制，南匯縣歸江蘇省管轄，川沙廳改稱川沙縣，亦直屬江蘇省。一九二八年，國民政府在上海設立特別市，浦東地區原屬寶山、川沙縣的鄉鎮高橋、高行、陸行、洋涇、塘橋、楊思等劃入市區。一九三七年以後，日僞建立上海市大道政府、上海特別市政府，將川沙、南匯從江蘇省劃出，隸於「大上海市」。一九四五年抗戰勝利以後，國民政府恢復一九一一年建置，川沙、南匯仍然隸於江蘇省。一九五〇年，中華人民共和國公佈省、市建置，以上海、寶山兩縣舊境設立上海直轄市。浦東地區的川沙、南匯兩縣，歸由江蘇省松江專員行政公署管轄。一九五八年十月，中華人民共和國國務院將浦東的川沙、南匯兩縣，及江蘇省所轄松江、青浦、奉賢、金山、崇明等五縣一起，併入上海市直轄市。此前，一九五八年一月，江蘇省嘉定縣已先期劃歸上海市管理。

「浦東新區」之前，已經有過用「浦東」命名的行政區劃，此即一九五八年到一九六一年設置的「浦東縣」。一九五八年，爲「大躍進」發展的需要，上海市政府在原川沙縣西北臨近黃浦江地區，設立「浦東縣」，躍躍欲試地要跨江發展，開發浦東。「浦東縣」政府設在浦東南路，轄高橋、洋涇、楊思三個鎮，共十一個公社，六個街道。一九六一年一月，因工業化遭遇重大挫折，上海市政府在「三年自然災害」中撤銷了「浦東縣」，把東部農業型「東郊」區域的洋涇、楊思、高橋等鄉鎮，劃歸到川沙縣管理。沿黃浦江的「東昌」狹長工業地帶，則由對岸的老市區楊浦區、黃浦區、南市區接手管轄。「浦東縣」在上海歷史上雖然只存在了三年，卻顯示了上海人的一貫志向。即使在一九五〇年代的極端困難條件下，仍然懷揣著「開發浦東」的百年夢想，只要有機會，就想幹一下。

現代的「大上海」，原來是從上海、寶山兩縣的土地上生長起來的。明代以前，上海、寶山仍以吴淞江（後稱「蘇州河」）劃界。吴淞江以北的「淞北」，屬寶山縣；吴淞江以南的「淞南」，屬上海縣。吴淞江是松江府之源，「松江」，原名就是「淞江」，「府因以名」。按明正德松江府志的説法，「吴淞江，後以水災，去水從松，亦曰松陵江」。水克火，木生火，「淞江」去「水」，從「木」爲「松江」，上海果然「火」了。清代以前，上海士人寫的方志、筆記、小説，以及他們的堂號室名，都用「吴淞」、「淞南」作爲郡望。一六〇七年，徐光啟和利瑪竇合譯幾何原本，在北京刊刻，便是署名「泰西利瑪竇口譯，吴淞徐光啟筆受」，自稱「吴淞」人。另外，清嘉慶年間上海南匯人楊光輔編淞南樂府，光緒年間南匯人黄式權編淞南夢影録，昆山寓滬文人王韜（一八二八—一八九七）作淞隱漫録、淞濱瑣話，採用「淞南」、「吴淞」之名説上海，可見明、清文人學士，都用吴淞江作爲上海的標誌。吴淞江是上海的母親河，而「黄浦江是母親河」，只是一九八〇年代以後冒出的無知説法。

明、清時期的黄浦是一條大河，卻不是首要的幹流。方志裏的「水道圖」，都把「吴淞江」置於「黄浦」之前。「黄浦」，一説「黄歇浦」的簡稱，僅是一「浦」，並不稱「江」。在上海方言中，「浦」大於河，小於江，如周浦、桃浦、月浦、上海浦、下海浦……黄浦流經太湖流域，水流較清，經閔行、烏泥涇、龍華等鎮，匯入吴淞江。吴淞江受到長江泥沙的影響，水流較濁，淤泥沉澱，元代以後逐漸堰塞。於是，原來較爲窄小的黄浦不斷受流，成爲松江府「南境巨川」。明代永樂元年（一四〇三），上海人葉宗行建議開鑿范家浜，引黄浦水入吴淞江，共赴長江。從此，江浦合流，黄浦佔用了吴淞江下游河道。黄浦江的受水量和徑流量，大約在明代已經超過吴淞江了。但是在人們的觀念中，黄浦江仍然没有吴淞江重要，經濟、交通和人文價值還不及後者。康熙上海縣志的「水道圖」，仍然把吴淞江和黄浦畫得一樣寬大。從地名遺跡來看，地處吴淞江下游的「江灣」，並非黄浦之灣，而是吴淞江之灣。同理，今天黄浦江的入口，並不稱爲「黄浦口」，依然是「吴淞口」。

黄浦江以東地區在唐代成陸，大規模的土地開發則是在宋代開始，於明代興盛。宋、元兩代，浦東地區産業以鹽田爲主，是屬華亭縣的「下砂鹽場」。從南匯的杭州灣，到川沙的長江口，「大團」到「九團」一字排開，團中間還有各「竈」的開設。聯繫各「竈」，設立爲「場」，爲當年的曬鹽場，「大團」、「六竈」、「新場」的地名沿用至今。隨著海水不斷退卻，海岸不斷東移，鹽業衰落，明代以後浦東地區便繼之以大規模的圍海造田，農業墾殖。早期的浦東開發，在泥濘中築堤、圍墾、挖河、開渠、種植，異常艱辛。爲了鼓勵浦東開發，元代至元年間的松江知府張之翰向中央申請減税，他描寫浦東人的苦惱，詩曰：「黄浦春風正怒號，扁舟一葉渡驚濤；諸君來問民間苦，何用潮頭幾丈高。」算是一位瞭解民間疾苦，懂得讓利培本的地方官。

隨著浦東的早期開發，以及浦東人的財富積累，「浦東」以獨特的形象登上了歷史舞臺。「黃浦江」的概念在清末變得重要起來，上海人的地理觀念由此也經歷了從「淞南—淞北」到「浦東—浦西」的轉變。至晚在明中葉，「浦東」一詞已經在上海人的日常生活中使用。萬曆上海縣志載：「由閘江而下，若鹽鐵塘、沈家莊，若周浦，若三林塘，若楊淄樓，此爲浦東之水也。」「閘江」，即後之「閘港」，在南匯境内；「鹽鐵塘」、「沈家莊」，今天已不傳，地域在南匯、川沙交界處；「周浦」、「三林塘」在川沙境内；「楊淄樓」在今「楊家渡」附近。「浦東」，顧名思義是東海之内、黃浦以東的廣大地區，是泛稱，非確指。明清時，因爲黃浦到楊樹浦、周家嘴匯入吴淞江，故「浦東」只指南匯、川沙地區，還没有包括當時在吴淞江對岸、屬寶山縣的高橋地區。歷史上的「浦東」一詞，只是方位，並非地名。同治上海縣志卷首「上海縣南境水道圖」中解釋：「是圖南起黃浦中界蒲匯塘，而浦東、西之支水在南境者並屬焉。」這裏的「浦東」，仍然僅僅是指示方位。通觀清代文獻，「浦東」一詞並没有作爲地名，在自然地理、行政地理的敘述中使用。

時至清末，「黃浦」的重要性終於超過「吴淞江」，同治上海縣志説：「（松江）一郡之要害在上海，上海之要害在黃浦，黃浦之要害在吴淞所。」黃浦取得了地理上的重要性，主要是它成爲中外貿易的要道，近代上海是從黃浦江上崛起的。一八四三年，上海開埠以後，華界的南市（十六鋪）和英租界（外灘）、法租界（洋涇浜）、美租界（虹口）連爲一體，在幾十年間迅速崛起，這一段河道，只屬於黃浦，不屬於吳淞江。更致命的是，一八四八年上海道臺麟桂和英國領事阿禮國修訂上海租地章程的時候，英語中把「吳淞江」翻譯成了「蘇州河」(Soo Choo River)，作爲英租界的北界。「蘇州河」以外灘爲終點，從此以後，吳淞江下游包括提籃橋、楊樹浦、軍工路、吳淞鎮的岸線，在現代上海人的心目中就專屬「黃浦」，「黃浦」由此升格爲「黃浦江」。囊括上海、寶山、川沙三縣的「大上海」，也正式地分爲「浦東」和「浦西」。「後殖民理論」的批評者，可以指責英國殖民者用「蘇州河」取代「吳淞江」，還捏造出一條「黃浦江」。但是，我們的解釋原理是既尊重歷史，也承認現實。從自然地理來看，原來用東西向的吳淞江，把上海分爲「淞南」、「淞北」，是一個局促的概念，確實不及用南北向的黃浦江分爲「浦西」、「浦東」更爲大氣與合理。地理上的重新區分，順應了上海的空間發展，以及上海人的觀念演化，更反映了上海的「近代化」。

認同：浦東之人文

浦東的地理，順著吳淞江、黃浦江東擴；浦東的人文，自然也是上海、寶山地區生活方式的延續與傳承。「開發浦東」是長江三角洲移民運動的結果。明清時期的上海，已經是一個移民導入地區，北方人、南方人來此營生的比比皆是。但是，當時的「浦東開發」，基本上是上海人民的自主行爲，具有主體性。四百多年前，歷史上最爲傑出的上海人徐光啟，就是浦東開發的先驅。徐光啟是上海城裏人，中國天主教會領袖，編農政全書，號召國人農墾。話説有一位姓張的北京人，是帝都裏最早的天主教徒，他「由利瑪竇手領洗，後來徐光啟領他到上海，在徐宅服務。不久，即在黃浦江邊墾種新漲出之地，因而居留焉」。京城的張姓移民，在徐光啟的幫助下站住腳跟，歸化爲上海人。徐光啟後裔徐宗澤在中國天主教傳教史概論中説，這塊灘地，就是現在浦東的「張家樓」。

元代黃巖人陶宗儀，因家鄉動亂，移民上海，「避兵三吳間，有田一廛，家於淞南，作勞之暇，每以筆墨自隨」，遂作南村輟耕録。松江府華亭（上海）一帶果然是逃避戰亂、修生養息、耕讀傳家的好地方。上海的一個神奇之處，就在於這一片魚米之鄉，還總有灘地從江邊、海邊生長出來，而且平坦肥沃，風調雨順，易於開墾。願意吃苦的本地人、外地人，都很容易在浦東獲得更多的土地，過上好日子。子孫繁衍，數代之後就成爲佔據了整村、整鎮的大家族。「朱、張、顧、陸」，史稱江東大族，浦東的衆姓分佈也是如此。南匯縣周浦鎮朱氏，以萬曆年間朱永泰一族的事跡最堪稱道。徐光啟没有及第之前，永泰曾請他來浦東教授自家私塾。徐光啟位居相位之後，召他兒子入京辦事，永泰居然婉拒。直到順治十六年，永泰的孫子朱錦在南京一舉考取南榜「會元」，選爲庶吉士。朱錦秉承家風，「決意仕途，優游林下」（閲世編），淡泊利禄，不久就致仕回浦東，讀書自怡，專心著述。浦東士人，因爲生活優裕，方能富而好禮。

浦東張氏，舉新場鎮張元始家族爲例。張元始爲崇禎元年進士，曾爲户部侍郎。滿洲入侵的關頭，他回到松江、蘇州地區爲支用短缺的崇禎皇帝籌集軍餉，調運大批錢糧，北上抗清。東林黨争，他「彈劾不避權貴」（閱世編），「性方嚴，不妄交游，留心經濟」（光緒南匯縣志）。浦東籍的士人，多有耿直性格。浦東顧氏，舉合慶鎮顧彰爲例。江南顧氏，傳説是西漢封王顧余侯之後，川沙顧氏則是明代弘治十八年狀元顧鼎臣家族傳人。顧鼎臣（一四七三—一五四〇），昆山人，位居禮部尚書，任武英殿大學士，明中葉以後家族繁衍，散佈在昆山、嘉定、寶山、川沙一帶。太平天國戰亂之後，江南經濟恢復，川沙人顧彰在村裏開設一家店鋪，額爲「顧合慶」。生意成功，周圍店家不斷開設，數年之内，幡招林立，成了市鎮，人稱「合慶鎮」。顧彰「開發浦東」有功，兩江總督端方請朝廷賞了顧彰的長子懿淵一個五品頭銜，顧彰的孫子占魁也被録取爲縣庠生。浦東陸氏，我們更可以舉出富有傳奇的陸深家族爲例。陸深（一四七七—一五四四），松江府上海縣人，高祖陸餘慶以上世居馬橋鎮，元季喪亂，曾祖德衡遷居到黄浦岸邊的洋涇鎮。這樣一户普通的陸姓人家，累三世之耕讀，到陸深時已經成爲浦東的文教之家。弘治十四年（一五〇一），陸家院内的一棵從不開花的牡丹，忽然開出百朵鮮花，當年陸深在南京鄉試中便一舉奪得「解元」。後來大名鼎鼎的昆山「狀元」顧鼎臣和陸深同榜，這次卻被他壓在下面。陸深點了翰林，做過國子監祭酒，也給嘉靖皇帝做過經筵講官，但接下來的官運卻遠遠不及顧鼎臣，只在山西、浙江、四川外放了幾次布政使。陸深去世後，嘉靖皇帝懷念上課時的快樂時光，也只給他加贈了一個「禮部侍郎」的副部級頭銜。不過，陸深給上海留下了一個大名頭：陸家宅邸、園林和墳塋地塊，在黃浦江和吳淞江的交界處，尖尖的一喙，清代以後，人稱「陸家嘴」。

浦東地區的南匯、川沙，原屬上海縣，這裏和江南的其他地區一樣，物產豐富，人物鼎盛，文教繁榮，產生了許許多多的世家大族。「朱、張、顧、陸」的繁衍，是浦東本地著名大姓的例子。事實上，外來移民只要肯融入上海，即使孤身一人，也能在浦東成家立業，樹立自己的家族。無錫華氏家族，元代末年有一位華嶽（字太行），因戰亂離散，來到上海，在浦東橫沔鎮蘇家入贅。按本地習俗，人稱爲「招女婿」，近似於「打工仔」。然而，華嶽一表人才，並不見外，奮身於鄉里，他「風姿英爽，遇事周詳，一鄉倚以爲重」（轉引自吳仁安明清時期上海地區著姓望族）。這位「引進人才」在蘇家積極工作，耕地開店，帶領全村發家致富，族人居然允許他自立門户，用華氏名義傳宗接代。乾隆初年，華氏子孫「增建市房，廛舍相望」（南匯縣志·疆域·邑鎮），這就是浦東名鎮「横沔鎮」的起源。管窺蠡測，我們在浦東横沔鎮華氏家族的復興故事中，看到了明、清時期上海社會接納外來移民的良性模式。寄居浦東，入籍上海，認同江南，融入本土社會，這是外來者成功的關鍵。「海納百川」，是上海本地人的博大胸襟；「融入本土」，則更應該是外來移民的必要自覺。浦東人講：「吃哪里嗒飯，做哪里嗒事體，講哪里嗒閒話。」熱愛鄉土，服務當地民衆福祉，維護地方文化認同，如天經地義一般重要。

南匯、川沙原來都屬於上海縣，清代雍正、嘉慶年間剛剛分别設邑，爲什麽會在清末就有一個和上海「浦西」相對應的「浦東人」的認同發生？這是值得思考的問題。「浦東人」，就是明、清時期的「上海人」，他們在近代歷史上形成了一個子認同(sub-identity)。二十世紀開始，「浦東人」和黄浦江對岸的「大上海」既有聯繫，又有分别，大致可以用文化理論中的「子認同」來描述。十九、二十世紀中，浦東的地方語言，和上海市區方言差距拉大；浦東的農耕生活，和市區的大工業、大商業有些不同。儘管朱其昂、張文虎、賈步緯、楊斯盛、陶桂松、李平書、黄炎培、葉惠鈞、穆藕初、杜月笙等一大批川沙、南匯籍人士活躍於上海，但是「浦東」是他們口中念念的家鄉，「上海」是他們心中一個異樣的「洋場」，因爲「大上海」的文化認同更加寬泛。

清末民初時期，占人口約百分之十的上海本地人，接納了約百分之九十的外地人、外國人，這裏熔鑄出一種新型的文化。「華洋雜居，五方雜處」，現代上海人的認同要素中，不但包括了蘇州、寧波、蘇北、廣東、福建、南京、杭州、安徽、山東人帶來的文化因數，還有很多英國、法國、美國、德國、日本的文化因數。「阿拉上海人」，是一個較大範圍的城市文化認同(identity)；「我伲浦東人」則是一個區域性的自我身份(status)。熟悉上海歷史的人都知道，兩者之間確有一些微妙的差異。但是，這種不同，互相補充，互爲激蕩，屬於同一個文化整體。這種差異性，正說明上海文化的内部，自身也充滿了各種「多樣性」(diversity)，並非一個專制體。文化，是拿來欣賞的，不是用作統治的。上海的「新文化」，有過一種文化上的均勢，曾經對「五方」、「華洋」的不同文化加以欣賞。在這個過程中，浦東地區保存的本土傳統生活方式，是「大上海」的母體文化，支撑了一種新文明。無論浦東文化是如何迅速地變異和動盪，變得不像過去那樣傳統，但它卻真的曾以「壁立千仞，海納百川」的胸襟，接納過世界各地來的移民。它是上海近代文化（俗所謂「海派文化」）的淵源，我們應該加倍地尊重和珍視纔是。

傳承：浦東之著述

直到明、清，以及中華民國的初期，江南士人的身份意識仍然是按照鄉、鎮、縣、府、省的單位，一級一級，自然而然，由下往上地漸次建立起來的。日常生活中，江南士人都主動或被動以自己的地望作爲身份，如「徐上海」、「錢常熟」、「顧崑山」地交際應酬，不會只用一個「中國人」的表面身份來隱藏自己。只有當公車顛沛，到了「帝都魏闕」，或厠身擠進了「午門大閱」，沾上些許皇帝的虚驕，纔會偶爾感到自己是個「中國人」。儒家推崇由近及遠，由裏而外，漸次推廣的傳統人際關係，有相當的合理性。在此過程中，不同地域的人羣學會了尊重各自的方言、禮節、習俗、飲食和價值觀念，在一個「多樣性」的社會下生存。今天，「多元文化觀」在「國家主義」盛行的二十世紀，以及「全球化」橫掃的二十一世紀，面臨著巨大的困窘。如何在當今社會發掘傳統，面對危機，重建認同，是一件很重要的事情。

二十世紀中，在現代化「大上海」的崛起中，上海地區的學者和出版家，一直努力將江南學術的優秀傳統，匯入「國際大都市」的文化建設，出版地方性的文獻叢書便是一種做法。一九三六年，負責編寫上海通志的上海通社整理刊刻了上海掌故叢書第一集十四種，後因「抗戰」、「內戰」發生，没有延續。一九八七年，華東師範大學出版社編輯影印了上海文獻叢書，共五種。一九八九年，上海古籍出版社標點排印了上海灘與上海人叢書，共二十三種。縣區一級的文獻叢書，有松江文獻系列叢書（上海社會科學院出版社，二〇〇〇年），共十二種；嘉定歷史文獻叢書（中華書局，二〇〇六年），線裝，二輯。在基層文化遺產保護前景堪憂的大局勢下，地方傳統文獻的整理出版工作倒是在各地區有識之士的堅持下，努力從事。上海浦東新區地方志辦公室的同仁們，亟願爲浦東文化留下一份遺產，編輯一套浦東歷代要籍選刊。復旦大學出版社憑藉獨有的學術組織能力和編輯實力，積極參與這一出版使命。這樣的工作，對開掘浦東的傳統內涵，維護當地的生活方式，發展自己的文化認同，都具有重要意義，無疑應該各盡其力，加以支持。

編纂浦東歷代要籍選刊，首要問題是如何釐定作者的本籍，將上海地區的「浦東人」作者挑選出來。清代中葉之前，現在浦東新區範圍内的土地和人民並不自立，當時並没有「浦東人」。但是，明、清時期江南地區的鄉鎮社會異常發達，大部分讀書人的籍貫，往往可以追究到鎮一級。爲此，我們在確定明、清時期的浦東籍作者時，都以鎮屬爲依據。那些或出生，或原居，或移居，或寓居在現在浦東地區鄉鎮的作者，儘管著述都以「上海縣」、「華亭縣」、「嘉定縣」標署，但隨著清代初年「南匯縣」、「川沙縣」，以及後來「浦東縣」、「浦東新區」的設立，理應歸入「浦東」籍。

例如：高橋籍舉人孫元化（一五八一—一六三二）追隨徐光啟，有著作幾何體用、幾何演算法、泰西算要等傳世。當時的高橋鎮在黄浦東岸，屬嘉定縣，孫元化的籍貫當然是嘉定。清代雍正二年（一七二四），嘉定縣析出寶山縣，孫元化曾被視爲寶山人。一九二八年，高橋鎮劃入上海特别市的浦東部分，從此孫元化可以被認定爲「浦東人」。陸深的浦東籍貫身份，也可以如此確定。明史本傳稱：「陸深，字子淵，上海人。」按葉夢珠閱世編·門祚記載，陸深科舉成功後曾移居上海城裏，居東門，稱「東門陸氏」。然而，陸深的祖居地及其墳塋，均在浦東陸家嘴，理當被視爲「浦東人」。相對於原本就出生在浦東地區的陸深、孫元化而言，黄體仁自陳「黄氏世爲上海人」(曾大父汝洪公曾大母任氏行實，收入黃體仁集)，進士及第爲官後，即在城裏南門内擴建宅邸，黃家裏巷命名爲黃家弄(黃家路)。另外，黃體仁的父母去世後，也安葬在西門外周涇(西藏南路)的黃家祖塋(參見先考中山府君先妣瞿孺人繼妣沈孺人行實)，是地地道道的上海人。黃體仁之所以被認定爲浦東人，是因爲他在九歲的時候，爲躲避倭寇劫掠，曾隨祖母和母親在浦東避難，並佔用金山衛學的學額，考取秀才，進而中舉、及第。科場得意以後，他才回到上海城裏，終老於斯。明代之浦東，屬於上海縣，他甚至不能算是「流寓」川沙。然而，從黃體仁的曲折經歷，以及後來的行政劃分來看，他在川沙居住很久，確實也可以被劃爲「浦東人」。

選擇什麽樣的作者，將哪一些的著述列入出版，這是編纂浦東歷代要籍選刊的第二個難點。唐宋以前，浦東地區尚未開發，撰人和著述很少，可以不論。到了明、清時期，浦東地區開發有年，文教大族紛紛湧現，人才輩出，著述繁盛，堪稱「海濱鄒魯」，絶非中原學人所謂「斥鹵之地」可以藐視。按復旦大學古籍整理研究所近年來數篇博士論文的收集和研究，明、清時期上海浦東地區的著者人數，不亞於松江府、蘇州府其他各縣。據初步研究統計，清代中前期有著作存世的松江府作者人數共五百二十五人，其中華亭縣(府城)一百四十七人，上海縣一百二十三人，婁縣六十五人，青浦縣六十人，金山縣五十一人，南匯縣三十一人，奉賢縣二十二人，川沙縣二人，未詳二人。這其中，南匯、川沙屬於今天浦東新區，都是剛剛從上海縣劃分出來。以南匯縣本籍作者三十一人爲例，加上列在上海縣的不少浦東籍作者，這個新建邑城境内的文風一點不比其他縣份遜色。此項統計，可參見杜怡順復旦大學博士論文上海清代中前期著述研究。

明代天啟、崇禎年間，以松江地區爲中心，有「復社」、「幾社」的建立。那幾年，江南士人的文章風流和人物氣節，盡在蘇、松、太一帶。經歷了清代順治、康熙年間的高壓窒息，到乾隆、嘉慶年間，上海地區的文風又有恢復。順應蘇州、松江地區的「樸學」發展，「家家許鄭，人人賈馬」，這裏做考據學問的人也越來越多。因此，浦東學者也和其他江南學者一樣，在經、史、子、集的研究上下過功夫。易、書、詩、禮、樂、春秋的「經學」，二十四史之「史學」，天文、地理、曆算、農、醫、兵、雜、小說，詩文詞曲，釋、道教，「三教九流」的學問都有人做。在這樣豐富的人物著述中，挑選和編輯浦東歷代要籍選刊，是綽綽有餘，裕付自如。

浦東地區設縣（南匯、川沙）之後的二百年間，各類學者層出不窮。以清末學者爲例，周浦鎮人張文虎（一八〇八—一八八五）以諸生出生，專研經學，學力深厚，卓然成家。道光年間，他幫助金山縣藏書家錢熙祚校刻守山閣叢書，一舉成名。一八七一年，張文虎受邀進入曾國藩幕府，破格録用，負責「同光中興」中的文教事業。他刊刻船山遺書，管理江南官書局，最後還擔任南菁書院山長。張文虎學貫四部，天文、算學、經學、音韻學，樣樣精通。按當代南匯縣志的統計，他著有舒藝室雜著、鼠壤餘蔬、周初朔望考、懷舊雜記、索笑詞、舒藝室隨筆、古今樂律考、春秋朔閏考、駁義餘編、湖樓校書記和詩存、詩續存、尺牘偶存等著作，實在是清末「西學」普及之前少見的「經世」型學者。

一八四三年，上海開埠以後，浦東地區的學者得風氣之先，來上海學習「西學」，成爲中國最早的一批精通西方學術的學者。李杕（一八四〇——一九一一），名浩然，字問漁，幼年在川沙鎮從鎮人莊松樓經師學習儒家經學。一八五一年，李杕來上海，入徐家匯依納爵公學，學習法文、文學和科學。一八六二年加入耶穌會，一八七二年按立爲神父，一九〇六年繼馬相伯之後，擔任震旦學院哲學教授和教務長。李杕創辦和主編益聞報、格致彙報、聖心報等現代刊物，傳播西方科學、哲學和神學，著有理窟、古文拾級、新經譯義、宗徒大事録等，還編輯有徐文定公集、墨井集等。這樣一位貫通中西的複合型學者，在清末只有他的同班同學馬相伯等寥寥數人堪與之比。如果説明、清時期的浦東士人還是在追步江南，與蘇、松、太、杭、嘉、湖學風「和其光，同其塵」的話，那開埠以後的浦東學者在「西學」方面確是脱穎而出，顯山露水。

「且頑老人」李平書（一八五一——一九二七）是高橋鎮人，父親爲寶山縣諸生，太平天國佔領江蘇時以難民身份逃到上海。十七八歲時，纔獲得本邑學生資格，進入龍門書院學習。這位浦東學子聰明好學，進步神速，不久就擔任字林報、滬報主筆，在城廂内外宣導「改良」，開設自來水廠。一八八五年，經清廷考試，破格録用他爲知縣，在廣東、臺灣、湖北等地爲張之洞辦理洋務，樣樣「事體」做得出色，且一心維護清朝利益。李鴻章遇見他後，酸溜溜地説「君從上海來，不像上海人」，算是對他的肯定與表揚。李平書確是少見的洋務人才，他奉行「中體西用」，一手創建了上海城廂工程局、警察局、救火會、醫院、陳列所等。最後，他還從張之洞手中要到了「地方自治權」，擔任上海自治公所的總董（市長）。李平書在一九一一年辛亥革命高潮中轉而支持革命黨，可見「且頑老人」是一位深明大義的上海人——浦東人。在仍然提倡士宦合一、知行合一的清末，李平書也有重要著述，他的新加坡風土記、且頑老人七十自述、上海自治志都是上海社會變革的佐證。

浦東地區的文人士大夫，經歷了明清易代，又看到了清朝覆滅，還親手創建了中華民國，所謂「歷代」，愈來愈精彩，浦東人參與的歷史也愈來愈重要。孫元化、陳于階（康橋鎮百曲村）等浦東人，爲抗禦清朝獻出生命；李平書、黃炎培、穆湘玥一代浦東人，參與締造了中華民國；黄自、傅雷這樣的浦東人，爲中國的現代藝術做出了獨特貢獻；還有像張聞天、宋慶齡這樣的浦東人，厠身於中國的共産主義運動。這些浦東人都有著述存世，品類繁多，卷帙浩瀚，選擇起來頗費斟酌。我們以爲，刊印浦東歷代要籍選刊應該本著「厚古薄今」的原則，對那些本來數量不多，且又較少流傳的古籍，包括在上海圖書館、復旦大學圖書館收藏的刻本、稿本和抄本，盡可能地借此機會搶救和印製出來，以饗讀者。至於在民國期間，直到現在經常用平裝書、精裝書形式大量出版的近現代浦東人的著作，則選擇性收入。

出版一部完善的地方文獻叢書，還會遇到很多諸如資金、體例、版式、字體、設計等人力、物力方面的問題。好在有浦東新區政協文史委員會和地方志辦公室的鼎力支持，復旦大學出版社的精心組織，加上全國和復旦大學歷年畢業的學者，以及相關專業的博士後、博士生的積極參與，浦東歷代要籍選刊一定能圓滿完成。受浦東新區政協文史委員會和地方志辦公室，以及復旦大學出版社的邀請，由我擔任本叢書主編，感到榮幸的同時，也覺得有不少責任。因教學、研究事務繁鉅，不能從事更多工作，但一定會承擔相應的策劃、遴選、審讀、校看和復核任務，做出一部能夠流傳、方便使用的文獻集刊，傳承浦東精神，接續上海文化。

二〇一四年八月十五日

暑假，於上海徐匯陽光新景寓所

浦東歷代要籍選刊　編纂凡例

一、地域範圍。選刊所稱之浦東，其地域範圍為今黄浦江以東浦東新區和閔行區浦江鎮所屬區域。

二、人物界定。祖籍浦東並居住在浦東的人物，祖籍浦東但寓居於外地（包括今上海其他地區）的人物，長期寓居於浦東的外地籍（包括今上海其他地區）人物，其撰寫的著作均在選刊範圍之内。清初浦東地區行政設置前，人物籍貫以浦東地區鄉鎮為準。

三、年代時限。所選著作的形成時間範圍，為南宋至國民政府時期（一一二七—一九四九）。

四、選録標準。南宋至清嘉慶時期（一一二七—一八二〇）浦東人物所撰寫的著作原則上均予刊録；清道光至民國末年（一八二一—一九四九）浦東人物所撰寫的著作擇要選刊。本籍人士所撰經、史、子、集四部著作，或日記、年譜、回憶録等近代著述，不分軒輊，擇其影響重大者刊印。

五、編纂方式。依據古籍整理的通行規則，刊印文獻均用新式標點，直排繁體。選擇較早的底本，參照各本，並撰寫整理説明，編輯附録。除附書影外，凡有人物像和手跡者亦附録。尊重原著標題、卷次及文字，以存原始。

六、版本來源。所選各底本，力求原始。底本多據上海圖書館、復旦大學圖書館藏本，絶大多數著作為首次整理和刊佈。

黄體仁集

〔明〕黄體仁　撰

杜怡順　整理

整理說明

黄體仁(一五四六—?)[1],字長卿,號穀城,明上海縣川沙城人,明代中後期上海地方頗有影響的文士。

黄氏世居上海,自明朝建立以後成爲地方著姓,黄體仁之父名一岳,字子鍾,萬曆元年(一五七三)進士,官祁連陽縣訓導並署祁陽縣知縣,在任以正直著稱。黄體仁早歲即受知于著名學者耿定向,講身心性命之學,多所發明。後於萬曆二十二年(一五九四)考中舉人。三十二年(一六〇四)考中甲辰科第二甲進士。官刑部主事,遷員外郎,轉郎中。在此期間曾向朝廷舉薦其門人徐光啟,使得這位日後聲名大震的不世奇才得以進入仕途。萬曆三十八年,出任山東登

① 關於黄體仁的生卒年,史無明載。據四然齋藏稿卷九祭亡弟云:「逾年邑中疫癘大作,母病疫卒,予方九齡。」又卷七先考中山府君先妣瞿孺人繼妣沈孺人行實云:「瞿孺人生以正德庚辰正月十八日,卒于嘉靖甲寅七月二十五日。」可知體仁母卒于嘉靖三十三年甲寅(一五五四),由此逆推,可知體仁之生年當爲嘉靖二十五年(一五四六)。至於其卒年則仍需進一步考訂。

州府知府①，擢東兗道副使。在任時減免賦稅，表彰名賢，頗得民望，終因爲官正直，觸怒權貴而罷歸。② 返鄉後讀書自娛，顔其書齋曰「四然」，取「委身寂然，委心洞然，委世混然，委事自然」之意，足見其晚歲旨趣所在。

黃體仁一生著述頗豐，據史志記載，有四然齋稿十卷、續稿四卷、奏議二卷、詩、文、雜著、東牟、西曹案牘各二卷。③ 但目前僅四然齋藏稿十卷有刊本傳世，該本卷首有萬曆三十六年徐光啓序，則刊刻時間當在該年前後。從内容上看，該文集對上海及浦東本地之世道人情多有涉及。其中包括當時各位上海地方官員的施政記録、與作者交往的本地賢達之生平遭際，還保存了作者對黃氏先祖飽含深情的書寫，向我們展示了一個望族近百年的變遷。明代中期以後，資本主義萌芽在江南一帶悄然興起，黃體仁所居住的川沙也捲入了這一潮流中，在本文集中，可

---

① 黃體仁就任登州知府的年份，參（光緒）增修登州府志卷二十五文秩一。

② 黃體仁之罷歸，與萬曆末年「福王之國」事件密切相關。（光緒）川沙廳志卷十載：「值歲祲而福藩之國，舟車填輳，體仁條上，盡革迎謁供億諸費，當事者不悦，罷歸。」據明神宗實録卷五百十七，福王朱常洵於萬曆四十二年（一六一四）二月正式辭京前往封地河南，明史卷一百二十諸王五載：「下詔賜莊田四萬頃……減半。中州腴土不足，取山東、湖廣田益之。……所至騷動。」綜合正史及方志，可推知黃體仁蓋於此事件中觸怒權貴而遭罷免。

③ 見本書附録所收雲間志略卷二十二黃憲副穀城公傳。

以多次看到黃體仁對當地世風日益驕奢的慨嘆和對淳樸厚重之人格的期許，從中亦反映當時一般士大夫對社會變動的基本態度。

本書即以四庫存目叢書影印萬曆刻本爲底本進行整理。在整理過程中，凡底本中的異體字、古今字，一般都予以保留，以存文獻原貌；少數刊刻過程中的手民之誤，則予以改正；底本中漫漶不清或一時無法辨識的文字，則以「□」代替，以示慎重。

由於歷史的久遠，目前我們得見的黃體仁著作只有這部四然齋藏稿，整理者另從山東方志中輯得黃體仁萬曆三十八年後爲官山東時所撰文三篇，今謹列於附録，以存吉光片羽。另從史志中選録黃體仁的傳記兩篇附於後，謹供參考。

由於水平有限，在整理過程中一定存在不少錯誤和疏失，望專家和讀者時時指正。

杜怡順

二〇一四年夏

目録

卷五……一〇九

卷九……二二〇

附録一　佚文……三〇一

自敘

余讀清庵先生中和集，閱委順圖曰：身、心、世、事，謂之四緣。委身寂然，委心洞然，委世混然，委事自然，作是見者，常應常静，何緣之有？余憬然有慨於中。當世士得尺望尋，得隴望蜀，絳宫之禽，日翺翔八表，閔閔皇皇，芸芸攘攘，不得須臾寧，某身甚勞，其心甚苦，其於世事，亦甚紛拏矣。苟得是説而存之，身心俱泰，世事兩平，内無馳想，外無搆鬬，舍急湍而就安瀾，不庶幾火宅晨涼也哉？真司馬相如一勺金莖露也。余雖不能至，中嚮往焉，竊用以比弦常，遂取而名其齋。齋大如斗，凝塵常滿，亦無它貴，家法物僅僅先贈公遺書數百卷，朝夕督兒子輩吟詠其中。里中知交，不諒余之不文，無能爲後也，時以文字相徵，余亦輒據梧搦管，信手酬應，不復加點較工拙，稿脱而□子輒攜去，覆瓿障窻風，存者什不得四五。知交謂其中一二有關於邑之興革、利弊，與茂宰之循績，先正之芳軌在，不應盡棄去，願裒而付之梨棗。余謂付之梨棗與覆瓿障窻風無以異，遂聽之，而并以名齋者名其篇。其或討余之不能藏拙，而輕爲災木；又或揣余之有意博名，而妄自懸書，則非余名篇意矣。

榖城先生四然齋集序

語有之:傳翼兩足,予齒去角。言偏至之易而得全之難也。蓋自西京而降,如兩司馬,其人于文章辭賦各有所極,唐宋以來則韓、柳、李、杜輩亦往往分曹擅場耳。明興,益之以制科之業,其理彌深,其繩墨彌謹,其言與格每變而日新。士抑首受筴,今所謂是,明復陳矣。自非龍章豹文、乘雲隱霧,將竭蹷邯鄲、趨時之不給,何暇乃及古文辭賦乎? 故今世文章之士,名能古文辭賦者,多駿發遄至,不及以制科之業傳,而研精味道,以制科之業傳者,其彊弩之末勢多不及爲古文辭賦。夫以前代名人之所不能兼,而欲以經生之餘,晷集古昔之衆長,即其難,何倍蓰可論哉? 乃若緯古綜今、兼條總貫、經旨文心、駢習儷至,則吾師榖城先生其人也。

先生夙承家學,升堂睹奥,博探津潤,開廓著述。其爲文覃精名理,大都鋭思極意于百千載之上,而去陳言、標新義,必開先啓秀於數十載之後。光啓束髮從游,見所爲經生之業,率三年而一變,變必擢新演異,出人耳目之外。迨時風驤首,而先生已復謝去其故矣。每與門墻私竊歎仰,以爲神化無端,於此道中獨稱龍德,設科以來未之見也。而爲古文辭賦亦復稱是,每見講席藝壇，古今遞作，斐然造適，肆華滿紙，受而讀之，如泰華高跱，峰崿千石，終成峻絶；又如海納百川，波濤萬狀，率歸雄渾。至其伸名教、領主心，雖復率爾命篇，非可以弘長風義、增益標勝者，不入毫端也。蓋天授靈奇，夐出獨絶，力到功深，濬發自然，故能任境所之，波屬雲委，自非然者，雖復抽羣玉之藏，極才人之致，未有出之彌新，酌而不竭，囊括文人之大業，兼包前哲之所難，若斯之盛者矣。嘗見海内文章之士，睹甲辰以後先生暨光啓所爲行卷，特相歎訝，以謂兩家何氣脉相似乃爾。既而知光啓爲先生門下士也，則人人以爲知言。嗟乎，光啓之學於先生也，滿腹而已。夫舉子業豈足以盡先生行卷，又豈足盡先生之舉子業哉？讀是集，或足見先生什一矣。

夫我國家之課士也有專業，而用士也無專職。有專業，故束以經生之言，而不獲脩古學；無專職，故朝刑夕兵、旦禮暮樂，而後乃始稱轉移之任。夫惟無所不有者，其爲學無不學，不以有專業而困；而其任也無不任，不以無專職而窮。詩曰：「維其有之，是以似之。」易曰：「富有之謂大業，日新之謂盛德。」叔孫氏稱立德、立功、立言，資深逢源，其致一耳。讀是集而想見先生之大全，即他日三不朽之業旋至立效，亦庶幾見若狐之甲於干將者也。

萬曆戊申嘉平月，門人徐光啓謹撰。

卷一

上海縣築浦塘記

令之爲德於民也，莫大於逆消其害而使民永享其利。顧利害有伏於所忽，未必倉皇告急，而愈緩愈迫，實切剥膚者，非深識之士不能蚤見預圖。即識及矣，以傳舍視茲土，或慮首事之難，或畏衆喙之易，亦多浮沉簿書間，冀淹引歲月亡恙，逭其責以去。以故境内利害，較若列眉，而出身爲民犯難者百不得一也。

上海枕江負海，稱岩邑而故無城，城於世廟之季年，以島夷故，議寔從郡守方公始。公來相地定址，斥而西，則桑蔴之墟，是營空堞也；斥而東，則煙火之聚，然與海若鄰也。擇於斯二者，寧移城就民，毋徙民就城。于是址稍斥而東。東北隅舊有天妃閣、丹鳳樓，琳宇嵳峩，民居稱是城。城初雖漸湮滅乎，去浦尚里許，不能以一矢相加遺。踰十載，盈數百武，又踰十載，盈數十武。自海潮决李家洪浦，水益湍駛，陽侯之波，晝夜浮天拍岸，如駕怒螭，策奔駟，砰磕而薄城下，睥睨摇摇若簸矣。會島夷再犯玄菟，當路壓先桑之戒，令郡國繕成修隍。不佞體仁從諸縉紳白於邑侯許公曰：「城卑宜高，城薄宜厚，第水齧而城圮，縱言言其若之何？數十雉圮而數萬雉俱圮，勢必移城，移城必徙民，費且不貲。即邀天幸，水齧而城不圮，如魯靈光，脱一旦島夷乘釁，衣帶之土，岌舸之舟，思之可爲廪廪。」許侯慨然以藿食者議爲是，亟以狀聞於當路。若中丞趙公、若侍御秦公、若備兵使岳伯曹公，會侍御岳伯，兩公行部差池至海上，親憑城而望，低徊久之，曰：「危哉！城不浸者尋尺，覆巢之下，寧有完卵乎？事莫此爲急矣。第古人重時詘舉贏，當此公私罄懸，一朝而兩役並起，子大夫計將安出？」許侯前請於兩公曰：「語有之，白刃在前，不救流矢。倉有義田，儲粟以備庚癸，今姑暫發以應。卒不給，則海上縉紳、士民、商旅素好義，願佐縣官急，各徹桑土以綢繆，牖户其何辭之與？有衆心成，城其在斯乎？」兩公擊節嘉許。侯之能出身犯難，而中丞公亦移檄報可，與兩公意合，於是繕城之役未竟，而築浦之令下。

許侯既發粟，首捐俸，爲縉紳、士民、商旅倡。縉紳、士民、商旅更相勉勸曰：「侯之勞苦於兹土，幾八易寒暑，凡濬河渠，省繇役，更諸額外科擾之弊，幾竭頂踵。今日暮應内召去，于女信處，猶然不忍魚吾民思登之衽，吾民奈何悋囊中阿堵，不爲桑梓計久遠？羞見倪内史邑子也。」於是縉紳、士民、商旅争先輸金錢若干，工材稍稍具。侯乃身涖其地，篳路藍縷，以督畚鍤。而委二三義民願而習於事者，干掫其役夫，綱紀其物料之出入。浦水一日潮汐，半汐而水落，可施舂杵，潮則袖手而觀其澎湃。許侯亦乘潮汐往還，還而周咨熟計，求所以中流砥柱之方；往則屏騶從，撤輿蓋，飛蓬於炎風烈日中，驚沙樸面，噴濤與耶，呼聲貫耳，了無倦容。累寸而尺，累尺而丈，累丈而岌嶪出水涯，幾與岸平，鼛鼓稍緩。侯屬二三義民告曰：「石與岸平，吾不虞目前而將來之虞。秋水漲則高溢於岸，岸溢則土疏，土疏則石罅而不能獨障。此與以蕭葦捍衝流何異？毋惜重勞，無恡小費。」二三義民如侯指，石視岸加尋，水從岸下瀲灩而逝，聲如千軍相搏，卒不能漂沫於層石之上。陽侯效靈，亦稍稍折而南，水迴沙注，漸如浮雲之護蒼虬，偃卧而不飛。有羽士化侯德，不召而願傾橐裝，仍搆曩時天妃閣，罘罳窈窕，欄楯參差，與城上新建丹鳳樓交蘸，黃龍浦金碧雜，波光上下，疑落霞孤鶩。垂白父老昔曾遊戲於斯者，過堤上瞻禮其下，舉首讚曰：「前有方公而城成，後有許公而城俾無壞，不圖今日復見深谷爲陵，此宜名許侯堤乎？吾儕小人，但願侯世世尸祝于茲土也。」是役也，用役夫千指，木千章，石數萬丈，灰沙數萬斛，鳩工於夏四月，迨冬十月而工訖。

夫大浦混茫，水時至而岸善崩，險不可截，壖不可支，勢將與溟渤鬬力而角智，吾知其難也。且塞上赤白丸日報，郡邑之城隍、鮫函諸費，傾藏金庾粟不能給，驟欲集數千緡問之水濱，吾尤知其難也。值此兩難，又處茲多口地，射影素瘢者環而伺其後，何但非常之原，黎民所懼，即鋭而壯往者，有不心折乎？三公主之，侯以一人堅持之，不恤胼胝，不忌誹譽，不却顧於瓜期之及，設誠而致行，竟奪數十年黿鼉之窟還之平壤，七越月底乃丕績晏如也。乃知任天下事，大至鑿龍門、闢伊闕，總在有真實心，置身、名兩者於度外而已。彼沉璧負薪，勞攘而無成者，非夫也哉？當今天下多事，腰脊咽喉爲梗，思得人如侯，不沮不撓，爲國家禦災捍患。不佞用是采石而爲之記，并勒助工姓氏於碑陰，以爲將來任事好義者勸云。

上海縣省役便民碑記

上海習耒耜業，兼仰機利。成、弘間，民頗饒。迨後賦稍繁，役稍重，繼島夷作難，軍興徵發旁午，民用漸絀，村落中稀殷户，多廢宅，揆厥所自，大半以役故。役有不大害，害有時輕時重，不常重者勿論，論其最者曰縣總，其次曰斗級，曰里甲。縣總主錢穀盈縮，利歸奸胥，害中於主者，課不及額，則取盈焉。勾校微有絓悮，則坐罰焉；自櫃收革而筐篚餽牽，以待境上，則責辦焉。雖素封之家，往往役未竟而室若掃。至斗級主儲偫，里甲主租調，比縣總五不當一，然浥爛有償，耗折有讁，出入有横索，朝設供帳，暮執爟燎，交際燕饗，備文閾、綺席、盤餐之具有程，多者費五六百金，中亦不下百金。上户三役而凋，中户再役而斃，以故民之畏役，甚於鼎鑊，以阡陌爲祟，以囷窖爲厝火，惟恐生産之不盡而影之不幽，民其無如矣。

天不忍大氓吾民，歲戊子，許侯從常山以才移上海。首下車，問民疾苦，輒有概於中。會以太夫人捐館，行未究厥施。邑父老昕夕祝天曰：「願天其哀此矜人，卒惠我許侯乎！」庚寅歲，天子軫念海堧，爲擇賢令，則俯狥醴泉之請，許侯再捧檄至。許侯至而喜可知也，乃屬父老告曰：「役苦諸父老久矣，余蓋傷於虎者，迄今聞櫝楚聲中，怦怦如刺，余不難畢慮，爲諸父老去其太甚，主錢穀盈縮，苟得善計筭者足矣，何必富民？必富民而官且以爲外府也。主儲偫，苟得分委各倉，使及傍衛所著姓足矣，何必專派？必專派而官且以爲私藏也。主租調，苟得無逋税、無乏踐更足矣，何必困以雜繇？困以雜繇而官且以爲可奴虜使也。」侯語既，諸父老厥角稽首，淚涔淫下，曰：「微真父母，不能詧吾民剥膚椎髓之痛至此。」侯遂一一條陳便不便狀，請於當路。當路一一報可，則悉汰曩時科擾之弊以與民休息，曰：「余閔諸父老役甚苦，自今以後，我無爾侵，爾無我虞，各奉公稟度而勤本業。」會水旱之不時，歲之不易，又爲議蠲議折，徼福九天，以培此僅甦之民。民忻忻如脱鼎鑊，就衽席。抱籍以待清查者，袖手而嬉；裹糧以赴公旬者，不解槖而竣。閭閻間無追胥，無叫囂聲。日含哺鼓腹，覺天壤寬綽而無局蹐，一時膏腴頓長價而争買，即斥鹵不及畝鍾，亦驟等於曩時沃壤。富者安意適志，競高其閈閎，都其裘馬，不匿肥而示瘠，以塗縣官耳目。政成化洽，時和年豐，後先凡七稔。麥之兩岐者三，花禾之兩岐者再，民已飲侯之醇，幾於滿腹。邑有一二留心民瘼，虞侯旦暮行，久之不能無生異同，議均出役田，以佐役費。

侯聞而攘臂奮袂，冀瞬息立就，爲民世世無窮計。適天子念前薪，擢侯留都之天官選曹尚書郎以行。寒谷之人久向春陽，煦煦焉忘其寒，亦忘其燠。俄而蒼精下春，顧影廪廪，始瞿瞿望魯陽之戈。父老諸數百人謁不佞而請曰：「侯迫於簡書鴻飛，信信吾儕，誰能尼侯行？第吾儕微侯之汰諸役也，其以澤量乎若焦，何以有今日？凡今老者得安於户牖，壯者得安於郊原，一椽尺土，得數十年相守無恙，秋毫皆侯賜，吾儕寧能晷刻去侯於胸臆間？知侯者莫若君，君盍紀其實以識吾儕不朽之思？」不佞竊觀柳柳州捕蛇者說，民寧蹈險，無寧往役，知役之爲禍最慘毒矣。侯一日爲民盡去其所不便，遺之以所便，民安得不德侯乎？凡事難於更始，易於守成。自侯勇抉其積蠹，垂來許以芳規，後之嗣侯戾兹土者，誰不願爲民尸祝？故奪其所德，予其所怨，終當視侯成事，益講求諸有便於民者，竟侯所未竟之緒。是侯雖行，海上猶世世沐侯惠也，民安得不重德侯乎？余體諸父老意，因不辭而爲之記。若侯種種造福，猶高穹厚載也，業已具陸少保、王太師、唐諭德記中，不復載。

重修羣忠祠記

邑何以有羣忠祠也？爲島夷初發難，諸公以死勤事，有合於祀典而祀之也。祠何以建於邑神廟練兵公廨之左方也？爲其能佐神禦災捍患，且冀材官蹶張之士時時投石宇下，有所感而動。經始者意深遠也。諸公姓氏、爵里、死所及祠之堂寢、閈閎、器皿，已詳載盱江黄令君記中矣，今何以再爲記也？爲其主中移他所，祠幾化爲烏有，而潘方伯公子第五君名某者善繼先志，更葺而更祔之，立義甚高，不可無記也。

嗟乎！興廢之故，蓋難言之矣，惟昔悲其廢，不得不望其興。惟今幸其興，又不得不虞其如昔之廢而重徼靈於金石。夫以諸公忠勇，能出身以衛百萬蒼黔而不能保其俎豆之一椽，依附灌莽者十餘禩阨矣。然卒能復其故宇，神光景耀，不終與青燐野燒爲伍，豈非其英爽之在人心自有不容湮滅者與？昔歐陽文忠記菱谿石，歎劉金平生雄勇，不能長有此石，用此爲世戒。石猶不可取之而去，矧英爽所聚，風教所關，有其舉之，寧可廢乎？嗣是相與保護而繕完，毋傷其薪木以累後人，此祠永存，不爲魯靈光與？邇者島夷出没叵測，在事者拘成法，日甫離東井，則戈船下瀨，悉收泊内地，千頃鯨鯢之窟，不聞横草，呼吸緩急將問之水濱矣。孤城斗絶，安所恃而不恐？亦恃有此人心也。人心所最愛者身，最惜者死，而獨以名義兩者與之市，或能消其係戀，作其慷慨，然又在豫教夙諳，可驟發，不可卒致。自此祠永存，奚啻材官蹶張屬耳目焉有所感而動，村市父老歲時偕子弟嬉遊坐談往事，歷指其人而稱之曰：「此劉公，丞也；此宋公，亦丞也；此武、吴兩將軍也；皆卑僚，非大吏也。丁特一賈勇丈夫，而楊固士箸民，與吾儕夷也。」倉皇死義，名且不朽，至尸而祝之，勤縣大夫北面灌享，縣官之報死義者亦足矣。且邑之琳宫梵宇諸名勝，大半滄桑，一失則永失，此獨喁喁講求，過故遺址輒低回留之，瞋目扼掔，如周鼎之必不可問，務反其七鬯而後爲快。是吾儕祖宗茅茨僅信宿傳舍，此且世世以清議守之，無能改其鍾簴矣，又何長也？

人生等死耳，與其死而死也，孰若死而與諸君子争烈猶生之年也。目擊而心維脉脉，熱衷類秦風，居恒無事，志高氣揚，琅琅歌無衣，每願得當以死。一旦西戎告警，徵車賦馬，誰不樂捐七尺以成其千秋？彼蓋有所慕而蚤自決也。語曰：「知死必勇。」又曰：「衆心成城。」百里蘆葦，不矻然金湯與？是役也，可以勸忠而固圉，可以興孝而用譽，可以告後之爲劉金者而消妄念，衆善備矣。故曰：第五君義甚高，不可無記也。

許侯德政碑記代草

萬曆戊戌歲，余春秋九十，仰荷天子篤念耄耋，遣大行持璽書存問，寵至渥焉。自分龍鍾老人，無能殫頂踵，報陛下矣，惟昕夕祝天，願國家多得賢士大夫守四方，爲天子戮力，惠養元元，所以報也。歲且暮，海上孝廉黃君體仁肅衣冠謁余而請曰：「上海之有縣而有令也，已三百有餘禩，然以一人兩令茲土，與兩去茲土，而士民兩爲建祠豎碑，以識去後之思者，皆前此所未有也，有之自今許侯始。侯以治行久特聞，擢留都之天官選曹尚書郎，行有日矣。敢布邑縉紳衿韋及諸父老商旅意，徼長者一言之賜，以記侯德政。」

余有慨於令之難，且喜上海屢得賢令也。亟問侯所以治上海狀，孝廉君避席對曰：「鄙人何能名侯之治狀哉？但知侯之兩蒞我上海也，前後凡七載如一日，衣緼袍，食脱粟飯，乘敝輿，張蒙戎。蓋繇役供帳，不備不計；左右呵擁侍從之人，不設不問；徵發期會稍差池不如令，不深責。日焦心蒿目，求寧觀成。某事便於民，思何以興之；某事不便於民，思何以革之；某事於民便者半，不便者半，思何以調停之；某家以主進費若干金，以轉輸費若干金，爲之攢眉太息，思何以休燠之；某家以豪横凌某子甲，以桀黠誣某子甲，爲之正色語難，思何以化誨之。天之告祲，若旱若水，若無麥者三，而議蠲議折，三爲之請。地之告急，若城圮，若浦淤者兩，而議繕議築，兩爲之捍。至於政成化洽，吏習民安，庭若水焉。或延見鄉先達與碩士俊民，周咨博訪，商確敉寧之法；或乘單騎輕舸，巡行江潯海澨，濬河渠，課農桑，問民間疾苦，倣古聽斷隴畝之風。上而遇當途貴人，不見有擎跽態；下而遇白屋寒畯、黔首襤褸，不見有睥睨態。惟熙熙煦煦，如襲人以春風，而飲人以醇。以故縉紳衿韋，不格於公儀，不知有令也；父老不煩於督責，不知有令也；商賈不苦於侵漁，不知有令也。旁及胥史隸卒鼠雀之徒，無所用其上下之手，勾攝之威，羅織之術，亦不知有令也。總之令知有民，民不知有令。民之癢疴疾痛，無毫髮不有籍於令，而令之服食起居，無毫髮有需於民。如是而已，鄙人何能名侯之治狀哉？」

余聞而知侯之能爲令也，是則侯之所以大得民而民之依依不能忘侯也。凡令初釋蔬屩以儒生來，謂衣冠非都雅，聲色非莊厲，功令非刻核，不足以使民畏而惟我所欲爲。於是先震其威稜，以自爲尊。大邑之人，始凜凜重足，不敢帖席。人愈畏令，奸人益挾令之勢，乘人之畏，以恐喝善良。繇役繁興，訟諜横搆，兩造充庭，三木載道，即縉紳家猶望令如在九閽，不能騶鳴其不平，況於閭閻父老、闤闠之商旅乎？固宜人之視令如鳥雀之見鷹鸇也。今曰令知有民，民不知有令，民之癢疴疾痛，無毫髮不有藉於令，而令之服食起居，無毫髮有需於民，則令何所妨於民，民又何所不得於令？雖長子孫猶安之，寧忍其一朝舍耶？昔漢班史不載廉吏，爲廉固吏之分也；不載能吏，爲能亦吏之害也。而獨傳循吏，循吏或稱其好文雅，或稱其勤勞來，或稱其明察善御衆，皆若數其美而稱之，獨於何君公則曰：「所居無赫赫名，去後常見思。」侯其君公之流與？夫侯之事上使下，一以平易爲主，未嘗脂韋迎合，巧以希上官之譽，又未嘗慘毒搏擊，猛以要强項之名。丕績晏如，神工寂若，卒之上合符而下成蹊，鬱鬱棠陰，奕世猶存，大類君公。然則爲令者宜何從焉？後之君子，庶幾視侯成事，如蕭規曹隨，則海上常歌清净，而侯之澤長矣。

余龍鍾老人，方扶杖思見德化之成，故不辭耄耋而爲之記。

侯名汝魁，號仰亭，江西湖口縣人，登萬曆丙戌進士。

許侯重建生祠記

蓋聞之，令轄一方而制其休戚之命，其敉而寧之也惟令，其騷而驛之也亦惟令。蓋令之一顰一笑，其意指無旦暮不習於民，民亦無旦暮不窺令意指以爲起伏。令好伺察，則虞影響之不幽而民不得安；令好承奉，則虞奔走之不前而民不得安；令好搏擊，則虞雉兔禾莠之不分而民不得安。老氏有云：「女慎無攖人心。」人心攖則上下囚殺，桁揚者相催，刑戮者相望，是故令之最上者，在於悶悶淳淳，使人心安；赫赫者爲次。上海僻在海陬，民多恌闥，類驚風飛羽，尤易動而難静。令之意指稍有所着，青天之斧時或不測，含沙之魔競爲妖祥，則民遂譁然多事而惴惴焉，莫必其命。曉起而不知日中之若何也，夜卧而又不知來日之若何也。危哉！民其局蹐於高天厚地中，寧止一朝夕乎？

自我許侯來蒞兹土，其出身爲民興利除害，未易毛舉。其最造福於民者，獨在坦腹披襟，使人洞見底裏，明知侯誠先覺，然非好逆億人，吾儕無庸彌縫爲；侯誠尚寬和，然非好迎合人，吾儕無庸孅趨爲；侯誠無欲而剛，然非好任意刻灼人，吾儕無庸畏鼠雀、避鷹鸇爲。無事則高枕緩步，即村落剥喙，不問而知非追胥；有事則輸情露悃，即桀黠巧構，不問而知無誣服。罔罟、罾笱、削格、羅落、罝罘之知省，而魚不亂水，獸不亂澤。士安於絃誦，農安於耒耜，四方之商旅輻輳而居，貨者安於貿遷，其民攬蔓其枝而王長其間，雍雍熙熙，不覺邑宰之尊、法網之密，蓋八年於兹矣。以八年之人心安若覆盂，而一旦欲舍之以去，去其所可知，而貽之以所不可知之懼，其牽衣繞膝眷戀而不能釋也，容自禁乎？侯始之去也，邑人已建祠於城北隅内。侯今之去也，則新都之商聚而謀曰：「海邦之民，侯民也，宜受侯賜。若吾儕願受一廛而寄命於侯，德則其民也，不德則其鹿也。假令侯而有二心，吾儕豈能兀兀久居於此？乃今而得操嬴奇，逐什一，與海邦之民耦居無猜，侯賜渥矣。吾儕寧獨無畏壘之念？」於是鳩工庀材，復建祠於城東闉外，臨江甃石而創數楹，中肖侯像。左搆小閣，設大士、壽亭侯像，召比丘日暮翻貝葉，爲侯祝釐。祠成而問記於不佞。

不佞嘗修邑乘，知海上自名宦祠而外，其爲祠者四：祠於官者曰李公祠，曰周、方二公祠，曰羣忠祠；祠於民者曰海忠介公祠。聞之先民云：李公以其子筦樞故，未甚愜人心；周、方二公有禦災捍患之功，宜祠；羣忠諸公有捐軀决脰之勇，宜祠；海忠介公有委身殉國之烈，宜祠。夫周、方二公保障一時，而侯覆露八載；羣忠諸公勵秋霜以振英聲，而侯煦春陽以培元氣；海忠介公忠犯人主，澤被蒼生，而侯雅操凌霄，和風漸物，亦略足相當。然則侯之宜特祠也，其又何辭之與？有試登侯祠，憑欄而望，茫乎黄龍之浦，東接十洲、西灌、三泖，蜿蜒而環其前若帶，皆侯所懷柔之。安瀾門外舳艫相屬，或漁或商，連檣數里，皆侯所生聚之。遺黎夜静，江楓颯颯，欸乃而歌，吴歈隔浦，菰蒲際天，桑麻滿野，送青遶緑，隱暎襲侯像，皆侯之棠陰輿誦。至侯平夷易直，浩浩蕩蕩，無不受而若無受，無不有而若無有，則又與此浦並存不朽，固知侯且百世祀也已。不佞遂不揣而爲之記，以告來者。

刻侍御甘公鄉約公移碑記代草

古者張官置吏，設直指使，令持斧衣繡，巡行天下，以觀風俗𡢃慝。自漢家授署御史，每於風霜始嚴鷹隼，初擊時世，遂以搏擊爲御史職，而御史意亦期於問一二大姓主名，得附於埋輪破柱之風，遂侈然自謂足吾事，可籍手報天子矣。至所謂薪槱作人，清源正本之論，概乎未之聞焉，則觀風之謂何？余吴中風靡極矣，城狐晝鳴，屋雀夜攫，灰骨之慘，甚於要離，繡士之侈，泣於賈傅。總之司馬長卿所謂俗不長厚，繇父兄之教不先，子弟之率不謹也。

今侍御甘公之來按吴中也，首屬諸三老而告之曰：「余奉有天子三尺，不難震用雷斧，以繩若輩，誠不忍罔若輩以博此强項名也。周大夫以刑政糺民，民覩毳衣，聽車聲檻檻，輒廩廩畏懼，同穴之約卒要以相從，則宣尼所云德禮不彰，民無耻耳。諸三老其爲余行鄉約保甲法，上以對揚天子休命，下以挽回人心，磨鑢世道。」於是命縣大夫置鄉約所若而區，擇鄉約正副若而人。縣大夫仰體侍御公意，躬帥士民朝朔望講讀如禮，刊行條解，布之窮鄉下邑。誠念富者踰制，貧者匱生，作奸者觸禁，化壅閼而不行，其源皆起於奢。凡宫室、衣服、飲食、婚喪，各爲等殺以訓之儉，有不若於訓者，則用惠文法治之，毋敢貸。民知畏威慕義，始蒸蒸嚮風矣。

廼諸三老樂觀其始，永思其終也，肅衣冠而告於鄉之望若陸少保宗伯曰：「天不遺我東人，而賜之侍御公之教訓。脱侍御公信宿釋我東人，我東人無從瞻衮衣也，得無積久成玩，積玩成弛乎？我儕細人，願托之貞珉以圖不朽，庶穹碑矻立，炯戒森嚴，恍然如登烏臺、覩鷺車而瞻豸冠也。」少保公曰：「偉哉！三老之議。諸三老誠不忘侍御公之教訓也，誦而習之，以口爲碑；銘而識之，以心爲碑。則此物此志，不有堅於金石者乎？」於是諸父老伐石勒辭，并徵余言以記其事，而余更有進於此者。夫風起清蘋之末，緣太山之阿，舞於松栢之下，蓋有自也。自古聖喆端型植軌，至爲銘盤盂几杖，蓋知風之自也。今人情佻巧怙，侈輦轂之下爲甚。侍御公之報命也，抗白簡，伏青蒲，有不以作新之念爲聖天子日新之規乎？有不以吴人建碑之意爲聖天子銘盤盂几杖，比於丹扆之箴乎？余又知侍御公之勳爛焉，有旂常竹帛在矣。

侍御公名士價，號紫亭，江西信豐人，登萬曆丁丑進士。

劉侯生祠記

劉侯著泉先生令吾海上，凡四易寒暑，始擢春官尚書郎行。行之日，士民走數百里外卧轍攀留不得，則歸而庀材鳩工，建祠肖像，將百世祀焉，祠不日成矣。諸薦紳縫掖曁父老子弟相率而來徵余言以記其事。余起而揖諸君子曰：「令去而民思之，難矣；思而不已，甚至尸而祝之，抑又難矣。此豈可虚聲借哉？脱諸君子不明言侯所以爲德於吾人，與吾人所以德侯之故，俾來許視爲河梁故事，而陽鱎之徒且藉手爲干寵地，一令去，一祠興，百里菰蘆中將不勝俎豆之區，三代直道之謂何？」

於是諸薦紳縫掖曁父老子弟争前致辭，有曰：「吾儕薄海，請言海。海之民與竈雜，而竈爲苦。竈有課徵之，以供轉輸，竈有繇蠲之，以示優恤。邇者海利微而竈丁瘠，富者設財役貧，盡籠其所蠲之利，而貧竈之所徵如故。吾侯慨然曰之鹹司，即以其所蠲者償其所徵者，而竈乃大甦。是則吾儕所以不能忘侯也。」有曰：「吾儕傍浦，請言浦。浦受海，龍華港受浦。海潮日一至，潮則駛而汐則緩，緩則水落泥積，歲勤畚插，費緡錢，旋浚而旋淤，匪獨農民苦旱潦，且帆檣爲梗，榜人從大浦走郡，舍夷就險，往往罹驚濤暴客之患。吾侯亟請之當途，而議創石閘於龍華港，以司啓閉。閘成而濁流不入，艅艎從枕席過，蓄洩之利勝十萬桔槔，水泉無壅，榜人與農民並受其福。是則吾儕所以不能忘侯也。」有曰：「吾儕近城市，請言城市。城市嚚而桀黠之徒穴於其中，猾胥逞計筭，緣上下爲奸。惡少游手足，任睚眦爲奸。甚至姚冶之家，踰閑蕩險；驕蹇之子，犯上凌尊。雖衣裳采采，不異行禽。吾侯首剔侵漁之蠹，再嚴格博殺越之禁。某子甲不脩其惟薄，則置之理；某子甲不順於父母，則速之獄。務令重創悔罪而後已。閭井之間，藉是稍稍還淳，不大骫於法以危其命，殞身亡家，是則吾儕所以不能忘侯也。」揚芳數美，口娓娓不能休。

余作而歎曰：善哉！自黿丁法行而民害除，是何易于治益昌，拒鹽鐵官搉取之政也；自龍華閘建而民利興，是孝頻治武功，疏六門堰之政也；自詰奸禁暴、正俗敦倫之化行，而民志畏，民習端。是鍾離意治東平，使鷹化鳩、虎成狸之政也。諸君子言侯之爲德於吾人，與吾人之德侯者備矣。獨不有侯之爲德於吾人，而侯不自言與？吾人之德侯，而吾人亦不知所以言者在乎？海上喜鬭健訟，三甲五甲，自昔相沿，而性更佻巧，善闞看，如驚風飛羽，惟意之所嚮爲的，羣起而環射焉。上意重人命，則借人命爲贄，浮屍枯骨，奪之魚鱉螻蟻，以爲詐局；上意重國課，則借國課爲贄，積銖累籥，搜諸成、弘、嘉、隆間，以爲難端；上意重介特，抑豪强，則借豪强爲贄，纓組衿韋與貴遊世胄，不問曾史跖蹻，强半掛名訟牒，微獨武健嚴酷之吏有意近名者之爲戎首，即公忠之長，勵精求理，迂迂以良法美意，久而濫觴，卒爲奸穴，令鼠牙雀角縱横於白晝大都，中外騷擾相奉，人且歎兔爰，悲雉羅，罔有寧日。故曰：民不可使知，而長民者大體在無生民心。吾侯恬漠愉静，以無事爲智，以不顯爲刑。若鑑之空，若衡之平，妍媸低昂，自來獻狀，而吾不先爲妍媸低昂，以待其來。微獨四封之遠無所覘意旨，即胥史輿隸日抱案牘，環堂簾呼擁後先，不見顰笑，安所迎而合？不見愛憎，安所規而左右袒？四三年來，死者安，中野無椎埋之慘；生者安，户牖無射影之虞；冠裳闤闠之家安，弦誦無株連蔓引之禍。此侯之不動聲色而陰有造於海上者也，視諸君子所言侯之爲德於吾人，與吾人之德侯者孰多？亢倉楚有言：聖人貴耳不聞之功，目不見之功，口不可道之功。又曰：吏静正以勤德，則不言而自化。在漢循吏，指不勝屈，而元和間獨稱劉襄城方曰静正之吏，悃愊無華，日計不足，月計有餘。方雖無他異，吏民同聲謂之不煩，足爲漢循吏冠。若吾侯者，庶幾不貴耳目而貴静正，其古劉方之儔與？雖百世祀，吾知無間然矣。諸薦紳縫掖暨父老子弟咸唯唯曰：「韙哉！黄生之言，吾儕見不及此，請記之以垂不朽。」

侯名一纊，江西南昌人，登乙未榜進士。

署上海縣事司理毛侯修儒學記

國家設直指使者巡行天下郡邑，而又佐之李官，廉訪諸郡邑之利弊幾慝。直指使職要，李官職詳。以故李官之權幾與直指使埒，而其煩劇更甚於直指使者。繡斧未臨，李官業已取前矛往案，一切部事俟弭節而受成。車塵馬跡，十九在外，偶一歸沐，則臺憲之檄交馳諸郡縣，衣赭衣，望嘉石而待理者羣集，如是者無虛日。間郡守相、縣令長缺，移祝代庖，以李官行守令事，亦不過日月至焉，無能昕夕勾校之爲兢兢，又胡能離刺訊之庭，履絃誦之地，下從章縫輩揚扢今古，施恩於芹藻之區也？非其意所不注，亦其力所不遑耳。

歲乙巳，余邑侯著泉劉先生擢春官尚書郎行，在事者念余邑當江海之衝，探丸椎埋，易於哨聚，而錢穀訟牒與豪猾之作奸甲於它邑，非得重望者彈壓之不可。於是郡司理毛侯遂來署余邑篆。侯恂恂雅雅，含采醖奇，如渾金璞玉而神明天授。累歲之積逋與向隅之隱情、憑社之宿蠹，悉數計而燭照。又如流雲走電，轉眄立決，案無積牘，庭稀擯楚聲。簾垂晝永，青衿士持方寸赫蹏，録經生語，伏謁就正，必手爲丹鉛而甲乙之。拔其尤者，剞劂而傳播之，綽然劈畫紛糾，而又裒然領袖後進。既能使梧丘之魄無恨於灰骨，而又能使陽春之調不混於巴人。士民争歌衮衣，惟恐飛鴻之遵渚也。甫匝月，今李侯斗冲先生至，侯乃解邑篆，還治李官事。臨發而總覈其所應入之餼如干兩，侯無絲粟染，念横舍日久漸圮，盡捐而輸之，爲綢繆補葺費。於是庀材鳩工，搆明倫堂之前楹，繕東西兩廡敗棟頹垣，一朝飭新而更諸爽塏。學博士黄君偕其僚夏君、鄭君屬諸文學聚而謀曰：「侯李官也，邑事其攝位也。信信宿宿，又非枳棘所能久借也。猶然不以傳舍視之，□縈灑澤，波及於吾横舍，直可令頑者廉，懦者立，矧吾儕有專職，朝於斯，夕於斯，敢不砥礪名教，率先多士？爾多士亦安可自爲菲薄惰窳，屑越以有負於侯？雖然，歲久則事湮，事湮則志懈，微要靈於金石，令諸生習禮其間，低回留之，常見侯所以薪槱盛心，其何以識不忘？片石可以爲師保，其亟圖乎？」乃牽率而來徵余言以記其事。

夫以李官行縣令長事，恢若遊刃，難矣。以縣令長所最稱煩劇邑，驟而操刀，劈畫中程，不崇朝營壘俱變，鳶魚芹藻亦若忻忻色喜，抑又難矣。假令當局者人盡侯也，兼才能，宜於左右真實心能信於士大夫，則到處可爲功業，詎謂朞月不可千秋哉？蓋侯之嶽峙淵渟，類李文簡；飲冰茹蘖，類趙清獻；發覆摘伏，類錢宣靖；焦心蒿目，吐哺握髮，歷寒暑不輟，又有韓忠獻風。集古李官之長，而文之以禮樂，余固知侯它日建豎，當有挾日月，貫穹壤，勒諸旂常竹帛，不貞珉而永者在，姑記其施於海上之一班云。

侯名一鷺，浙嚴州之遂昌人，射策甲辰榜。黄君名居中，夏君名直卿，鄭君名溥，於法得並載。

卷二

古詩類苑敘

詩之有類苑也，自吾鄉先輩張玄超始也。玄超性恬澹寡營，而獨嗜書，若東西京史、鹽鐵論諸書，靡所不品騭，而尤沉酣於有韻之文。網羅歷代，自黄虞迄於六朝，列爲古詩類苑；自唐武德迄於天祐，列爲唐詩類苑。編蒲織柳，幾於蠶絲牛毛，綺縟甚設矣。而家故貧，不能殺青，擘而授余社友比部俞子如。子如亦雅有書癖，業已繕寫讎校，一旦捐賓客而不能卒業，笥而藏者十餘載。歲庚子，唐詩類苑始刻於吴門曹氏家，而壬寅歲，子如弟顯謨惜雙美之未合，悲先志之莫竟，亦偕其壻王君頻、陳君甲刻古詩類苑於海上。夫是兩書也，玄超集其成而厄於空囊，子如將廣其傳而抑於短晷。令寓内騷人墨卿日喁喁，如壁間枕中之秘，争以不得覩爲恨。而神劍出匣，終當復合，豈非千古一大快與？

第余讀之，竊有懼焉。余私心謂經史子集皆可類，獨易與詩不可類。蓋易主乎變陰陽，互祲祥，倚隱顯，鉅細雜。其取象也員，可以神解，不可以類求。次則三百篇，匿意於此，托辭於彼，似美又似規，似揚厲又似刺誹，謂其類蠛蠓也可，謂其類龍象也亦可。大都變化圓轉，玄而難爲封畛，與易類。宣尼删詩，止定風、雅、頌三體，又取王風、變雅、魯頌犁出其間，謂王而頹然不足比强藩元侯，則雅不得與雅類，退而列於風。侯而郊廟禮樂，儼然王也，則風不得與風類，進而列於頌。一以弱周，一以衰周公，并以勸天下萬世之爲王爲侯者，務錯而綜之，以盡其變如此。至其平生所沾沾喜與言詩者，亦靳靳商、賜二子，政謂商、賜二子能於咫尺間噓氣成雲，倏而淵沉，倏而天游，不以類爲拘拘也。晦菴朱先生稍拘於「鄭聲淫」一語，凡鄭、衛諸篇什，强半列爲男女淫艷之聲。如静女，晦菴以爲淫，而小序以爲刺君，是將與桑中、濮上類乎？抑與南山、正月類乎？如「青青子衿」，晦菴以爲淫，而小序又以爲刺學校不能養士，是將與蔓草、溱洧類乎？抑與權輿、瓠葉類乎？雞鳴、風雨絶類蒹葭白露之思，而褰裳貽珮，安見其不當與干旄、白駒之類爲伍？凡解經者，稍著意見臚列，便不免附會牽合，而訟乃搆。余故曰：易與詩不可類。詩即類，第可以世類，以地類，以人類，而不可以類類。可以類類收其紛紜，而不可以類類掩其靈怪。

昔人謂唐詩多賦，少比興，其詩猶局於制，無甚杳眇，不可控揣古詩，寧論太上天籟？即漢魏尺幅，尚沿三百篇遺響，如蘇、李、嵇、阮諸賢，含情寄興，遠調凄歌，冥冥乎殊不可施繒弋，而奈何玄超之以更漏自苦也。玄超蓋雄心人，吞雲夢，不顧八九而止，直欲窮天罄地，盡獵而置之几席間以爲快。而銖積寸累，虞其掛漏，故門分而户别之，我彊我理，豈不井井乎甚辨也哉？而東西南北自在，任其所揚鑣而取道焉。如醫師藥，籠中物，若辛若甘，若寒與熱，自水碧金膏以至牛溲馬浡，種種備具。及其臨時調劑，或辛而代甘者之用，或寒而濟熱者之所不足，參和之妙，則又存乎其人，是則玄超之意也。夫玄超以其類而不類者俟諸後人，脱後人不能以其不類而類者求玄超，井魚夏蟲，産南則不復夢車，産北則不復夢舟，方且硜然奉爲不移之局。至於借翰丹彩，給事紫微，喜於搜索省而採掇便，則又從而剽掠其中，囊攜庋置，果然遂視爲不涸之倉，無乃非玄超意與？

余猶及侍玄超杖屨間，嘗謂余曰：「行不厭常，文不厭變。易方爲圓，非變也；即方爲圓，乃變之變也。丈夫攬三寸柔管玉長其間，不能出有入無，令九天爲九地，安所極才人之致？」玄超蓋深得夫易與詩之解，而此特其濟世之豨膏棘軸云爾。讀者尚另具慧眼，毋自爲方穿以傷長者意，則厚幸矣。

王李兩先生尺牘敘

王李兩先生尺牘，余友張長輿所校，潘光禄君之子君述所輯而梓者也。君述風神秀徹，髮方垂垂，覆額於制舉藝，已能揮筆振綺，猶囂然有封狼居胥意。請於光禄君曰：「男子墮地，落紈綺中，以豹皮囊盛隃麋，以硫黄酒舒遼西麟角，以文綾蓋掩于闐青錢，不煩編蒲緝柳，凡蟲篆鳥跡，奚求不得？而卑卑守經生言，不能發一聊城矢，甚至對方寸赫蹏，須覓君房而辦，安所稱丈夫也？願得里中博雅士坐皋比，左旗右鼓，大蒐於二酉間，盡發寓内名家所稱不朽業，伏而讀之，庶幾出乎埳井，無爲海若所笑。」光禄君嘉其志，曰：「孺子可教。」爲延長輿先生。長輿蓋以博雅士推里中者也，至則首示以婁江元美、濟南于鱗兩先生集，君述受而卒業，則又請於長輿先生曰：「君家難弟嘗刻眉山、豫章兩先生尺牘矣，而先生實操其衡。今濟南、婁江，方之兩先生，可當鴈行令古。今分則四絶，合則雙美，亦千秋快事，先生得無意乎？」於是長輿再爲校其尺牘，各爲小傳弁其首而梓之，聊以備九鼎一臠云。夫當世獨長者家兒，不無壓伏波之慮，遂令柳氏垂誠數語爲千古蓍蔡，君述承累世金紫，乃所嗜好獨與諸貴游異，以鼎貴高門下而侵寒畯白屋者事，誠長輿之能爲指南。若君述者，謂之翩翩佳公子非耶？君述爲恭定公曾孫，爲方伯公孫，爲莫廷韓先生外孫。以方伯公視之，固猶朗陵之有文，若恭定之澤，豈出蘭陵下也？在廷韓則如袁粲之有空節，倘遇沈休文，必歎王郎非獨額似袁公，其風韻都相似矣。

翼學編敘 代草

昔人論韓昌黎氏原道而遺格致爲無頭學問，至朱、陸兩先生鵝湖會講，互相酬答，於格致又似分道而馳者。然邇來聰穎之子喜頓惡漸，强半左袒子静，競起而托宿其間，勾襟委章甫，揮麈而譚空解。大都看火撥衣，如禪那棒喝之教，病蠶絲牛毛爲支離，舉一切載籍等之糟粕煨燼，入眼成翳，悉棄去以明高，儼然自謂不出户見天下，莫已若矣。試一叩之，無論羵羊蘋實，耳目所未嘗覩記者，茫然無所置對。即古今之往行前言，與天壤内庶品雜彙，亦緘口結舌，十而不得一。彼且枯槁其身心意知，又安望其爲家國天下指迷發覆，令共遊於昭明之宇也？斯真聖學之蠹耳。

余友眉山朱麗明先生，才雄而志篤，雅好編蒲織柳，於丘索、墳典靡所不漁獵。取大學八條目門分户，别擇其相肖者臚列其中。精而芳規懿訓，麤而鳥獸草木，顯而天苞地符、朝典戎索，隱而仙源釋派、牛鬼蛇神，粲粲落落，如珠如宿，名曰翼學編。余初受而展卷，中竊疑焉。學貴反約，戒在徒博。且彼藝文類聚與六帖、通典，侈矣，既名翼學，奈何而與歐陽率更、白香山、杜氏等争勝也？徐讀之卒業，始有所悟。凡人撰造，各有所主，觀者亦各從其所主者以爲標。主於修辭，則操觚者染指，雖真言法語，亦視爲刻脂鏤冰之屬。主於窮理，則見道者營精，雖稗官小史，亦視爲禔躬繕性之助。如大易一書，乃萬世理學之宗，中所載者比象連類，多似巫媼禨祥與村農陰晴之説，然有不以天時之消長與人事之吉凶悔吝視之，而竦然動念者乎？是編也，概其綱羅，總之以類聚、六帖、通典爲洛陽之肆。獨借以印證大學宗旨，非以鬬靡，令人游戲得三昧，一披覽而思古今之往行前言，誰爲發竅？何若此其至當而不可易；天壤内庶品雜彙，誰爲效靈？何若此其至變而不可究詰。方寸懸鑑，左右逢源，土苴瓦礫，動見本始。其於身心意知家國天下之故，且瞭如指掌，聖學不庶幾大明殊異乎？譚玄説幻者之爲杳眇哉？學者而僅欲修辭已乎？則有歐陽率更與白香山、杜氏諸纂組在；學者而有志窮理也，則是編恐未易少之也。朱先生信爲君家考亭增一羽翰矣。

刻省括編敘

余讀漢史，至始元間男子成方乘黄犢車詣闕事，當時詔使公卿雜識視堵而立噤，莫敢發一語。京兆尹雋不疑後到，引春秋以違命出奔拒蒯聵例立收之，衆相顧愕眙，天子與大將軍霍光聞而嘉異曰：「公卿當用有經術明於大誼者。」繇是不疑名聲重於朝廷。夫漢去古未遠，譚經術者猶然如晨星，而況後此者乎？意漢承坑焚之餘，墳典、丘索未盡流傳人間，士多從櫜鞬起，故以樸失之，而後此則又以浮失之矣。聰穎之子，馳情於月露風雲；杳眇之夫，遊神於寶洲金界。總之，若刻脂鏤冰，無益於用，一旦掇巍登膴，盤錯在前，茫然無所置對，豈盡如狄梁公所誚文士齷齪，不足成天下務，亦裳華詩人所云，「維其有之，是以似之」。彼其中誠無有，胡怪乎其叩之而不應也？

武林養谷姚先生，壬辰以進士高第選入中秘，輒厭薄雕蟲非壯夫，慨然自謂：丈夫昂然七尺，得時而駕，徒繡其鞶帨爲華而已，抑曉邑今古，將以經世也。古今雖異世，試以今之人情物態參驗於古，未嘗不同。則以古之前言往行劈畫乎今，又奚所不合？譬諸射者千萬世，矢道同的，甘繩、飛衛之彀律具在，彼蓋有先中中者也，顧有省有不省耳。守其彀律，如矩如附，運以巧心，安見今人之不爲甘繩飛衛也？迺於綜覈六經而外取歷代史，昕夕畋漁其中，擇其破的中竅，爲今古所共賞者，門分而類聚之。間於會心處附以己意，命曰省括編，凡若干卷。先生從中秘拜夕郎，歷吏、兵、户諸垣，其論銓選，論邊徼，論錢穀盈縮、礦税利弊，鑿鑿俱以古人腸籌今人事。心得手應，麗軀達腋，無虚發焉。人皆知姚先生言必有中，不知先生之布侯於是編也居多矣。客歲，先生姻家淇園楊先生手是編而歎曰：「此真經世之鵠，奈何私諸枕中，不令爲世儀乎？」遂攜至吴中，授余邑李令君。令君乃姚先生典試豫章時所首取士也，亟繕寫而剞劂之，俾行於世。

當吾世而矍相抗侯，高墉集隼，利用決拾，誰爲控弦而先登？自分蓬矢，無能射革，則釋冰以藏拙。間勵鋒氣，喜於掺弧，則又如庭氏以枉矢與太陰之弓望風而射影，先張後説，靡所止疑。誠得曉邑士如雋曼倩者，爽然處盤錯之會，酌古準今，片言七札，其解紾捄鬬，豈不勝聊城矢？一時公卿更相推重也，又豈出霍子孟下？余固知姚先生之名聲，將爛焉流鴻豎駿，軼曼倩而上矣。

臯比山斗册敘

今昔士一也。昔之士，用其雄心鋭氣以課正業，發公憤；今之士，用其雄心鋭氣以逞彊陽，恣要挾。居恒無事，則俛首而干蠅頭；稍有事端，則攘臂牽率而前，以舌戰博强項名。余每仰屋竊歎，當此狂瀾，誰爲砥柱？輒誦古人「師道立，善人多」之句，乃邇者師道更難言矣。上者僅僅採春華，忘秋實；下者且營營纖趨越，苜蓿俎，而規鼎珍餘瀝。楚楚青衿，面而師，背而嘲，視之若雙鳧乘鴈然。士習之澆，日甚一日，猶河漢而無極也，實由斯故矣。

歲癸卯、甲辰，吴中屢煩，白簡至厓。輦上君子慮思擇名師爲風勵海内計，而淮槎沈先生遂來司吾郡教事。沈先生家檇李，去吾郡不百里而近。甲午與余同舉順天試，乙未成進士，懸書藝苑，海内士莫不家傳户誦，守爲指南，望之已如泰山北斗。一旦聞沈先生且翩然惠顧吾郡，昕夕引領跂足，歌來暮然，猶意其爲經師已也。比至而却脡脯，捐廪餼，以賑貧乏。省繁禮，屏縟節，著修行、攻文諸條，以釐正浮薄。對諸弟子員，藹然色笑，如家人父子。間有不類而敗羣者，則又毅然面叱廷辱，語刺刺不休。對監司守令，凝然恬漠，如雞羣野鶴。遇涸轍波臣，懷奇而不展；覆盆灰骨，飲恨而不伸。或事關名教，議重風紀，衆所蓄縮，不敢置對者，則又慨然太息，堅然持論，寧不合於當路，務大快乎輿情。蓋凡諸弟子員平日所恃以餌其師長者，無一足以嘗沈先生。凡沈先生居，恒語默作止，無一不足以令諸弟子神往而志銷，不獨爲經師，且爲人師矣。詩有之：「豈弟君子，遐不作人。」其誰不飛躍焉？於是楚楚青衿，莫不洗心易慮，以聽沈先生約束，稍惰窳不中程，則面熱内慙，乞不使沈先生知。甫朞月，宫墻若峻，泉流若清，荇藻若芳而潔，諸弟子得以養其重，監司守令亦得以全其尊。沈先生之有造於雲間士也，豈其微哉？

唐天寶後，藩鎮獷悍，朝廷百度廢弛。永泰間，以楊公權品裁清允，從國子祭酒拜平章，軍國制下，京兆尹黎幹去從騎數百，御史中丞崔寬毁别墅、池觀、堂隍，中書令郭子儀亦減座中音樂五之四。公權何以得此乎？亦以公權素行高恬淡寡，營一室，凝塵滿席，而請罷帖括，置孝廉科，議論常依名教故耳。今沈先生擢成均去，以其師吾郡者師天下，又以其師天下者秉衡握樞，宰割天下，其爲潛移默奪，令頑者廉，懦者立，所以陶鑄羣品，鼓吹休明，又詎可量也！沈先生行矣，余且拭目俟矣。

瞿氏家乘敘

家有乘，猶國有史，均所以奠繫世，辨昭穆，記言記事，彰往而詔來者也。史代不乏，自董狐、南史而後，獨孫盛、吴競以直著聲。舍此，若陳承祚、魏伯起之徒，或索米立傳，或挾私憾令，是非失實，千古猶穢。夫國史所載者朝典，以法勝，猶不易任意出入。家乘所載者族屬，以情勝，欲其堅持衮斧，抑又難矣。總之，亦存乎其人，壯心勁氣，足空四海，細羣品，雖鍾駟鼎鑊不能脂韋殉人。心弱而氣餒，不耐人色招目懾，利誘威愓，蔑弗靡耳。

余邑瞿氏之家海上也最久，歷參軍、京兆，其子姓亦最殷繁。然雄偉特達，負丈夫概，不比於俗而有合於古者，則莫如永山先生。先生少受直性，長懷剛腸，遇公正發憤，如弦如矢，雖尊官大吏與鄉之望人，勢甚薰灼，不惜面折而庭叱之，毅然賁育，有古汲長孺、劉伯言之風。近世可稱壯心勁氣者，先生非其人與？邇謝海澄，政家居，慮先世譜牒久而湮没不傳也，爲作瞿氏家乘，載其本宗，以明其水木，而不濫存其碑銘敘傳，以徵諸金石而不浮，質而有直體，不庶幾哉瞿氏之天球大訓也乎？

余觀近世秉筆執簡之官，隨聲傍吻，如韋如脂，多承祚、伯起，恨不得一二矯矯諤諤者砥柱其間，令鼠子輩膽戰，即不敢望董狐、南史，尚及見孫、吴遺軌。惜先生位不暢才，僅僅爲瞿氏一家之天球大訓也。雖然，蘇氏族譜亭記有云：匹夫而化鄉人者，吾聞其語矣。吴中風澆，以此示吾鄉黨鄰里，令貴家大族之子姓知再世之後，非有芳名不傳，非有懿行不傳，稍有不類，則宗老之斧鉞隨之，終不爲親者諱。悚然有懼志，相期日征月邁，以求無忝所生，無詒家乘羞，其於易俗移風，豈曰小補？語曰：「是亦爲政，奚其爲爲政？」余亦曰：「是亦爲史，奚其爲爲史？」

兩度陽春詩卷敘

我師許侯蓋兩去我上海矣。侯始期年而去，而民爲之歌，其聲楸然悲以慕，若不能竟侯之施者。侯今七年而去，而民又爲之歌，其聲穆然深以長，若不能名侯之德者。夫令固恩怨府也，暫猶易爲逢，久則不能無生得失，侯何以令民思至此也？

凡令好嫗煦，輒蓄縮作模稜態，民以爲浮沉而不思；好武健，輒搏擊見所長，民以爲炰烋而不思；介於嫗煦、武健，而寬猛未必中理解，驟以爲赤子，驟以爲龍蛇，則喜怒有幸不幸，民又以爲不可任也而不思。侯自戊子迄於今戊戌，星霜雖屢更，而侯之不競不絿，不剛不柔，其弦轍曾少變乎？謂侯而喜有爲，減騶撤從，示夷易而不煩，似於恬静。謂侯而喜無爲，捍患禦災，當盤錯而不讓，又似於伉慨。以侯之疏節濶目爲無意豎標，乃其堅持大體，違權貴請而不惜，咈監司旨而不忌，未嘗軟熟媚人。以侯之食素衣麤爲有意近名，乃其獨行壹意，課殿宦拙而不巧於迎，瓜及薪壅而不速於化，又未嘗炫燿露己。侯之妙用，蓋在有爲無爲、有意無意間，而其質則以豈弟爲主。曰豈弟而又何齟齬之與有？辟彼風雨露雷，有宜有不宜。至於陽春，融融熙熙，寒谷也可，煖室也可，高春也可，下春也可。侯寧啻縈係我東人？不佞固知侯之無所不入矣。

留都古六朝遺址，竹林風流，瀟灑類放達，而山巨源居選職，最稱廉平。是行也，其將有許公啓事乎？自昔名賢以留都爲回翔地，況今輦上惟選曹孔棘，太甘也不可，太苦也不可，思得斲輪手，安知侯不自留都借而帝京也？以侯之不疾不徐者，處茲巵會上可使宸衷不疑，下可使士則不格，天下真大治，安知侯不從選曹持中丞節，再撫我東人也？侯之來與否不可知，其來而山川風物，爲侯所陶鑄者，景色之改與否亦不可知。廼侯之深仁雅度，淪浹於人心，當依然如故不改。竹馬懽迎時，甘棠之歌變爲濕桑，美哉洋洋乎！其將與黄龍之流俱長乎？洞酌之詩有曰：「豈弟君子，民之父母。」於侯驗之益信。爲民父母者，宜以此爲座右銘矣。

輿誦彙編後敘

輓近民僞滋而面背分，面則握手，背則掉臂。甚矣！民之善忘也，朝夕者猶然，況世所稱傳舍而居者，而又適轉徙之會，威福屏而無可冀幸，其何所挾而能令人依依，且愈久而愈不能已也。其所從來深遠矣！

吾師許侯有迎刃之才，而不以才露；有燃犀之識，而不以識見。日于于而倐混沌之術，未嘗赫赫炫鬻，以賣名聲。以故侯後先令海上八稔，民晏然若不知有侯。一旦侯去，海上民復瞿然若不可無侯。侯迫於簡書，當以歲杪行，諸父老扶杖裹糧，從村落四出，環而謀枳侯行。侯聞而愀然曰：「奈何以余故妨民間歲時懽聚也？」改卜新歲，姑示寬期，而先期遄發，意欲無動民，而諸父老業已雲集夾道，頂禮者如蟻；中流鼓枻銜尾，追逐者如蕭葦。百里而郡，則環而號呼於郡；又百里而青溪，則環而號呼於青溪。曰：「此猶我宇下也，過此他封矣，願侯須臾無行。」侯再三慰勞，不能去，則又數百里而金閶，侯艤舟虎阜，肅衣冠堅謝，諸父老曰：「若等不後，則余亦不前，若等寧忍余稽王程以速大戾？」諸父老遂擁侯登虎阜，執香而前者若而人，執繪像而前者若而人，執兩岐麥禾、四面木棉而前者若而人。其龍鍾掖而上，其摩肩接踵，竭蹷喙息，而恨後至者，又若而人。各羅拜泣下，不能起。侯亦泣，而手起之曰：「重累諸父老，若等皆當家而業耒耜，此其于耜時矣，若等其亟歸，歸而訓子孫課農桑，奉公守法，無爲雀鼠，令桁楊、犴狴不入若夢，世世長有此丘壠，則余雖去猶在也。」諸父老復羅拜泣下，曰：「敢不祇服嚴命，以没吾世？」俱嗚咽低佪，久之始解去。有越滸墅，至横錫，潛叩侯舟而返者；有過潤州，臨楊子江，遥望侯行旌渡金焦而返者。至今諸父老出市中，必造侯祠，展侯像，加額拜祝其下而退。夫攀轅卧轍，東西京相傳以爲偉觀，然不過分袂時惆悵車塵馬足，脩離亭故事，何至跋履山川，曠違歲月，而眷戀乃爾？此豈侯之有要於民，與民之有暱於侯，蓋中心達於面目，民雖多僞，實有天矣。

不佞當日惜不嫺丹青，無能圖此駢闐悽惻之狀。又念數百年所未有之光景，不應泯泯，因採其記頌詩歌，臚列於贔屭鸞龍緗素與途巷口吻者，彙爲帙而剞劂之，并敘而附及焉。將以告四方循良，其毋逆民，僞曰若面奉而背忘者，膠漆無所用之而任意爲；其亦毋希民，譽曰若桃投而李報者，非有香餌不可而刻意爲是。惟先之以不欺，行之以無事，積誠以感，其天之不能自已，如是而已。

瑶池紫氣册敘

當世事親者，率以希韝鞠𦠆、舞班戲彩爲兢兢一朝得時而駕親之幸。躋稀齡也，務窮荆吴之珍，酌匡廬之泉以介眉壽。遠引漢宫斑麟雲車事，恍如董雙成、許飛瓊、范成君輩，相與吹笙鼓簧，擊洞陰之磬，以佐介壽之觴。自謂事親之道，無踰於此。不知聖賢論事親，貴於養志，本於不失其身，菜庭懽笑而窮簷蔀屋，已有向隅者矣。一人祝釐而四境以内，四境以外已有心非巷議，一人之祝，不能勝千萬人之詛者矣。是謂斂怨爲德，聚膏血，供滫瀡也。無論干和召慼，假令親而賢智也，其能晏乎？不能晏乎？

吾侯李斗冲年丈之令吾海上也，迎其母王太夫人偕來就養官舍。太夫人性恬澹，茹苦食辛，類桓少君。更温惠隱惻，好生惡殺，持訓務從寬厚，有雋母風。吾侯奉令承教，恂恂雅雅，絶似渾金璞玉，未嘗鷹擊毛舉，喜於踴躍升騰，超等喻匹，以博名高。而冰蘖之操，凛然懸魚却鲊，不可以絲粟染；盤錯之會，洞然燃犀置水，不可以煬竈蔽，不可以通關轉移。堂皇之上，大都有投膠飲醇，嬉嬉登臺之象，無震雹馮怒，令人縮頸駭汗，惴惴集木之思。總之，約以禔躬，寬以臨下，期於無違慈母之惓惓而已。

當其委蛇退食，太夫人據胡牀，問所劈畫若何，問所平反若何，吾侯以剸決某事，以全活某子甲對。有當於衷，太夫人嫣然頤解，吾侯婆娑而歌白華，烹葵剥棗，具胡麻飯以進。太夫人爲加一餐，其樂也融融，境内外士民亦知振振麟趾，厥有所自，争曰：「不有少君，何以有永；不有雋母，何以有不疑？」莫不舉首加額，擊節歌呼，願太夫人眉壽無有害。彼東隣之牲，孰與仲由之菽；瑶池之桃，孰與河陽之花？譚玄説幻，揚芳數美，孰與白叟黄童長謳短吟，家爲頌，人爲祝也？自古稱善祝者，莫如南山，詩人曰：「樂只君子，民之父母。樂只君子，德音不已。」吾侯身爲樂只父母，而詔太夫人以不已之德音，其爲延曆續紀，寧須覓金莖露哉？

歲在丁未，太夫人春秋七十，不佞匏繫白雲司中，不能從諸縉紳先生後登堂稱兕，修年家子禮，而姑彙燕歌，以助吴歈。豈曰阿私所好而以此貢諛，亦曰若吾侯則可謂養志也，事親若吾侯者可也。

竹素堂稿敘

譚文者輒推班、馬，又輒云：班不逮馬，匪獨以孟堅步武子長，創與守異，亦以子長性與陽毘，骯髒激烈，臨文無所忌諱，如漢武神仙、土木、征討之類，雜見於篇端，公孫丞相而下無論已。孟堅性與陰毘，委蛇婉轉，不無忌諱。宋儒取其特恕杜張，余謂孟堅猶有今日世人腸，爲其子孫貴顯，故不欲傷其父祖，曲而少直體，此政孟堅之不如子長處也。嗣是則韓、柳、歐、蘇四大家擅場矣。四大家體裁不同，總之匠心撰造，無所沿襲，任情發舒，無所顧忌。而眉山子瞻更以鋒氣佐其雄才，想其胸中不能着世間一物，筆底不能留胸中片語，寧我盡人所未盡，毋寧人得發我所未發。咏檜諸詩，直干雷霆之怒而不懾。子瞻之文，人人快讀而膾炙千古也以此。

余友陳子有，性剛毅有斷，不屑不潔，皂白太分明。已獨醒而惡人醉，迋迋欲以律已者律人，不能與世俯仰。用則行，用而不能先則藏。調合則投分結契，雖單門寒畯，不難握手交懽；熏蕕不倫，則移牀舉扇。甚而豎髮裂眥，雖至烜赫貴人，不難面折而廷辱之。願爲衡鑑，不願爲河海，令涇渭合流。至於發爲文章，亦復如是。論事之文，則主於核其顛末，是非得失，令人按而了了。論人之文，則主於肖其象貌，姸媸好醜，令人不問而知爲某某。無論鴻章巨裁，即小草雜著，動引正經，務有關世教。驟讀之，而刻畫儼然，頗似滑稽，不覺捧腹絶倒。深味之，而衮斧凛然，大似監史。賢者心賞，不肖者志消。子有英雄欺人，每自負生平不喜子瞻，余獨謂子有之好彈射時事與刺譏世人齷齪，胸不能着一物，筆不能留片語，酷類子瞻，未必類其跡，寔類其神。至於縱横變幻，布鵲子長，則子有自道之，而人亦能爲子有道之矣。

夫近世文章家，匪獨沾沾小巫，掇拾晉人唾餘，雖譚大理，亦涉諧謔。如王弇州先生所謂乞人唱蓮花落，不足比數。即建鼓登壇，卓然名家，梨棗纍纍充棟，第有訟而無規，千頃一色，不見驚濤，令人嘗其片臠，概其九鼎，不終卷而棄去。此亦僅足炫世，不足傳世。子有有懷必吐，有吐必盡，有盡必於世道人心各有所干係。無論久近，欲論世者將於斯採風，欲知人者將於斯定品。覺天壤内若不可一日無此議論，以感善懲佚，潛操其磨礪之權。蜃樓蚊室，靈怪萬狀，惟恐觀止焉，而誰能舍諸？余固知子有之文，當與子長、子瞻並傳不朽矣。而亦因知周旋世故之人，畏首畏尾，蓄縮而囁嚅，未有能爲崇論宏議，焜耀天壤者也。

吹藜亭稿敘

吹藜亭稿，不佞社友劉季球先生製也。亭以吹藜名，并以名編者，雅慕天禄遺事，曰：「庶幾不愧吾家子政也。」子政年十二爲蠆，即與王褒、張子僑等競爽；而季球亦垂髫補邑弟子，與董少宗伯、張觀察、王督學使諸君名聲相埒。子政講論五經於石渠，屢奪經生席，杜門沉思，結撰最富；而季球亦少以經術擅場，試輒先鳴，旁及漢魏而下，若文、若詩、若賦、若頌，靡不染指而各嚅其胾。遠視子政，何多讓焉？第子政居列大夫，偃蹇三十餘年不得遷。當時臭味相投，共爲推挽者，斤斤蕭、周一二三耦，他無論許、史、弘、石輩，即韋玄成、貢禹，不稱儒流乎？亦噏噏引繩，批其根罕所得齒牙之利。季球起家博士，始遷而成均，再遷而別駕，再遷而鹽大夫，再遷而今州刺。十餘年綬屢解屢新，而蠆上嚮用之意，猶然如川方至。讀其集中所往來賡和，大都名公鉅卿。如吾鄉徐文貞、潘恭定、陸宫保，其人又皆以酬恩報施而托之敘述吟咏，則其交口而推轂季球也可知。此豈其所遭之有幸不幸哉？抑史謂子政簡率，少威儀，不接世俗所致然也。

今季球尋捧檄，赴永寧之命矣。永寧，古百粤地，道經五嶺、兩越，登鵝翎、鳳巢，摩顔魯公碑，謁周、程三先生祠，按張子壽、張敬夫諸君子宦蹟，美哉！山河之固，人物之盛，疇非其所抽毫染翰之助？況感遇愈深，稱塞當愈厚。邇來災祲屢告，浮雲數起，城社之狐鼠晝見，海内喁喁望治。天子因言官有所感悟，驟披重瞳，二三大典亟議舉行。含華韞藻之士，即不得越俎上封事，爭願操觚而抒發其三四載壹鬱。竊計季球此行，世方嚮用，衆方推轂，天下方開霽，無所忌諱，不知其憂時憫事，從心矢口，亦有洪範五行傳十一篇不？亦有新序、説苑五十篇不？亦有疾讒摘要、救危及世頌八篇不？至尚方雖乏金錢，枕中鴻寶秘書所云黄金可成，稍涉誕妄，其有無不必論。獨前諸篇，不佞固知季球之必有作也。日者季球膺新命，過里中，恂恂雅雅，卓然以古道自處，恩施宗黨之存殁者甚殷，而波及於數十年亡友枯骨。即其刻意好修，似欲砥礪名行，與子政並爲千載，不佞固知季球之必有作也。太乙真人或再吹杖頭藜火佐季球，而是稿載且兼兩，未可知矣。

朱季子草敘

古作者即情抒辭，寥寥片言，率本性靈，亡論墳、索、風、雅。漢魏而下，武侯、中郎之表牘，靖節、少陵之吟唱，炳烺謨誥，依希匪風禾黍之響，真尺幅千古矣。近代撰造極博，直視此爲行己外篇，妄謂古名流卓軌，竹林犢鼻，故自汙衊，奈何稱通人而娖娖作采齊伎倆爲？任放浪爲豪舉，笑鸞和爲欵段，質敗絮之行，緣雕蟲之辭，其詩文出於誇毘者什之八，出於淫艷者什之九，縱華藻鏤鮮如白地，明光錦性靈之謂何？又安所較工拙也。

海上朱氏，世徵文獻，初發藻起於仲雲。文皇時，楚材上安邊策、麒麟頌。迄侍御太學，隱見異遇，並得擅場。迺今而有季則。季則日月清朗，公正發憤，有節俠風。一二三同調雜坐河朔間，擊筑和歌，興復不淺。顧融融若天倪，而繩墨自在。生平篤於倫常，慕曾子輿爲人，年僅三十，不再娶。當牢騷鬱結，或觴咏陶寫，不無寓言托興，而根極性靈者居多。試讀其祭張令人文與悼亡詩，含情凄惻，即逍遥如蒙莊，不能破涕爲歌，它可知已。夫季則爲經生，恥隨俗磨墜，業已登古作者之壇。矧今釋洿塗而騰風雲乎？士惟時繆遇乖，氣沮而聲不揚，方思向六駁晨風假足借翰，推敲迎合，胡能諤諤出一語？苟得時而駕，業不分於帖括，情不馳於比附，志不束於忌諱，在吾奚所囁嚅不得畢吾言，在人亦奚所言不識爲明月夜光？上爲天子議禮銘功，賦天保、采薇，不然，則批鱗探珠，賦南山、正月，下爲蒼生沛澤宣化，咏黍苗洞酌，不然，則陳瘼告哀，咏大東小康，毫楮衮斧，吐沫雨露，鴻裁偉製，行且與武侯、中郎、靖節、少陵諸家共垂天壤，寧啻管中一班，靳靳齒舌間得利哉？語曰：國有道，不變塞。蘭臺、石室且虛以幾焉？季則其以此爲喘矢矣。

談氏世宦流芳敘

昔范宣子問於穆叔也，自多其先世由虞夏商周迄於晉世，世保姓受氏，以守宗祊，遂以此爲不朽業。穆叔對曰：「此之謂世禄，非不朽也。豹聞古所稱不朽者，太上立德，其次立功，其次立言。」偉哉！穆叔之言，其千古懿訓與？

吾鄉談氏，在異代者遠不可攷。明興，自宣德壬子至嘉靖乙酉，百年之間，科第五嬗，其族豈不赫然望於粱溪？準以穆叔之言，雖焜燿藝圃，幾於立言，然猶云世科，未可遽謂不朽。迨讀世宦流芳録，而知談氏之先，若秋雲公之守廣信，有甘棠遺詠，類何君公；若鶴林公之令應山，有應山遺愛，類狄懷英；若十山公之鎮兩廣，筦樞秉鉞，遠迹於番禺、陽朔，有武成詩，有平粤頌，又大似羊叔子。或以撫字馳聲，或以安攘奏績，總之所謂德逮蒼黎，功垂社稷，勲名爛焉。談氏不朽，其在斯乎？其在斯乎？今思永君既刻談氏世科録以昭慶雲之祥，再刻談生鄉試硃卷以鳴抱璞之厄，而復有斯録，豈徒高其門第，爲華而已，亦以此彰往詔來，令來許知其先世皆有功德，爲當世賢公卿，子孫承藉寵靈，不宜妄自汙衊，庶幾保而益亢談氏之宗。則斯録也，其殆談氏所奉爲天球赤刀也哉？余獲觀先正典型，且嘉永思君意有合於穆叔也，爲之敘其首簡云。

豈弟同聲詩册敘

我邑濱海，在百里蘆葦中。至轉輸之繁，繇役之劇，訟牒之填委，則甲於它邑。其膚革似盈而其神不王，其綺縟似設而其氣佻而不馴。索之則易耗，煽之則易動。以故億萬蒼赤之安危淳澆注意，令所幸者。徼天之眷，仁人長者相繼而來，迋迋得賢令。前者吾未暇悉數，今又得我劉侯矣。

侯始令新都之祁門，朞年而祁翕然稱平。再移我邑，邑父老堵而觀，罔不舉手加額曰：「望之其容藹如，是不習鍥薄，能爲吾儕袵席者乎！」已而侯果大近吾士民，久之士民亦大和會，甚習侯。通計侯所歷，已三載於兹，法當録其茂異狀上。天官攷縉紳，大夫士欣欣喜色相告曰：「侯報政矣。」天子尋下璽書，增秩賜金，修元和故事矣。既徵，言陸宫保以揚侯懿美，復各爲長謳短謡，竊效輿人之誦聲洋洋，自黄龍，徹白鶴，雜鷩濤，互爲宫商。夫古者弊，羣吏陳詩以見，三百篇之歌甘棠，歌騶虞，純乎天籟，尚矣！嗣後浸不逮古。吏業莫盛於東西京，自考城、恒農、滎陽、洛陽而外，吟聲何寥寥也？至晋潘尼贈長安令劉正伯，乃有「德厚化必深，政明姦自消」之句，豈非以奔走擎跽唯諾可以威稜機知得聲，亦有天不容人易其喙乎？甚哉！聲之難也。是東西京循吏所不可多得者也，而侯獨得之。意者其德厚政明，類其家正伯與？曰似之矣，未窺其深也。我邑屢得賢令，士民仰秣無厭，私心虔祝，常願得冏酌詩人所稱豈弟君子，終惠顧之。而侯以豫章華族爲海内崔、盧，又以宏詞博學建旗鼓壇坫之上，不難方駕應、劉，其門高矣，其望隆矣。門高者妄意生貴，不屑勾校，好漫漶以成其倨侮。望隆者妄意才雄，不中理解，喜武健以快其擊斷，竊竊焉各有所覘。而侯不其然，乃一以豈弟爲主。雖其嚴於約己，峻檢柙以遠脂潤，而急於生人，輒捐頂踵以當盤錯。如平徭而肥瘠辨，均賦而侵漁息，繕城濬隍而金湯固，問豹渡虎而萑苻散，崇獎俊髦，品題商羽，而鳶魚飛躍，種種治行。總之，若慈母於子，旦視暮撫，冀其俱立俱達，並向於榮，而心誠氣和，未嘗震電憑怒，矜長炫奇，令封内脉脉，陰受其賜，人見其鋒鍔盡歛，不如其先入之妄意，而喜；又見其疴癢周知，劈畫禀度，不違其私祝之隱衷，而愈喜。口津津，其能自禁乎？其歌之也如春至，而嚶嚶嚶嚶，自不能已已耳。

不佞概觀近世，萬曆初年，廟堂勵精，冕笏舒展，天下士亢直者進。中年，朝野恬熙，寮寀輯睦，天下士敦大者進。邇者征求無藝，法令滋章，在事者袖手而觀，仰屋而歎，大懼釜鬵隔而雷雨盈。括囊雖可無咎，屯膏則又貞凶。思得人如鮮于子駿，上不廢法，下不害民，庶幾在一邑則一邑蒙休，在天下則天下禔福，不激不隨，委蛇調停其間，故士之豈弟而實心任事者進。今豈弟如侯，實心任事如侯，東諸侯未能或之先。輦上欲奪我東人袞黼，以紓拊髀之急，舍侯其誰也？

由此進而黄扉青瑣，必能化其予戟，天下歌卷阿之鳴鳳矣。再進而專城秉鉞，必能投其醇醪，天下歌下泉之陰雨矣。再進而持衡握樞，必能斷斷休休，回天挽日，保我子孫黎民，而天下歌烝民之柔嘉矣。① 美哉！此洋洋者，其侯之先聲乎？蓋未可量矣。

適志齋詩稿敘

昔人論不朽業，以立德、立言分而爲兩。夫有德者有言，宣尼不云乎？言莫辨於詩三百篇，大都忠臣義士、征夫思婦所矢口而成。其情摯，其辭懇惻而不浮，千載而下，其心胸面目，恍然可覩。故曰：「詩可以觀。」嗣是而蘇、李，嗣是而陶、韋，質而有直，體猶存三百篇尺幅。至開元、大曆而後，郁乎文哉，誠爲騷壇鼓吹，然姚冶而淫泆，虛恢而杳眇，雕繪滿眼，靡靡已極，讀者想見其風雲月露之態，而卒莫窺其底裏，其何觀焉？總之，養粹者聲和，德佻者言巧，理固然也。

余同郡惺初許先生，少薄世味，謝豸冠而歸沐於鶴城者十餘年。天子嘉其恬静斷斷，得大臣體，起自田間，再司封駁，主式序。先生直躬而行，喜持大體，未嘗毛舉鷹擊，博强項名。旋晉

① 「烝民」，原作「蒸民」，據詩經篇名改。

冏卿，愈斂鋒氣，秉淵塞心，有執策數馬風。居恒與人交，破械忘機，可孚豚魚，可押鷗鳥，而飲人以醇，終不效嗇夫喋喋。先生蓋今之人也，而非今人也。皮相者直意以悃愊勝己耳，而孰知其能詩？又孰知其詩而能工，不作人間細響，感憤則攄忠，贈送則慕義，吊古懷今則吐露肝膈，因物而付，肖衷而出，不欲枉性委蛇，以投時好，亦不欲隨時變幻，以拂性靈。大致如天籟，唱于唱喁，不假繫會，天然合節。試讀一過，不覺欲平躁釋，無論識與不識，皆曰：「安得此長者之言而誦之，其元始之遺音乎？」宣尼所云有德者有言，是耶非耶？然則立言、立德，安可分之爲兩，令人争道而馳也？

余慨世之日入於澆，采華之士相率而競刻指鏤冰之技，以自揚詡，盡喪其本質。幸徼年誼，結契於先生從孫公愚，因而識先生，庶幾可爲碩果。乃今誦其詩，益知其人，言與德合，若從真人游於塵壒之外，摹其范型，時聆其謦欬，萬户侯豈快於此哉？此余不揣而題其簡端意也。拜命之辱，若謂太冲之有藉於玄晏，則吾豈敢。

片雲齋詩稿敘

仲韓刻其近所製經生義，將殺青竟矣。復刻五七言詩若干首。人謂律詩、制義分曹而奏，騷客、經生不得並轡而馳。仲韓故經生也，奈何而有詩？嗟乎！彼蓋不講於作詩之旨，且未覩異才也。

詩以攄寫情素，宣通湮鬱。三百篇多征夫思婦、田夫邨嫗感物志慨，矢口而成，非如後世覃精肖像，鋭意驚人，章煅句煉，浸淫成癖乃稱詩也。晉魏而下，如曹子建移玉立成，王仲宣抽毫宿搆，雖未能嗣響三百篇，然創自靈襟，不從外鑠，總歸天授，無煩郢斲矣。所推異才非耶？余觀仲韓美秀都雅，翩翩欲仙。或解理於經史，或觸幾於翰墨，或悟意於丹青，或得句於丁丁落子時。而於佳麗名勝，心之所會，寄興尤多。蓋多發於觴豆嬉戲間，如不經意者，以故仲韓不稱詩而有詩，亦不爲詩所苦而有詩。自仲韓之詩出，而借資四庫，竊吻三體，一字推敲，頭鬚俱白，才情索然，神采並乏者偃旗遁矣。雖然，干將、莫邪貴在剸犀，不期立斷。仲韓信不窮才，匣而藏之，摩礪而須之，肩鴻任鉅，奚所不可？亦無以雕蟲小技輕用其鋒哉！

夢花軒詩敘

當世士品卑，稍知掇拾唐人吐沫，輒挾之爲贄，而東西借交鼇躄五侯之門，分其鵝鶩餘粒，夜夢虺夢穢成然，覺而喜曰：是當出人珠玉錦繡也。

余從楚之溁博士先生衙齋識吾鄉雷聖肅。聖肅僅弱冠，子衿青青，方抑首受經生筴，而賈其剩技，爲五七言韻語，且斐疊成帙，所稱兼才非與？以彼其才，稍炫鬻以買名聲，豈不能傾動海内，令到處逢迎？乃聖肅獨杜門結撰，時跳而吟嘯於佳山水間，集中强半與棲巖逸士、面壁頭陀相酬和，不多見貴人。問其家，直蕭然四壁耳。至客歲丙午，聖肅舉於鄉，名始燥於里中，里中人始嘖嘖歎賞，以爲賢者固不可測若是。而聖肅之四壁如故，無所紛華，此無論聖肅之詩秋神玉骨，卓然大雅，斯其品亦奇矣。

爲聖肅作玄晏者，咸謂聖肅居嘗夢遊萬花藂中，自是文章日進，一種清虚之氣，淡蕩之襟，宜其相感致然也。雖然，花幻形也，花而夢，幻境也。夢花而能詩，詩而能工，亦幻業也。余於聖肅，讀其詩而知其才，論其人而知其品，將砥節礪行，庶幾千秋，寧能采春華，忘秋實，日營精幻業乎？先正有言：夢寐卜所學。余固知聖肅且夢黃髮叟而著決録，夢鹿裘道士而解易，夢游華胥之國，恬然悟至道，不可以情求矣。

卷三

賀司理孺初毛公祖奏最詩册敘

國家所托以造福寓内者，無如郡邑守令。然守所得行者郡，郡之四境治，則守之責塞。令所得行者邑，邑之四境治，則令之責塞。不得越局而有所展布。惟郡司理從直指使者，廉及旁郡邑事，一切士習、民隱暨豪右，諸不法皆得糾舉而彈壓之。故郡司理之威命所控制最遠，功德所沾暨最弘，而士民之屬耳目、窺意旨者亦最衆。或引繩批根，索瘢射影，喜於摘發，以博强項名，則人且重足，有束濕之譏。或陽避鷹鸇，浮慕鸞鳳，一於摸稜婉轉，以投世情，則人且骫法，有倖穴之歎。意氣逞而中竭，尺幅窘而路亶，即郡邑之在宇下者，獨掣肘不能了了，矧旁郡邑，其何能及？

兹者天惠顧邦人，孺初毛公來司吾郡理。公上分廉訪之權，下專刺訊之責，炳若觀火而不喜察淵幹運，若干將、莫邪而不喜輕用其鋒鍔。至於臨事握樞，秋霜凜若，無論絲粟之所不能染，即貴人通關，亦不得以一紙書借聲勢，恐喝撓其三尺。大都寬恤之仁常行於篳門圭竇，而不假憑社之鼠；培養之澤寧施於章甫縫掖，而不漏吞舟之魚。四顧遊刃，各中理解，恢恢乎常若有餘。當華亭俟乏，則檄公治華亭，而華亭治；青浦俟乏，則檄公治青浦，而青浦治；余邑上海俟乏，則又檄公治上海，而上海治。上海借公最暫，荷公賜最渥，春風化雨，波及横舍。青衿士爲之勒石頌德，以識不忘。至旁郡邑，若晉陵、吴會、南徐之間，越數百里外，燃犀而照，窾會之緩急，豐蔀之呼號，精神潛相灌輸而無所核閡。凡旌旄所注，士民忻忻色喜，惟恐其衮衣之信宿遄舍我以去，盧扁之技到處肉骨，亦到處懽迎耳。

今年冬，三載於兹，法當録其治狀，獻之丹扆。湛露之歌，洋洋載道，余邑諸文學朱君禮端輩亦争爲長謡短謳，以楊公盛美，而抵書燕市。徵不佞言，以弁其首。竊念不佞匏繫西曹，當世所稱冷局也。日治爰書，奉天子令甲惟謹，猶然救過不暇。邇者兩師爲祟犴狴，漭若河漢，朝夕從縲紲中兼干掫之役，更焦心蒿目，方恨力殫，不能勝其任而愉快，乃公當數郡邑盤錯，直咄嗟而辦，如在股掌間，絶不見倥偬態，豈人力也哉？其天授乎！裳華詩人有曰：「左之左之，無不宜之。右之右之，無不有之。惟其有之，是以似之。」其公之謂與？當今西北憂虜，東南憂賦，輦轂之下，憂人情思，得擔荷調停之人，閔閔如農夫望歲。不佞憂天子拊髀殷於桑梓，引領而幾，公之内召也，不待旦矣。

賀郡伯情符蔡公祖考績詩冊敘

夫坐擁百城，甸宣之命重；威臨千里，綰轄之權尊。故稽漢制，則治郡高第，入參九列之班；而按國常，則循良異等，擢備大藩之用。乃知露冕郊行，上以示寵異；搴帷廣聽，下以展時謨。從古而然，於兹獨盛。伏惟明公，金心韜映，玉度輝成，振鳳穴之儀，標龍門之峻。水鏡虛涵，漾波光於靈府；冰壺朗徹，通燭照於神機。摭秋實而絢春花，毫奪江生之彩；辨亥豕而窮篆籀，學研董子之帷。是以高步春宮，馳聲魏闕，初參秩於地官，望隆華省；繼剖符於天府，作我蕃宣。固持衡者，因錯節以掄材；亦濡膏者，當驕陽而待兩。乃閼逢乘傳，人吏懽迎，庶幾德化之成，惠兹南國想望。紀綱之布，安此東方。公果煽以仁風，宥之寬政，兩造務悉其情，三征必平其役。敝竇俱釐，清途載啓。關西之介氣，皜乎與秋日争輝；東魯之文辭，爛然與春星共照。九農外昜，五教内弘。望隨車之甘雨，曲蓋雲凝；格佩犢之頑民，朱幡日映。葉隼擊以防胥人，飾羔旌而禮君子。加以分庭讓善，虛席訪賢，接士盡盛德之容，搜才多逸羣之品。牛溲馬浡，盡入筠籠，海滋山堧，不遺葑菲。蓋居貞歷三年如一日，而慕義合萬姓猶一人。環峰泖而際滄瀛，咸熙化日；覆雲甍而暨茨蓋，悉被春輝。故天表之應應以時若，溟渤翕而不揚；人示之徵徵以敉寧，雞犬安而俱寂。但見禾麻被野，桃李成陰，野罕拾遺之氓，村扶醉歸之老。府無事而亭不囂，政布優優，日不足而歲有餘，名非赫赫。所以章縫獻頌，黎庶興歌，既深來暮之思，更切攀轅之懼。第鼓歌而僊，何能盡述高深；丹青以圖，詎可描摹蒼赤？亦不勝生成之感，聊共效風謠之什云爾。

壽朱賢母戚孺人八十敘

昔漢二疏大夫不欲以財私其子若孫，曰：「賢而多財則智損，愚而多財則過益。」悉散以分諸宗黨戚屬，而子俱爲名士。孫東晳以避亂，故去足從束，能辨嵩山下兩行蝌蚪，最稱博雅，匪獨當時嘆曰賢哉二大夫，即後世亦歎曰賢哉二大夫。此真達人卓識，縉紳丈夫猶然難之，況可責之閨閫女婦，千古而上，瘠土沃土之訓，僅僅聞之敬姜，殊未易多屈指也。乃今得之戚孺人。

戚孺人者，可山朱先生配也。先生有子爲名諸生，食廩橫舍，不禄而夭。孺人大召宗人，謀所以繼先生者，諸宗人各以序對，而孺人獨屬意於叔邦憲先生叔子，遂定立。立而撫之也勤，課之也嚴，舉其室中所藏翠鈿羅紈、彤鏤青黃之飾，盡爲其女治裝，而身與其子叔行。食麤衣素，以守其庇雨糊口之産。娶有婦而朝夕訓以天之不假，易聽雞問，夜共刺枲織履，以供其編蒲緝柳之費。踰數年而叔行爲名諸生矣，又踰數年而叔行亦食廩橫舍矣，又踰數年而孺人春秋八十，且含粘弄孫矣。叔行衣萊彩，具春酒，爲孺人壽。孺人持觴而語叔行曰：「曩余之初抱若也，而竟以一空囊與若，若雖無幾微見顔面，臧獲輩得無謂若與若姊之有肥瘠也，而疑余有二心乎？而非然也。余固皮相若非凡兒才，足自致雲霄，不須纖纖阿堵而辦地。憂若之以温飽驕墮，類當世長者家兒，故盡去其耳目口腹之奉，而集若干蓼，以貧賤戚憂玉若成耳。今汝姊去時，裝俱化爲烏有，并其家亦幾剪焉傾覆，而若已翩翩矯翼人羣，能不喪朱氏匕鬯，視若姊孰瘠孰肥？向令余戀戀舐犢，務爲若營其困窖齒予角去，安知若之能如今日乎？此予老身惓惓隱衷，兒其念之。余從此面壁翻貝葉，頫意禮西方矣。」於是叔行再拜稽首曰：「微吾母，見不及此。」諸臧獲環而侍者亦再拜稽首曰：「微吾主母，見不及此。」咸交口而頌孺人之爲其子孫計，若此其深遠，有古敬姜風，雖二大夫不加於此。願孺人眉壽無害，長爲世儀。而不佞二三兄弟與叔行爲硯席交，獲聞其概，忻忻不禁仰止，其又何用侈詞爲？遂命副墨子理前語以備史氏採内則者，使知閨闥女婦未嘗無達人卓識云。

壽鳴陽蔡先生八十敘

孟氏之尚論往喆也，伊尹稱聖，伯夷亦稱聖。又曰：「聖人百世師也，伯夷是也。」夫尹載旆秉鉞，左右商王，位極尊顯。夷株守西山，至采薇而食，何隱約也！乃其名號相埒，並擅千古之譽，尚論者於夷尤忻忻嚮往，匵執鞭之思焉。豈不以夷之敦倫固窮，其清風高節，足以廉頑立懦，與鳴條桐宫之業較隆論烈，未必多讓哉！且尹際其亨，夷值其困，更爲難耳。

世廟庚子，余郡之舉於鄉，而今巋然如魯靈光者三人：一曰陸先生平泉，一曰馮先生勑齋，一曰蔡先生鳴陽。今天子戊戌歲，陸先生春秋九十，天子遣大行持璽書存問，以旌元老。而馮、蔡兩先生亦俱春秋八十，郡縉紳衿韋士倣香山洛社故事，各繪圖製歌，以侈其盛。夫三先生心貌俱古，崖岸盡消，淵懿而直亮，恭謹而質木。其禔躬繕行，精嚴玉立，毫無所染於人間世也則同；其養孤長幼，沾濡河潤，好爲德於宗黨戚屬也則又同。固宜峰泖之墟，望之如藐姑射至人，艷說而奇瑞之也。顧人情臨淵則終曰不出，汲決洿而注之隣，久臈則遇横汙竭蹶，欲飲過者乞消勺，忍弗能予，以故飲冰之操、分財之誼，可望之身寵而家温者，不可望之寒士。陸先生起家金馬，爲大宗伯，晉宫保；馮先生歷京兆同守，稍不暢厥施，然承侍御公後，高門鼎盛。兩先生其臨淵者與？蔡先生累代困於冷氊首蓿，家徒蕭然四壁耳。乃寒木之心，不以殺節而凋。自爲孝廉迄於今歸田也三十餘年，不聞其絲粟有所染於鄉。自爲博士迄於秩二千石，宦轍遍燕、趙、滇、黔也，又幾三十餘年，不聞其絲粟有所染於官。官有餘廪，鄉之鼠壤有餘蔬，垂槖而任諸昆弟出入，并日而食，易衣而出，白首而不悔，此其飲冰之操、分財之誼，非有加於兩先生，權其所處，視兩先生爲難矣。其古高讓千乘堅卧首陽之流與？先生雖謂吾猶今人，非今人也。夫士登籍而不能取珠玉錦繡，世之所羞也。老不念子孫，寧枵腹而急人之難，世之所謂大愚也。而先生不以其故貶名，即與宫保公鴈行而前操月旦者，如尹如夷，未敢輕爲差池，所謂郁烈之芳生於委灰。然則貧亦有助哉？

上冬之月，爲先生八十誕晨。兩丈夫子抱横天之翅，尚須羊角，方自愧帣韝鞠䏲，不能如兩先生之給於鮮。不佞乃因勿齋王翁之請，而論先生清風高節足追首陽者如此。先生子聞不佞言，當灑然知仲由之菽不減東隣牲矣。至先生飛舄所到，膏澤及人，如師攜李而却脡脯，令新河而消萑苻，守趙、守懷、守肇慶、守思，捐俸以活犴狴，建衙以防魴波，修乘以新夷俗，有龔渤海之能，而濟以劉會稽之寬，有畢輿祖之介，而不失雋京兆之厚。種種福國壽民，足以延曆續紀者，則有畏壘之尸祝與傳循良者之班管在，是以不論。

賀八十翁金年伯榮壽敘

余郡同年兄弟，若父母、若大父母壽七十以上，則爲捧觴致詞，修通家子禮，罔敢後至。金翁者，雲程丈尊人也。客歲丁酉，春秋且八十矣，一二三兄弟差池偕計，不獲雁行躋翁堂。今戊戌歲八十加一，縣大夫廉翁齒德並茂，足稱里中祭酒，奉揚天子優禮胡耇至意，爲具冠服。榮翁二三兄弟亦相舉前之曠典。翁正襟謝余二三兄弟曰：「諸公等獨不聞當世所艷慕而推重者，僅有兩途乎？其上則以制科進，國家設弓旌，羅鴻碩，筆精墨妙，掇嵬登膴，世之所謂不踁而走，不翼而飛者，此類是也。其次則以貲進，邇者國家苦用絀，采金於礦不足，思以官爲礦。粟紅貫朽之家，得逢年通籍，世之所謂多財善賈、長袖善舞者，此類是也。舍此而愚不能獲雋，貧不能通神，不及格矣。矧余八十老人，稿項黃馘，虛縻此歲月者乎？是世之所不顧而唾者也，而峩峩粲粲，是從何等？諸公等其爲我謝縣大夫。」

余執爵而前，再拜而請於翁曰：「當世勢利薰心，誠如翁言。第孟氏有天爵、人爵與三達尊之說，翁豈獨不聞乎？高雲羽儀，風穴勁翮，石火甫熖，電光已滅，如洛陽少年，此漆園吏所云朝菌不知晦朔，蟪蛄不知春秋者也。至於杖杜未識，蹲鴟莫解，而積錢如山，閉户成市，朝混闤闠，暮登岩廊，如崔司徒輩，其子猶嫌銅臭，此又漆園吏所謂近牢筴之豢而希文繡之榮，妄置肩尻於腞楯之上、聚僂之中者也。翁自少至壯，自壯至老，坐閱人間世，陵谷滄桑八十餘年，而性命無鑿，手足無傷，衾影無愧怍，日正范端型，操月旦以分守令之權至勤，縣大夫折節，將修袒割奉食之禮。其望於鄉也，有陳太丘風。且有子而才，襟度廓落，日月清朗，如陳太丘之後又有元方，挾屠龍繡虎之技，徼九天雨露，以娛翁桑榆。翁試與前兩者較長絜短，何異蒼松獨秀於千仞之崖，黄鵠迎風，鷮翰遊於九垓之上，而俯視朝華壤蟲也。翁蓋天爵之矣，三達尊，翁取二矣。」翁聞余言，亦嫣然頤解曰：「諸公等爲八十老人開歡喜門，重以縣大夫命，敢不敬承？諸公等爲我謝縣大夫父母之恩，覢及黎老矣。自此而里中知有敦年之誼，凡青鬓貴游，白藏素封，不得憑藉而陵齒危髮秀之老，皆縣大夫賜矣。」

壽懷溪徐翁七十敘

世傳莊生言可得養生之訣。夫谷神玄牝，老氏猶明言之，莊生荒唐謬悠，何居乎有合於養生也？嵇叔夜有云：上壽百二十，古今所同。而羲皇以降，漸少壽類，則以吾有身故。有身而凡身所受享，與身以後子孫所受享，靡不宵旦而籌，搶攘而争。或抑首受策，重趼干時，窮年累月，熱中於升沉之會；或蓬蓬襏襫，挾子母綏綏，如猛獸鷙鳥，馳騖於霜雪阬谷。兩者總爲重糈，歸於富厚。最上者身致之，其次蒙故業堅守之，最下不問生産，并其所已有者敝屣棄之。俗之衡纊，非此不重，亦非此不争。争力而神勞，神勞而形憊，覺宇宙狹、晷刻短矣。南華萬餘言，彼且以天地爲籧廬，彼且以盈虚消息爲春夏秋冬四時行，彼且以五帝三王仁人任士之所經營爲塵垢糠粃，而自視若藐姑射之神，日乘雲氣、御飛龍，吸風飲露，遊乎冥冥。雖不言谷神玄牝，宗旨不出乎老氏。所云外其身而身存，其於養生，不亦善乎？余今觀於徐翁益信云。

徐翁之先家故饒，幾與里中素封者埒，乃至翁而落。其落也，非有五陵裘馬之好，亦非有繇役爭訟它意外之擾。翁性坦率，胸次毫無崖略，其於囊中阿堵，直以苓通視之。半周宗黨戚屬，半爲桀黠奴所紿，與丐貸家稱折閱不問，舉數十年蓄積與敝雨糊口之産，一朝而盡。人語翁曰：「牀頭黄金盡矣，將奈何？」翁笑曰：「金不盡，吾身不閒，奈何以有盡之身爲此銅臭所奴虜，使金貴乎？吾身貴乎？」於是里中人相與揶揄，謂翁爲愚，翁弗顧也。曉起，飯脱粟羹，藜腹果然，則鼓而出，出而之市中，有知交呼之，則坐市中譚踴屨；出而之梵宇，有老衲呼之，則坐梵宇中譚因果；出而之郊原，有村氓野叟呼之，草茵芊芊，則又坐草茵中譚田農拙業。或一觴，或一豆，援而止之而止，興盡始歸，歸則盤舞庭中，高歌户内，裁如嬰兒。傍晚成然而寢，寢而覺人間世方孳孳爲利，或翺翔争時，翁且擁膝于喁。或噓然長嘯，披衣而起，不省瓶罍虚實，復出如昨。天道陰晴寒暑有異候，而翁無二態，與人亦無别腸，一言而合，遂傾其底裏；一言不合，口刺刺誚讓，不難觸其忌諱。移時問所以喜怒狀，則又都忘之矣。既不樂禹行舜趨，以觀天下耳目，又未嘗烏伸熊頸，煉氣服石，以自私其筋骨。惟晚食當肉，緩步當輿，囂囂然不知天之高、地之厚、人間世之有濃淡，如此者十餘年。而翁之甥俞子如舉於鄉，成進士，人爲翁華，而翁食貧自如，其逍遥遊也自如。又十餘年而翁之子光啓中順天試，稱第一人，人益爲翁華，而翁食貧自如，其逍遥遊也亦自如。翁之逍遥不改其常，而翁子光啓砥行立名，能守身以事親。凡可先意順旨、娛翁桑榆者，靡不委蛇而仰承仲由之菽，更甘於東隣之牲。于是翁益舒展，得全其天。今春秋七十矣，尚童顔鬒髮，時從燈下作蠅頭書，或偕諸少年走四三十里外，狼蹌而前，諸少年瞠乎其後，翁了無倦容，猶然登高履峻，以賈餘勇。里中人見翁年彌高，神彌王，逍遥而遊也彌樂，諸與翁並起家，巧營多藏，號素封者，悉化爲烏有，而翁獨如故，于是昔之揶揄翁者，又轉而若有艷慕於翁。嗟乎！假令翁而斤斤自守，無損其故業，務拮据捋茶，以求滿其溪壑，亡論久盈而犯陰陽之忌，爲之後者智損過益，類長者家兒，即翁且朝持籌，暮握算，皸手塗足，不得須臾寧，又安得偃仰而有今日也？人知艷慕翁，而不知翁之所以有今日，在蚤自解其纏繳，故方且熙熙攘攘，得尺望尋，得隴望蜀，以風波之民而妄希長生，久視於世，何異爲朝露之行，思喬松之壽也，豈不愚哉？其初人自謂智而笑翁爲愚，今衆人皆愚而翁獨智。大智若愚，生而不有，惟其不有，是以不滑。然則世傳莊生言可得養生之訣，是耶非耶？

雖然，余觀莊生，似有所厭苦於人間世，强欲跳而遊於塵壒之外。且恍洋其辭，娓娓不能休，亦多此口業，無乃自言逍遥，不覺勞攘乎？翁不厭世而玩世，不言逍遥而日逍遥，心口兩忘，混沌無鑿，幾於大易所云「艮其背，不獲其身」，翁其無懷之民與？葛天之民與？其於養生，更超漆園而上矣。至翁子光啓，繡虎鸞龍，旦暮冲舉，九天雨露可屈指而待。余知翁坦率之性不羨此爲重，余故不論，論其有合於養生者如此。

壽見淙朱先生七十敘代家君作

余友見淙朱先生即邑志所載方介雪蓬公子也。先生性孝友狷潔，博雅有父風。子四人，伯、仲、叔爲名諸生，季出入農商間，皆恂恂稱儒家子。今年冬，先生春秋七十，尚能篝燈作蠅頭書，徒步走數里外不杖。晉人曰：「人不可無子。」又曰：「人不可無年。」先生蓋兼之矣。余方有羨於先生，而謀所以章先生者，乃先生則固遜曰：「爲余謝黄先生，余不佞，有先人遺籍不能讀，而老青矜；有先人糊口庇雨之產不能守，而東西鳥舉以徙；有子纍纍壯矣而偃蹇，固有種乎？猶然泣牛衣中，不能自樹尺寸。此余所旦夕刺心，不能下咽者也。奈何先生念及此也？且世之有年有子者，亦趾錯矣，奈何先生念及此也？」

余笑而語先生曰：「先生信獨行不若榮名，菽水不若鼎食乎？余謂兩者似塞馬耳。試觀一二富貴人，憑藉寵靈，恣行淫兇，平旦内熱，垂老追悔，居嘗忽忽如霆震而鬼矙其室，若此而何樂乎有年？此夫朝縲絏而暮犴狴也。有能如貧賤人，坦坦蕩蕩，性命無虀，耳目無營，手足無傷，顧影擁衾，無愧怍者乎？富貴人子異室而食，分第而居，日月一至，作寒暄語如賓，父母冷燠肥瘠，疾苦不省，而時窺其私藏虛實，欲探囊胠篋如禦，若此而何樂乎有子？此夫身馬牛而家胡越也。有能如貧賤人子，共斗室中，時時造榻前，盤舞膝下，卷鞲鞠𦙶，問中帬廁牏，作孺子慕者乎？今先生自少至壯，自壯至耄，倫全行完，無幾微忤物，亦無纖芥妄取予。家徒壁立，處之晏如，諸子又能善承先生懽，更相侍杖屨，開卷則爲拂几展籖，誦梵語則爲設蒲團、爇博山，閒行田間，則爲執蓋攜苦茗，觀溪花開謝，指點禾稼庭碩狀。即脱粟蔬素，亦必合食爲懽。余視先生，蓋朝蓬萊而暮方丈也，身巢許而家曾閔也。於先生意，又奚所不當？」

先生忻然起，謝曰：「命之矣，非黄先生不能爲此言。自此葛巾藜杖若玄綃駟馬車也，茅簷草坐若芸閣芙蓉褥也，吸水啜粟若酌匡廬之泉、窮荆吴之珍也。乃今而知富貴之不勝於貧賤也如是。」余幸言之，當先生意，遂呼副墨子捉筆記之，以佐介壽之觴。而朱君某某皆與先生稱通家子，復爲先生加一觴云。

壽見淙朱翁八十敘

曩歲在戊子，朱先生春秋七十，不佞從先君子偕二三兄弟祝先生於黄龍浦上，奉觴致辭，盤桓於茂林脩竹間，如昨也。今戊戌歲，又爲先生八十誕晨矣。不佞喜先生壽彌高，竊觀世道亦彌改，因有感於先生之爲海上碩果也。甚哉！今日之觴，不可無舉也。

記不佞髮未燥，堂上望見先君子交遊士，容多穨然，口多吶然，衣冠杖屨多闇然，所謂敦龐椎朴者，蓋什之五六矣。迨不佞遊膠庠，稍稍佻巧者錯出，然番番黃髮，間能守其繩墨，猶及見采齊肆夏狀，所謂敦龐椎朴者，蓋什之三四矣。即先生七十時，佻巧之習，幾於風靡，而先輩典刑，猶有存者，議論不甚諧謔，舉止不甚放浪，視老成人傴僂退讓，不甚譏笑，所謂敦龐椎朴者，蓋什之一二矣。至於今而尚有昔時模楷乎？容餙而僞，口辯而肆，衣冠杖屨華而詭，步武揚而高，議論舉止滔蕩而叵測，奚啻少者習於少者之態，即老者亦慮故態之爲石田也。無以逢少者而中其懽，務爲模稜纖趨，矯拙爲巧，矯遲爲速，或迫於水火而冀争刀錐，或艷於金紫而願爲鵝鶩。數十餘年來，人心世道，頓化爲梟獍，而先生自少至壯，自壯至老，涼涼踽踽，未嘗旦暮異形，少變其金玉之度。累世好儒，儒不一效，而編蒲之業不輟；累世好善，善不一酬，而移山之志不衰；累世好課督其子若孫，子若孫俱英英挾干霄之技，耕無積囷，狩無懸鶉，而伐檀之訓不倦。生平不失足於狹邪，不脅肩於朱門綺第。居恒枯坐斗室中，飯脫粟，衣裋褐，翻經史子集，旁及二典。一二知交，至則剪畦蔬，沽村醪，煮苦茗，相對雅譚，若不知人間有甘毳錦冰與雕榭峻宇。窺先生意，寧爲株守，無爲磨墜；寧披裘負薪，無吹竽彈鋏。越尺寸而有所俯仰於人間世。蓋其敦龐椎朴，根於天性如此，此詎可於今人中求乎？以今人見古人，桑濮迭奏，而聞土鼓之音；鳶鴟羣飛，而覩祥鸞之羽。通國之人，側弁號呶，跿跔若狂，而一人正襟危坐，揮麈而譚，禹行舜趨，真如剥極之後，僅存碩果，而安得不鮮然異之？夫數十餘年，世道遂屢變，如先生者，已不可多屈指。自是先生進而爲伏生之九十，再進而爲衛武公之九十有五，吾不知世道之變將若何，海上所以奇瑞先生者又將若何，而今日之觴，胡可無舉也。

觴舉而歌鳲鳩之首章曰：「淑人君子，其儀一兮，心如結兮。」再歌鳲鳩之末章曰：「淑人君子，正是國人，胡不萬年？」而先生亦避席謝不佞曰：「余固絳縣老人也，不能由而辱在泥塗，方愧虛縻此日月，覩影自厭其形。諸君子乃以爲寵乎？諸君子，其余之趙孟也已。」

壽朱見淙先生九十敘

余生也晚，不及侍朱先生少壯時。今皇帝御寓以來，歲在戊子，先生春秋七十，余捧觴致詞，爲先生壽。又十年戊戌，先生春秋八十，余又捧觴致辭，爲先生壽。今又十年戊申，先生且春秋九十，余從燕市乘使車還里中，又將捧觴致詞，壽先生矣。數十餘年中，天道星霜，不知凡幾易，人事陵谷升沉，不知凡幾變。而先生之玉貌如故也，其薑桂之性如故也，其集水臨谷，惟恐殞越之小心如故也。雙眉常蹙而不舒，如懷隱憂；兩肩常斂而不放，如荷重負。舉趾則累蹐若緣，罔敢濶步；起口則柔下若捫，罔敢揚聲。遇貴介則鑿坯而遁，即村氓稚子，必傴僂罄折，無惰容。見無故之獲，則拂衣而去，即緇衣黃冠及翳桑之夫，必傾囊倒橐，體人欲炙之情，無悋色。曉起櫛沐焚脩，誦蘭臺諸緘，繙閱墳、典、丘、索，快意處嚮夜猶篝燈手書，粘置墻牖。子若孫俱純孝，時時繞膝牽衣，無嬉笑，無私語，動引所闚覽之嘉言善行與因果報應之説，以示訓戒。服勤作勞，歷隆冬盛暑匪懈。風雨如晦，雞鳴不已，蓋九十年一日也。

客有私問於余曰：「自昔譚養生之訣，必以柱下、漆園爲宗。二氏宗旨主於解縛去繫，逍遥閒曠以爲樂。朱先生惴惴慄慄，靡有宵旦不戰兢惕厲，胡以得此上壽也？」余應之曰：「否否。是淺之乎窺二氏宗旨也。柱下貴嗇在早服重積，漆園貴大年如大椿，瀼瀼霜雪，色澤不改，乃能以八千歲爲春秋，曷常不從戰兢惕厲中來耶？凡人涉華登膴，席温履豐，因而汰侈其意氣，淫縱其耳目，釁蘖積而必還，受享盈而必毁，匪獨犯天道之忌。其精神蕩而不寧，其筋骨弛而不束，屑越甚則榮華易零，斲削多則根蔓易絶。揆之人事，亦難致遠，惟戰兢惕厲之士，含瓦運甓，不傷於晏安之鴆毒；茹苦食辛，不戕於饕餮之斧斤。天矜其前勞，綏以後禄；人惜其常虧，願其久視。少一羶途，多一蔗境，修短之數，大略如此。是故愚人祈年，年與咎俱集，而常不得壽；達人不祈年，年與德並邁，而常得壽。客不聞詩之咏周文王、衛武公乎？文王九十有七，勉勉綱紀，不忘臨保；武公九十有五，上畏皇天，下畏監史，幽畏屋漏之鬼神，雖細而寢興灑掃，罔有不欽，直至瑟僴赫喧，比於金錫圭璧，而切磋琢磨，愈益砥礪。知古聖賢所以培其壽命之源者如此，又何疑於朱先生？宋儒程氏謂人不學便老而衰，又謂宣尼發憤，不知老之將至，爲得延年之訣。合而觀之，朱先生之躋上壽，所從來矣。」

客起，揖余曰：「某乃今知朱先生之所以壽，雖百歲無有害，宜也，非倖也。請以是質之朱先生，并以佐介壽之觴。」

賀秦侍御鳳樓先生七十壽敘代草

嘉靖中，有鶴野秦封公與雲汀潘先生暨先君子其生年同，其遊膠庠同，其共硯席、攻鉛槧也又同，以故三姓稱通家。而余生也晚，即秦封公子侍御君亦余丈人行也。今侍御君且當杖國之年矣，潘先生子素愚君來謁余而請曰：「余不佞，不能紹先君青緗，而辱諸君子惠顧前好，每不爲閭人所辟。如秦侍御君，至尊顯矣，而無所夷，自謂余家封公每飯不忘尊君。封公有女而余撫之，願與君之子締爲婚姻，以大順封公意。此何異敦然葛藟上附五大夫也。且侍御君時時召諸老人修蘭亭禊事，謂諸老人曰：『坐不可無潘君，必招致乃快。』詎意季世而有篤於故舊如侍御君者乎？余知其念封公意深遠矣。仲秋月夕，當侍御君七十誕晨，邑薦紳先生以至章縫士俱鑄辭，以修介壽之觴，而余又何敢差池？然非先生，不能稔三姓世誼，布余悃也，敢以煩副墨子。」

余曰：「唯唯。余因知侍御君所以壽矣。上古葛天無懷之民，中無權衡，不知低昂，同與羣生居族與萬物羣其混龐之氣，結爲大年，多者千餘歲，少者數百歲，而西方宗旨，亦在無人相，無我相，無衆生相，除一切罣礙，便見如來。今侍御君遇貴客，不知其爲貴客，而偃蹇自若；遇貧交，不知其爲貧交，而懽好亦自若。熏灼之勢，燠可炙手，而不加熱；清冷之淵，肅若飲冰，而不加寒。語曰：『雖有姬姜，無棄憔悴；雖有絲麻，無棄菅蒯。』非侍御君之謂與？余觀侍御君當世、穆兩朝也，外不以毀譽愛憎懾志，内不以榮辱得喪滑和。其持風裁忤，二三執政也，猶其振威稜繩諸豪下吏也。其爲大行，爲柱史，爲臺憲也，猶其爲判、爲理、爲郎署也。其懸皂囊，操白簡，鳴玉於黃扉青瑣間也，猶其冠葛巾，披野服，誦歸來辭於鷃適明農諸園也。余蓋知侍御君之相空矣，齊、秦襲而天淵平矣。彼世人腸日營營而好爲皎皎，駕則讓席蓬，累則不讓路；得肆則哆口高論，不得肆則卷舌不出一語；勢在則擎跽曲拳，慕其羶若濡需，勢不在則掉臂而去，若日中之市。此其雲雨在朝暮間，不亦形勞而精摇乎？侍御君略其等差，忘其青黃，而逍遥於無事之場，湍瀨、旋淵、吕梁之所不能留，太行、石澗、飛狐、句望之所不能難，何内寧也？ 内寧則無越思，無越思則消其罣礙而遊於葛天、無懷之鄉，莊生所謂無勞汝形，無摇汝精，可以長生，宜其壽也已。 君歸而爲侍御君壽也，君其歌蒸民之五章曰：『人亦有言，柔則茹之，剛則吐之，惟仲山甫，柔亦不茹，剛亦不吐。』又歌行葦之末章曰：『以引以翼，壽考維祺，以介景福。』余知先生必喜而爲君歌頍弁之首章曰：『蔦與女蘿，施於松栢。既見君子，庶幾悦懌。』觴且無算矣。」

壽封公景莘杜先生年伯六十敘

不佞每讀楚茨之詩，言天人之際，相爲感應。 孔熯莫愆，則卜以幾式之百福；匡敕齊稷，則錫以萬億之爾極。 孔惠孔時，小大歡慶，則匪獨使其身康寧壽考，且使其子子孫孫勿替而引長其後禄，如人與人相酬，投桃報李，不爽尺寸。 合之於太史公之傳伯夷，致疑於天之報施善人。 竊謂詩人一時頌禱之侈詞，慮非必然之説。 乃今觀於景莘杜先生，知太史公乃有激而譚，詩人不我欺也。

杜氏世家南浦，挾策負耒者半。 自虚江公與孺懷公相繼登賢書，杜氏始以儒望於海上。 孺懷公渾渾噩噩，令人望而意銷，如遊無懷、葛天之世。 子三人，並博雅，以經術著。 景莘先生爲之伯，最醇謹，有父風，聲籍籍黌舍者垂三十餘年，善息以養其百中之術，授諸子若孫。 子長君成乙未進士，次君甲午舉於鄉，餘各補郡邑弟子員，矯焉鵠起。吾邑以子貴，紆拖金紫者不乏，大都以遲暮得之，未有身甫及强，兩尊人方啖桃食棗，得徼天子寵靈，藉象服爲萊彩者，有之自先生始。歲壬寅，先生兩尊人皆躋八十上壽，先生亦春秋六十。先三載，已拜璽書，封如長君官。黻衣繡裳，捧椒酒，介萬壽，贊無疆於前。子若孫緋袍青衿，相錯繞膝，盤舞於後。人見一門貴顯，兼以醇謹，類執策數馬，或比之萬石君家。不佞以爲萬石君家少文不逮，庶幾荀朗之後有叔慈、慈明，餘六龍兢爽，即小坐膝前，不讓車中所載。今之杜浦，可當高陽里乎？於是里中嘖嘖歎羨，以爲海上希覯盛事，争以意揣摩，妄謂先生幸值其豐，而不知以先生所受享，合於先生所修繕，實如執券於此，取償於彼者。然先生居，恒世芬不入，無紈綺甘毳、彤鏤長姣雜賓之好，而天予之以父母兄弟之樂；名場不馳，無炫華耀采、建鼓懸書之念，而天予之以孝友忠信之譽。形堞不呈，遇村農野老，未嘗昂首强項，白眼赭顔，能自鉏其荆棘，而天養其清浄和平之福；智主不設，處宗黨比閭，未嘗引繩批根，吹毛射影，能自偃其矛戟，而天保其敦龐完固之祚。自爲博士弟子，以至膺寵命，未嘗加一膏腴之産，增一怒馬鮮衣之僕，出一指天畫地之語，能自濬其不溢之量，而天縱之以純嘏。鳳之毛，麟之趾，九天之雨露，大椿之春秋，任其茹納，不爲程限。然則天之左袒先生也，似無意乎，似有意乎？正楚茨詩人所謂孔熯莫愆而卜幾式之百福也，匡敕齊稷而錫萬億之爾極也。惠時歡慶，而子孫壽考，全得而全昌也。確乎天道符於人事，而何幸值之與有吁嗟乎？世人得隴望蜀，得尺望尋，營營擾擾，恣恣睢睢，直欲籠罩天下所推炎炎隆隆欣艷而無方，收者盡收之，以爲愉快，卒之炎炎者滅，隆隆者絶，白藏信無涯乎？守藏者僅媚吹打彈絲，不識一丁，將焉用之？先生挫其鋭，解其紛，蕭然杜門却掃，觀濤灌園，終歲不一至城市，至則相與駭異，以爲雲中仙子偶遊塵界。蓋舉世人所謂高嵬奕燁者，先生無一之有。至其讓角得齒，讓羽得足，瞻前顧後，靡非吉祥善事，舉世人所謂昭明融朗者，先生又無一之不有。乃知世人炙手薰心之具，適爲招損賈禍之門，而先生所抑情忍性，雌伏墨守之方，皆爲迎禧集祉之地矣。兩者所得孰多乎？

老氏有云：「物壯則老，是爲不道，不道早已。」又云：「生而不有，爲而不恃，功成而不居。夫惟不居，是以不去。」其斯之謂矣。不佞以年誼附次君，稱通家子，知先生最深，故奉其從子袁度中翰君之請，而言天人之感應不爽，以徵先生來祉之未有艾，且并以規世，庶幾觀於杜先生悟壽命之源，而悉屏其機心、機事，寧含真以還造化，毋取盈而先爲之極云。

壽高皋甫社兄敘

歲著雍涒灘，音諧羽奏，景長南極，爲高先生懸弧晨。社中二三兄弟將捧觴致詞壽先生，而先生且艴然正襟，謝二三兄弟曰：「諸君子胡不觀而世乎？ 自古在昔，敦年而尚齒齒之尊，直與德、爵鼎立而爲三，上而天子，下而王公大人，親爲祝哽祝噎，脩袒割之禮，海内化之。 少者遇長者，居則讓席，行則讓路，有謀則奉几杖以從。 雖負英敏，如平原、洛陽，傴僂磬折，罔敢向長者露睥睨態。 以故人生而徼靈於天，得躋期頤耄耋，則閭閈戚屬知交争持椒酒爲賀，從世所尚也。 邇操衡纘者，謂長者已晚無復之，而少者有不可知之畏，無論賢不肖，輒以少長爲輕重。 少者亦自謂吾少也，志揚足高，有陵蓋其長者之念。 望見長者尺步而繩趣，輒掩口葫蘆曰：「此高曾規矩也。 相與呰議而姍笑之。 甚至口語闌出，胸臆横加，赫赫充斥梓里，而番番黃髮，幾於無色。 以故昔人喜於增年，今人喜於減年。 或以年爲諱，令人疑年。 顔駟對漢武曰：『陛下好少而臣已老。』此固好少時矣。 諸君子胡不觀而世乎？ 奈何以世之所輕者爲重也？」

不佞嫣然解頤，復於先生曰：「人之自少而壯，壯而老也，如春夏秋冬四時行，誰能免焉？ 先生胡不觀於老氏之論師乎？ 曰：『師直爲壯，曲爲老。』不佞謂論人之老壯也亦然。 蜉蝣之子髮未燥，作炰烋狀，或偶窺一班，妄竊半通，不爪牙而攫，不弧矛而盜，身蒙無可改之愆，口犯不可磨之玷，形立而神銷，朝華而逆其夕槁，雖壯吾猶以爲老也。 端亮之士含淳抱慤，居易行素，即辛荼備嘗，霜雪瀼瀼，性命無釁，耳目無營，屋漏衾影無愧，髮短而心長，大人而不失赤子，雖老吾猶以爲壯也。今先生試於平旦迴環其生平，少而壯，壯而老，冠北冀而令南楚，迄今徜徉柴桑間也。括囊而祈無咎，曾咄叱而呵，有指天畫地之語乎？處錞而願守雌，曾彊陽以逞，有械取罟奪之事乎？安步而羞巧宦，曾凌躐以進，有媚竈由徑之想乎？裹足杜門，守株耦影，朝夕瞿瞿，思外思憂，奉天津公遺訓，討其子若孫，以日征月邁，無忝所生，驟望而廉隅甚峻，秋霜凜若，徐叩而冰炭都捐，春風盎如。若先生者，寧可於今人中求之？不佞竊謂先生居恒嘿而好深沉之思也類楊子雲，而不善飲澹；而甘凝塵之室也類楊公權，而不喜譚空矍鑠；而每懷凌霄之志也類馬伏波，而無其倨傲任俠。總之，先生無負於人，無慙於天，而人未深知，天未大報。蓄已極而猶含，祥屢發而將大，來祉殊未有艾也。準以老氏曲直之旨，先生果老乎？壯乎？昔楚丘先生披簑帶索，見孟嘗君，孟嘗君曰：『先生老矣，春秋高矣，何以教文？』先生曰：『使我投石拔距乎？追車赴馬乎？則老；使我深計而遠謀乎？設精神而決嫌疑乎？吾乃始壯矣，何老之有？』不佞二三兄弟，敢以楚丘之對孟嘗者爲先生賀。」

先生聞不佞言，亦起而謝二三兄弟曰：「諸君子非賀我也，而實規我也。衛武公年九十有五，不自老，尚作抑戒，切磋琢磨，廩廩如少年時。余胡敢耄未至而自爲偷違諸君子惓惓乎？敬受而書之座右，以當抑戒可矣。」

壽吴太孺人七十敘

古今稱賢母、賢子，曰：孟氏尚矣，其次則柳母丸熊而仲郢以博學馳聲，趙母輟膳而武孟以脩行延譽，顔母嚴訓而魯公之文藻獨擅，寇母端型而萊公之勳業無雙。其它如此類者，不能枚舉。總之爲世膾炙，而不佞所最忻忻嚮往，願爲執鞭而不可得者，則惟尹母與和靖先生云。蓋輓近世父母愛子，爲之計榮利，而閨閫尤甚。聞里中貴人紆金拖紫，呼前擁後，烜赫過户外，則舉首祝天，願異日生兒如是。兒髮未燥，即思矯翼速飛，不得則鞅鞅熱中，得則揚揚快意，惟恐不朝拜而夕掇華膴，如農夫穰田，志在甌窶滿篝、汙邪滿車而止。爲之子者知親願不踰此，亦旦莫圖所以光寵其親之地，得隴望蜀，至於車且生耳不休。攘攘熙熙，誰能處炙手可熱之會，蹶然振衣，就清泠而甘心乎？此不佞之傾意尹母與和靖先生如藐姑射至人，而詎謂身親見之，有吾吴太孺人暨懷野駕部君也。

太孺人爲贈公同野先生配，生駕部君。甫髫年而同野捐館，太孺人蕭然四壁，躬絣繲洸，以供饘粥課讀之費。攻苦茹荼，幾十餘年，而駕部君補博士弟子，尋領己卯鄉薦，庚辰中南宫選，人皆以爲華，太孺人方念同野先生，不色喜，駕部君亦陟燕山，瞻望庭闈，愀然傷感曰：「余微吾母，無以有今日，余乃以有今日，故遠離吾母，以蝸角忘烏哺之私，猶獲敝蹻棄珠玉也。」亟束裝出都門，歸謁太孺人於堂下。太孺人嫣然頤解曰：「兒歸得矣，吾正慮女之未能操刀也。」家居十餘年，太孺人徐謂駕部君曰：「兒一草茅士，天子實式靈之，舉之鄉，又舉之南宫，薪槱網羅，冀收養士之報。兒爲老身，竟不少效尺寸以報天子，兒其忘古之叱馭人乎？」駕部君不獲辭，乃出，就己丑廷對，成進士，剖符得武林司理。三載，天子下璽書嘉乃丕績，贈同野先生如子官，封朱孺人加太。尋擢司馬郎以示當宁注念賢良，令典樞要，紓拊髀憂。駕部君捧珈瑱藻黼之飾，獻之太孺人，跽而請曰：「曩奉太孺人命，敬謁駑鈍，一備鞭策，幸而逭於吏議。且得徼九天雨露，以爲太孺人重。兒復何望？兒願終其身長侍太孺人矣。」太孺人手起駕部君而慰撫之曰：「能如是乎？吾性喜仲由粟，甚於東鄰牲。」自是縞衣綦巾，不啻若明光錦；啜粟九峰，飲水三泖，不啻若匡廬之泉、荆吴之珍。在駕部君幾不知身爲官人，在太孺人幾不知身爲官人母。牽衣繞膝，依然寒畯矣。

歲戊戌，太孺人春秋七十，駕部君衣萊綵，滿引椒酒，盤舞而祝千秋。郡邑大夫士争嘖嘖歎賞曰：「是母是子，爲之歌瑶池之桃，賦滕園之椿。」而不佞獨竊念「翩鵻」、「鴇羽」諸詩，一則曰不遑將母，一則曰將母來諗。至「祈父」之篇，若恨恨於有母尸饔。想當時爲母子者，不勝其倚門齧指、憑高眺遠之懷，何鬱鬱不自得也。假令駕部君猶世人腸，艷當途高，不能勇撤柴柵，太孺人中有肅心，亦動念於太常鼓吹、安仁板輿、納言之紗籠蟠桃，則駕部君正飛蓬於紅塵車馬地方，愴怳憔悴，不能賡「翩鵻」、「鴇羽」、「祈父」之什，而何暇朝夕弄烏以娱太孺人桑榆哉？駕部君誠足繼和靖先生，賢哉！太孺人視尹母奚讓焉？不圖今日復見千載人矣。

壽新都汪母程孺人六十敘

海上通估客，帆檣民，仰機利，頗稱饒樂。以故當世治白圭計然之策者，往往輻輳，而新都之人，什居其九。大指以趨射乾没技相高，其所誇詡，在於操奇羡，徵賤貴，無息幣，無後時，俛拾仰取，可比一都之君，舍是，雖嫺文史、譚仁義，無暇屈指焉。如范大夫居陶，人但呼陶朱公善生殖，不復理其伯越之績，所重在彼不在此也。

荆源汪君從新都來，亦治白圭計然策，而貲最雄於海上，諸賈人海上遂以白圭計然目之，不知其它。乃汪君雖隱於市乎，而非其好，固篤行勤學君子也。盡擥其槖中裝委諸門下，受計出子者聽其趨射乾没，身跳而遊於縑緗琬琰間，日具羔贄陳盤飧，招致四方鴻碩士，相與切劘，兼以課督其子。歲計所出，恒倍於所入。於是汪君家貲稍稍不益於前，自其貲不甚益，而汪君之篤行勤學始稍稍著，海上交口稱汪君曰：「此夫博綜，是能爲六館之雋也者；此夫任俠，是能令門外多長者車轍也者。」因汪君又知有程孺人，曰：「此夫能刑家，得賢配：脱簪而相以勤，鬻鈿而佐以施，處兩姑而能爲婦，撫三子而能爲母。其有女士，庶幾東郭先生也者。」夫汪君與程孺人，賢自若也，不稱於前而稱於後，豈非前者囊中阿堵爲之柴栅哉？久矣！朱提紫磨之障吾汪君與程孺人也。汪君鬱鬱不得志，竟捐館賓，程孺人益端型正范，拮据而握家秉，所以鼓鑄其三子者不遺餘力。三子昂然若千里駒，於諸賈人子裘馬六博、長袂利屣之懽，未嘗一寓目。競下帷發憤，並挾雕龍繡虎之技。行將以經生業起家。程孺人猶日討三子而訓之以天之不假易，曰：「而等其無忘而翁之鬱鬱與老身之惓惓望而等也。」有味乎昔人輓鹿之訓與沃土、瘠土之旨矣。若孺人者，亦豈尋常諸賈人母可同年而語也？

歲在庚子，孺人春秋六十，浙之龍南沈先生館於汪君家最久，其德汪君與程孺人最深，謀所以爲孺人壽，而徵余言以侑觴。余起而問沈先生曰：「先生視汪君家所得，與諸賈人孰多？藏鏹積貲，孰與内外賢豪之譽可膾可炙？」曰：「不如也。」「持籌握算，孰與宵旦咿唔之聲可弦可歌？」曰：「不如也。」「設財自衛，縱來天子之旌，築臺加禮，如女懷清，孰與敬姜、少君片言千古可傳可法？」曰：「不如也。」「夫三者皆不如汪君家，而孺人之延曆續紀，寧須覓瑶池之桃哉？」沈先生再拜稽首曰：「偉哉黄先生之言！是可藉手以報汪君觴程孺人矣。敬授簡而往。」

壽鳳羽趙先生七十敘

凡天意在安宗社，則若不惜老成人之疲於奔命，而士什九在朝；天意在寧老成人，則若不惜宗社之艱於佐理，而野與朝争士。試觀宋當慶曆富鄭公彦國、文潞公寬夫俱年餘七十，黄髮番番，而參朝政。至熙寧、元豐，匪獨兩公年至乃老，即王司農不疑、張龍啚景元方七十而致其仕，司馬端明未七十，亦從洛中諸老後矣。此其已事可徵者，而余因有感於鳳羽趙先生云。

先生少負雋材，與弟銀臺君後先領鄉薦，元方、季方之聲，藉甚里中。迨銀臺君成進士，第五之名，卒不能加於驃騎，人謂先生取一第如寄耳，而竟以久困公車。起家爲真陽令，令真陽，多異政。天中石城，推良墨綬第一。天子數下璽書，嘉迺丕績。人謂先生尋且衣繡乘驄，簪白筆，聽烏聲啞啞，而竟遷執金吾，從事分典飛騎，久衛宸階，丰彩廩然。人謂先生循資而進，當補尚書郎，含香侍輦轂下，而竟得留都之水部，視榷蕪關。關轄江而山出者輻輳，秋毫無所脂潤，魯江靈山，呼爲真司水大夫。人謂先生超格而上，高可爲藩臬，下亦不失名郡，而竟以二千石守廣西潯州。潯古百粤地，南北限以二江，與都嶠勾漏爲鄰，椎髻之風，稍改於昔，而諸蠻穴時出剽攻，雖有五屯，所不足扼其咽吭。人爲先生難其行，先生獨慨然曰：「余家世荷天子寵靈，中心有懷，每以不得捐頂踵、備驅策、竪立絲粟爲恨，一當盤錯，遂規避不前，則古之□馭者，其謂之何？且是以不共報也，其何以避辟？」即日治裝戒行，歷驚濤浪石，抵鬱林郡。訪古谷永遺規，教民以禮義忠信，惠洽而威行於大藤諸穴，西甌輅越稍稍畏太守神明，不敢犯。當路自御史大夫而下，交口推先生治狀，至飛章相屬。人謂先生奏最，大廷宜有異賞以旌廌臣，如古特給路車、鼓吹，或增秩賜金，而竟以老注考功，令賦歸來，歸之歲適先生春秋七十。蹁躚矍鑠，矯矯如野鶴之在雞羣。其懸弧之月爲仲商，子若孫争具彩服，滿引椒酒，盤舞而稱千秋。先生亦軒髯長笑曰：「自此耳目口鼻，吾有矣夫！」以先生長才偉望與其神之王也，假令天意在宗社，罔惜其車之生耳，不使得一朝謝其事。當今雲中、鴈門、玄菟、樂浪之間，羽檄交馳，廟堂方側席拊髀，思得老臣如趙營平、馬伏波者以當長城，此時先生焉知不飛蓬金城，湟中曳足，浪泊西里，下潦上霧，仰視飛鳶，跕跕墮水，安得臨滄洲，窺煙液，前侍白髮之兄，後撫青雲之胤，共舉椒栢，娱此桑榆乎？余故謂天之意在寧老成人，甚於惜宗社也。

雖然，禮，大夫七十有德，君不許請老。邇者宸衷頓開，浮雲盡釋，天子更念舊人，焉知先生不用蒲輪起也？不然，禮，七十而不得謝，則賜之几杖，即先生堅卧東山，天子崇重三老五更，焉知闒囊桃枝不旦暮下也？又不然，禮，七十曰老而傳。先生子孫森立，其子上舍君隆培出後銀臺君者，美少而文，與余門人徐生光啓並挾吴鈎，北遊燕市。徐生取螌弧先登，而先生子尚偃旗爲六月息，愈益下帷發憤，鳩諸同調士修射鵰之技彌精焉。知先生未竟之緒，不傳諸其子，如文正之後復有忠宣也。語有之，不于其身，于其子孫。先生誠絶慮塵網，超跡蒼霄，而徐觀天意之所屬，寧須餙混沌以娥眉，冠越客於文冕哉？

諸同調士再拜稽首曰：「偉哉先生之言！雖歌瑶池之桃，賦漆園之椿，不加於此，是可藉乎以觴趙先生矣。」

贈朱節婦敘

余觀當世男子鬚髯如戟，猶然不知以義自裁，遭際蹇厄，寧爲艾榮，無爲玉折，況可責之閨闥女婦孱焉？女婦而能慕義如烈丈夫，若古所稱截髮斷鼻、塗碧磨笄之類，斯亦奇矣。而苛責者尚曰：死節易，立孤難，此何以解也？豈非以死節者一時之慨慷，而立孤者歷萬狀拮据，備嘗終身苦辛哉？楊母之能成元珍，陶母之能成士行，宜其爲千古膾炙也。而余更有進於此者，彼楊、陶兩母，其子皆身所自出，掌珠英英在望，中有所冀而徐有所待，故不惜少忍須臾，以觀其成。苟瞻前顧後，靡有孑遺，而爲其舅姑之遺孤子甘心拮据苦辛，以延其如綫之緒者，則從古所未有也。有之自今朱節婦始。

朱節婦者，余社友朱伯繙長女。少有至性，方髫齔，母黄令人授以孝經、列女傳，俱能明其大義。年十五，嫁陳氏子治功。先未嫁時，姑已卒。治功少病，痿卧牀笫間。節婦入門成婦，無幾微悒快，爲之供湯藥，謹調護。而病在二豎，牢不可起。節婦痛絶，誓以身殉。時其舅以哭子故，亦奄奄垂盡泣而語節婦曰：「兒死婦死固當，婦死而余死，誰爲余視含襝？婦已不能生死者，獨忍促死生者耶？」節婦乃彊起，朝夕抱其孤女而泣。未幾，女尋夭，節婦愈不欲生。適舅側室趙氏舉一子，舅復泣而語節婦曰：「此呱呱者，意天之不欲大泯陳也。第户内外環而側目寒冰凛凛，誰爲覆翼吾婦？脱能收而子之，異日陳氏宗祐如故，令余不爲若敖鬼，則余長笑入地矣。」節婦再拜稽首曰：「大人有命，願竭頂踵以報。」送往事居，有不惟力是視者，有如此日。」又踰年，舅卒，節婦儼然猶母，幼而偕其生母趙氏與其伴曹氏共爲乳哺，長而延其父伯繙，嚴爲課督，娶有室而傫然壯也。持其葳蕤鑰悉以付之，膏腴數頃，臧獲數百，指聽其劈畫，父母家自歲時餽遺外，絲粟無所私。趙氏、曹氏亦重德節婦，而心服其先君之訓。三十餘年，耦俱無猜争，自砥礪以求無負節婦，閫則身爲麻而能消人蓬心若此，雖或天之所廢，人之所挑，招坎伐擅，未必行陸，不能保其子之爲元珍、爲士行，而節婦之拮据苦辛，更出楊、陶兩母外，以正氣持其遠志，以剛腸運其偉幹，有廉頑立懦之操，有興滅繼絶之功，真陳氏忠臣矣！視彼截髮斷鼻、塗碧磨笄，而輕於一擲者，可同年語哉？

節婦之標格久而彌峻，而宗黨戚屬習聞其概，亦久而益信，爲之摭其大節，聞之縣大夫。縣大夫亦鮮然詫異，不虞閨闥内有此女婦，亟旌其門，將請於朝以風末俗。昔巴寡婦清，始皇以爲貞而客之，爲築女懷清臺，而寡婦得守其業，人不敢犯。今節婦以介特之性著於彈丸蘆葦中，少見多怪。昔人有云：衆女競閨中，獨退反成怒。安知無忌其高潔，利其養孤長幼之餘箸，思刀俎而魚肉之耶？自縣大夫之高其節，而里中人嘖嘖歎羨，知有朱節婦也。賢者過而式其廬，不肖者亦俛而瞿瞿，罔敢驚其龐。節婦始得保其天年，長爲世儀矣。余故不禁仰止，復表而章之。倘荒村夕照，有能賦栢舟而歌黄鵠者，當一以節婦爲師，委曲求所以完節保祚，慎無悲孤子而遽棄捐，亦慎無傷埋没而遂衰墮云。

續刻蘭花社草敘

自不佞二三兄弟爲壇而盟之後，經生社幾寥寥希聲矣，乃今而有蘭花社。其社草刻於丁未者，大爲督學楊公所賞鑒，業已盛行於世，如霍定遊曲江，賣蘭於羅綺叢中，士女争拋金錢，一時紙貴矣。日者郡縣大夫暨學博士季有試，月有課，復嚴爲程督，諸文學每聞秋風起，亦不禁神往，争思預整其凌霄之羽，會日益勤，文亦日益富，又將刻其成於戊申并衆子弟如蘭草若干首，而來徵言於不佞。

不佞唯唯，復於諸文學曰：善哉！ 諸文學之名社也。 是則督學公之所以深嘉而樂予也，豈靳靳以其文而已耶？ 當世士習漸澆，柔靡者如穠桃艷李，多娬媚而少郁烈；狠戾者如山荆墓棘，多芒刺而少醞釀。 惟蘭孤芳獨潔，幽馨自韻，隱顯咸宜，寒燠不改，古人比之君子之香，比之善人之室，又比之同心之言，其比類甚美。 而諸文學取以名其社，想見諸文學之執牛耳而更相矢志以求稱此名也，定能養以綺石，貯以黄磁，斗慎漸灖而近鴻碩，戒淄染而遠鮑肆，處岩藪而修道立德，完其清標。 異日或出而應王者，握而趨丹陛，亭亭物表，矯矯霞外，垂光結蔭，庶幾無負薪槱盛心。 不然而脱湛以苦滫，不湛以糜醯，則無論征馬不駕，將君子不近，庶人不佩，旁觀者且歌芄蘭矣，其於名社之義何居焉？ 督學公之意，其在斯乎，其在斯乎？ 昔宣尼聘諸侯，莫能任，反魯，見香蘭於隱谷，援琴而鼓，歎其與衆草伍，故曰：蘭雖生於深林，不以無人不芳。 昭代宣宗皇帝寤寐賢豪，御製猗蘭操以招四方邁軸之士。 今督學公又能帥諸司奉揚德音，加意振作，務窮搜隱谷，毋爲宣尼所歎。 諸文學地顯精於砥行攻文業，患不芳耳，豈患無人哉？

諸文學亦唯唯，謝不佞曰：「命之矣。」

題王道人卷

王道人向負耒耜，披襏襫，雜田農間，直一蚩蚩氓耳。忽幻目生花，自稱神授，預言吉凶事。余遇而叩之，非有熊頸、鳥伸之術，亦非有吞刀、吐火之奇，即其言吉言凶，間有驗有不驗，里中愚夫愚婦，少見多怪，詫異而奔走也固宜，奈何遠近縉紳先生亦爲傾動，争欲召致，如司馬承禎、陳希夷，豈其見不逮范蜀公，令土偶作祟耶？

余觀古今達人長者，每值世蜩螗沸羹，如懷璉復。孫莘老云：「天下有所不忍聞時，迋迋願分華山半席，脱火宅而就清泠之淵。韓昌黎之從大顛、富文忠公之訪荷澤禪師、歐陽文忠公之造浮山法遠，皆心知其理之未必有，而竊喜其事之涉於幻，誠謂與其對蠻觸蟻穴，泚泚噏噏，徒亂人意，不若聽禽語蟲鳴，似解又似不解，夢惺間作生活，差足消駒隙、遺躁念耳。道人將結廬東海上，杜口静修，滅動心而生照心，俱不可知。而余有感于信道人者，時事可知矣。遂附數言於紙尾。

卷四

賀對揚鄒先生膺薦敘代邑侯草

國家建邑而設之令，邑之鉅細，惟令是轄，而獨於作人造士則顓屬之博士先生。譬之家然，令則家督也，民之秀者其子弟也，博士先生其塾師也。師之謦欬，子弟之型范係焉；子弟之純漓，家之善敗關焉。入其家，視其子弟彬彬恭讓者，不問可知其爲良家也；入其塾，視其師侃侃端嚴者，又不問可知其多賢子弟也。知此而令之籍於博士先生，顧不重哉？非惟令當重博士先生，而博士先生亦能重令，是古者蓋交相重也。自師道不立，世所稱博士先生率自視爲冷局，人不甚惜其官，而令因以常員視之，落落莫莫，意氣精神殊不相綰結。弟子睥睨其旁，遂無所忌憚，争爲屑越，邑始不得比鄒魯以薪櫝聞。博士先生負令，令亦負博士先生，是後世蓋交相負也。

余從常山移令上海，入疆而視其子弟，則章甫縫掖之士，森若琳瑯，翔而歎曰：「皇皇乎！此大國之獻哉？楩楠杞梓，微匠氏其誰繩之？」入序而視其師，則晉陵鄒先生實主教事，春風化雨，霏霏遍槐市間已踰年於兹矣。先生生於太伯吴公之鄉，志潔而行方，外恂恂土木形骸，而中岩岩壁立，雄於萬夫，刀錐廩餼，未嘗勾校，似不了了。至品藻孅惡，又較若淄澠。子弟富而惰窳披猖者，雖豐其饋遺，語刺刺誚讓不休；貧而好修，即脡脯不具，懽如也，時爲之宣其湮鬱，通其疾苦。以故一時諸士斐然嚮風，賢者益奮，不類者亦懼而改轍。富者慕義循禮，貧者亦賴以舉火，不至枵腹而甘嗟來。邑承累歲大祲，教化翔洽，弦誦之聲不輟於閭閈，非朝朔望，堂簾外罕覩青衿，非有身家剥膚之害，未肯免冠徒跣，作楚囚狀。間一二敗羣，輒厭然消沮，乞不使鄒先生知。直指使李公廉得其實，推其文章行誼爲絳壇赤幟，騰之薦剡而溢喜，餘光波及於余。余蓋藉先生以覆短匿瑕，取評於青衿而借聲於黌舍也。然則余胡能爲先生重，先生實重余矣。於是諸士肅衣冠，徼余言以張先生。余知先生喜悃愊，厭華競，貌言非先生意也。且前使者飛章相屬，先生固辭弗樂也。而余私心爲子弟慶，竊以自慶，其能默默乎？先生師也，父兄也，余代邑子弟擇師以課之者也。今而後，儲養之事，余爲政，譽髦之事，先生爲政，庶幾哉！不至如後世之交相負也，亦可藉以副直指使矣。

而余且別有感焉。世之媚於世故者，娖娖俛仰以博名。高識者羞焉，每齗齗不理於公評。

先生恬漠愉静，真有浮雲鞅鎖之態，而士林監司交口詡詡，青氈苜蓿不讓黄扉鼎鐘，有意於名者名未必得，逃名而名我隨，則人亦可盡其在我以聽之，而奈何婔婔俛仰，以與造化争此名哉？先生喜余言之合於道也，諸士遂執簡而書之。

賀邑侯仰亭許父母三載奏最敘

我師仰亭許先生從常山移上海僅朞年，以内艱去。青衿士依依攀先生轅，相與建祠豎碑塑像，時時舉手祝天，願前度福星再照我黄龍浦。徼天之靈，先生果再以上海令至。青衿士鵲然前歌後舞，重趼走百里外迎先生，其驟見而喜，大都如赤子踰年離繦褓，捧負相勞苦，喜不能出口。久之，政益成，士益習，通計所歷三載于兹，法當録其茂異狀，上報天子，璽書綸誥將冉冉從九天下。學博士偕諸青衿士敦緇衣之愛，擬修郃人登堂稱觥之儀，而來徵言於不佞，爲不佞知先生深也。

不佞竊揆古稱令難，難于得民，尤難于得士。鄭公孫僑爲衆人母，至比鄉校于防川，廩廩有畏心。先生其遵奚術，得此于多士哉？凡士上不同纓簪，下不同襫襏，而喜持短長，愬利害。其風波易動，德怨易成，要在服其中扃，養其大體。爲令者稍操持觔于度，既不能厭士望，稍砥節勵行，嶽嶽負氣，又趫然作貴倨態，有夷其籩舍，眇其章甫意，里中望見令與士勢相隔，不復接言笑，通殷勤，遂謂令不重士，士無所重於令，因而狎侮士，逌逌以此傷士心。先生飲冰茹蘗，敝車緼袍。寧生萊蕪之魚，無留壽春之犢；寧任知希之拙，無要通神之巧。其誠實心已足矢白日，服青衿矣。迺標格期抹撥世緣而肺腑凝注，又願鴻鈞內靡所不得，與人無衆寡小大，未嘗設城府、危觀臺，以聲音爲蘭錡。遇博士先生，不異塤篪；視諸弟子員，真如家人父子。賢而以藝文來者，則與商鉛槧，轉波臣於涸轍；貧而以塵甑來者，則與謀舉火，吹寒谷以煖律；寃而以覆盆來者，則與宣湮鬱。或延質衺，或保丘壠，恩且流朽骨陳人。其他不以理遣，則以情恕，未嘗有洸潰武怒，令人有免冠搶地之辱。即朝爲訓督，微示誚讓，暮仍霧釋驩然，不記憶前語。里中皆知先生愛士，士無不當先生意，願爲讓畔、讓路。雖雀角鼠牙，亦少知懲創，不敢輕犯我冠裳。總之，如春風襲人，人人薰其和煦，故先生不爲赫赫震物，不爲矯矯博名，而多士自醉心於先生也。夫官之難莫如令，令之難莫如得士。先生處兩難，皆能易之，然則天下事又何一足難？

先生能浮雲軼鎖，則無欲而剛，首尾不至牽掣；能平等彼我相，則逐境而融，到處可爲功名。或進而居青鎖，爲天下通喉唇；再進而建繡斧，爲天下調盤錯；再進而列槐棘，爲天下秉衡鑑。任真獨往，爲天壤內所絕無僅有之事，皆先生所恢恢游刃而有餘技者也。余以是爲先生賀，并以告世之爲令者：猛不如寬，畏不如愛。語曰：桃李不言，下自成蹊。斯道若爽，彊陽者勝矣。

贈觀察靖予劉先生太史敘 代草

余少聞父老稱先正文襄周公之有大造於我吴中也。吴中苦重税，積逋以千萬計，文襄公抗疏於朝，爲設畫一之法，至今吴中人頌之，如畏壘之於庚桑楚。夫文襄公從中秘起家，出爲秋官郎，宣德間以水部少司空來撫我吴中。其所竪立，烜赫迺爾。竊念天子儲材之意，豈徒糜大官餐錢僅僅供筆札之役，亦欲閲歷今古，圖迴宇宙，爲國家建不朽業如文襄公耳。假令燃藜斧藻，日鳴珮鳳池之上以爲清華，而無所竪立，雖賦三都、著中經，其何補於骭之一毛？迺世之能爲文襄者，殊未易多屈指矣，而幸於今劉先生見之。

劉先生與其兄二千石接武登進士，世比之眉山二蘇。劉先生選入中秘，授司馬郎，再擢河南憲副。持虎符，備兵申州。申州守朱君爲余猶子同榜人，其兄若弟從申來，口津津道劉先生按申州治狀甚悉，大都方嚴耿介，濟之以寬和，喜爲國家持大體，不喜毛舉。往歲天子以鼎新宸居，念天下西北苦餉，東南苦侵，大司農金錢匱，於是開礦之令始下。中貴人銜天憲，乘使者車東西四出。天子意在不欲重困元元，謂取之閭閻，不若取之山海之藏也。第民之趨利，如水就下，聞上以搜利孔發聲，萑苻之聚捷於教猱。且奉行者未必仰體德意，使車所至，境内騷動。一時監司欲順旨則懼起釁，欲拂旨則懼速禍，往往束手仰屋，憑奸人妄言有無以希中貴人旨。禍且波及申州，中貴人旌旄旦暮至矣。申州蓋世廟時向不入礦籍者也，天中、石城之間，驟聞而相顧駭愕，謂禍且叵測。劉先生召朱君謀曰：「他郡自有，平原自無，古人不難拒甫節薰焰，吾曹惡得唯唯，以無爲有，開申州無窮怨藪，違天子不欲重困元元意？」遂以實白直指君及御史大夫。奸人之議絀，而中貴人亦爲停車轍，不遽臨申州。夫劉先生爲申州造敉寧之福，其功等於文襄公，而文襄順流，與吴中更始，劉先生逆流，爲申州計安。直以身當雷霆之威，其爲力尤難。正氣直節，真有古大臣封還内降，侃侃不阿之風。至今天下謂中秘有人，不徒以中山之兔、膠西之麟角侍陛下，不亦偉與？

余與劉先生後先稱同官，借有末光。方忻忻厪執鞭之想，而朱君千里貽書，徵余言爲申州萬姓佐兕觥，以祝劉先生萬壽。余老矣，無能爲劉先生重矣。顧江湖之叟不忘廟堂之思，竊沾沾爲天子得人慶，庶幾劉先生永爲世儀，與一二三元老相爲彌縫匡捄，上無負天子，不致騰箕斂之聲；下無殘小民，不致釀瓦解之變。令余九十老人扶杖而見德化之成，寧不益籍有榮施？因忘其耄老，遥舉觴引滿，擊節而歌南山之詩曰：「樂只君子，邦家之基。樂只君子，萬壽無期。」聊自附於緇衣之愛云。

贈郡侯濬源詹公榮擢山東按察副使敘

國家設觀察使臣，分路採訪，而於要害地尤慎選擇。邇者東西告警，羽檄分馳，天子拊髀，思得頗、牧，數數詔主爵者無輕任使。於是主爵者聚而議曰：「方今憂在三輔，潼關居華陝之間，爲關中保障，誰可任潼關者？」迺循資望，推良二千石，以成都守詹公請。成都公者，余郡侯同母弟也。未幾，又聚而議曰：「方今憂在遼海，山東登萊之道，爲中原咽喉，誰可任山東者？」迺復循資望，推良二千石，以余郡侯詹公請。命下之日，郡父老見其小者、近者，意在桑梓，蹙然曰：「公實生我，我儕小人方藉公以生，奈何遽奪公去也？」郡大夫士見其大者、遠者，意在天下，忻然曰：「盤錯之會，非公誰能遊刃？庶幾宵旰其少紓乎？」善哉！輦上君子之能掄材也。於是大夫士競爲歌頌以華公之行，而來徵言於余。

夫諸君子之爲公喜，意念深矣。然知公之所以可喜乎？當今天下憂愈大，圖之亦愈難，將顯而計之，則以爲杞人也；不然，以爲譸張而搖衆也。將徐而待之，則以爲燕雀也；不然，以爲選愞而持祿也。且觀察之職，主於規調糾逖。欲振刷以博勵精之名，則神運鬼輸，風行草偃，勢既不能必出於一切科斂束縛，是敵未至而先困吾民也。欲簡默以要鎮定之譽，則既雨忘桑，中流棄楫，心又不忍，倘一旦峩岢之艑、任俠之靡乘汛竊發，是棄吾民以資敵也。以故身當之者緩而如韋，不可急而如弦，不可喜事而紛更，不可優游而釀成，不可圖之，蓋戛戛乎其難也。今公之守余郡也，外若山苞，中實川流，形若循循而無欲速，神實汲汲而無敢慢。居恒進章逢，譚經史，勾校簿書，不動聲色。而凡積芻粟，礪矛鋋，繕城隍，消萑苻，實已咄嗟而辦。公蓋化乎競緑剛柔而莫窺其眹，殫於綢繆補葺而不尸其勞。試以爲郡守者爲觀察，無事養烹鮮之福，有事收射隼之功。投之所向，奚所不得？是則公之所以可喜而逆覩，其無負於諸君子之惓惓者也。

諸君子謂余言當公，廼敘以爲公別。而諸父老卧轍攀轅，益戀戀不能釋。余再屬諸君子曰：「爲余致諸父老，麋鹿在前，不顧走兔。天子將以陵飇之羽當疾風耳。異日公奏績於夾谷、長白，公之弟勒銘於驪山、終南，伯仲鴈行，而爲國家勳。天子終念東南，公且持中丞節來惠我吳人矣。諸父老地爲公謹守甘棠，勿令剪伐可也。」於是諸父老舉手加額，星軺稍稍得前，而歌衮衣者，自九峰幾徹岱宗云。

賀封公孫翁雙膺恩命敘

往牒所載棣萼之盛，如二到以凌寒擅譽，二崔以摩天馳聲，誠代不乏人。求其最爲烜赫，足鼓吹千載者，則無如潁川陳氏之元方、季方也。無論其它月旦，即太丘亦自謂元方難兄，季方難弟。兩人將車奉杖，侍太丘詣朗陵，至太史奏真人東行，動干天象，其烜赫概可覩也已。然不有太丘，何以有此二難也？不佞每念爲人父者，幸而比於太丘，有子如元方、季方，旦暮弄雙珠於掌中，光陸離四起，不覺神爽頤解，其爲延歷續紀，寧須泛滄海、渡赤城，問司馬承禎哉？乃今而於孫太封公見之矣。

封公生堯舜之墟，高郭有道、王彦方之誼，而抱朴不試，留諸後人。長公登壬辰進士，起家恩縣令，擢居南臺侍御。次公登戊戌進士，來司吾郡李。長公先以縣令最，封公得拜命如其官。次公三載于兹，亦以異等聞，再徼天子璽書。而長公遇徽稱大典，又當拜推恩之命。九天雨露瀼瀼而下，世争以是爲封公華，曰：「是可以比太丘之有元方、季方乎？」不佞曰：「未也。昔太丘性長厚，類祥鸞瑞鳳，强者德綏，弱者仁撫，不喜刻覈以博彊項聲。其子亦惢柔愛之道，論議務依長厚。今聞長公之令恩也，政平訟簡，興學課農，其所鼓鑄而全活者甚衆。次公之理吾郡，察而不苛，文而不害，庭有燃犀之誦，獄無灰骨之寃。弇衛峰泖之民罔不舉首祝耋，願封公躋眉壽，介景福，以報熏冒之恩。」世又争以是爲封公華，曰：「是可以比太丘之有元方、季方乎？」不佞曰：「未也。昔太丘於茹納中多所斡旋宇宙之略，如調停侯覽、張讓兩中常侍，令天下默默陰受其賜，類桂樹生太山之阿，霑以甘露，潤以淵泉，在桂樹不知山之高、泉之深。而其子亦每事敦大體，欲培養國家元氣，於其孫長文所稱父鴻臚家訓可見。今天下朝野之間嗡嗡訛訛，務鬬雞口以角勝，貂璫之徒又迋迋與縉紳士互爲水火。輦上君子方思得秉心無競者推誠布公，以綏靖之，而兩公之雅望甲天下，或從烏府召對螭頭，總風紀之憲；或從郡李徵拜夕郎，操彈壓之權。兩者休休斷斷，並位槐棘以保我子孫黎民。而封公日啖桃食棗，翱翔其間，今日報長公爲天子披浮雲，開離照；明日報次公爲天子回春陽，運斗樞。今日報長公消城社之狐，斂神工於寂若；明日報次公化樽俎之矛，調庶尹於熙如。當途益高，竪勛益茂。天子益出上方山龍黼黻，以示寵異，不啻如元方、季方，遇非其時，其沾沾自幸有子，寧不十倍於太丘？不佞固知雲壠之秀，且遠讓太行、王屋矣。日者封公俯念兩公瞻雲陟圮之思，從高都過秣陵，就長公問封駁若何；又從秣陵過茸城，就次公問平反若何。于于徐徐，歷覽六朝三吳之勝。惜今世無善占天象者，有之，當亦奏真人東行，賢人，聚五百里内乎？」

不佞門人朱生輿與諸文學數曹受知於次公最深，計無所籍手以效華封之祝，則乞言於不佞。不佞遂述封公之比芳太丘，與兩公之齊美元方、季方者以授朱生，且起而歌有駜曰：「君子有穀，詒孫子，于胥樂兮！」諸文學起而歌麟趾曰：「麟之趾，振振公子，吁嗟麟兮！」而次公亦爲歌「鳴鳩」曰：「我日斯邁，而月斯征。夙興夜寐，無忝爾所生。」不佞又知兩公之終能慰籍封公，永保此思皇之祜矣。

邑父母李斗冲奏最敘

國家張官置吏，莫重守、令，而令尤重。爲令初釋青衿，棄三寸柔管，一朝綰墨綬受，百里專寄，刑名、錢穀未必其周煉，土俗、人情未必其通曉，多操刀製錦之懼。故自御史中丞而下，皆得日省月試，持其短長。比及三年，則總計其治狀上之天子，天子下太宰核其實，與屏書合，克副厥命，乃下璽書褒美，增秩賜金，封其親與配如其官。瀼瀼露零，舉室而沐恩波焉。一以示寵靈，酬其前勞；一以示鼓舞，冀其後效。而鼓舞之意賒於寵靈，所以覩由察安，防其末路者視昔加密。蓋宦成而志怠，名立而實漸衰者人情乎！輦上君子更慮之長矣。

余邑父母斗冲李先生，不佞二三兄弟徼天幸附驥，金温玉潤，呐呐如不出口，每於衆中望而知爲長者。匪獨目屬，且心所之，曰：「安得若而人撫我桑梓，令蜉蝣之俗挽而敦龐，如天保歌民之質矣，日用飲食乎？」未幾剖符，先生果來令我海邦矣。海邦刑名、錢穀之浩繁，十倍於它邑；土俗、人情之怙侈佻巧，五倍於它邑。即自負强力智慮聞識者，不無縮頸流汗而苦鞅掌。先生甫下車，食麤衣素，却鮓懸魚，首以身帥民，而徐視民所欲惡，爲之開榮灑澤，除煩沃焦，與民更始。徵科之緩急以額定，奸户與嘉師不概督；聽斷之上下以情求，斧斤與芒刃不混施；桀黠之暴横以嚴馭，謹其籠檻，可以化鷹而變虎；誹譽之紛紜以真調，任其聚散，可以馴雉而盟鷗。望之而夷然，城府都捐；即之而坦然，肝膽畢露。似乎無所刻畫。至坐堂上辨堂下人曲直，則又炳若觀火，恢若遊刃，老吏積胥，搁心而退，竊歎賢者之不可測如是。政平訟理，蓋于今三年矣。在事者業已録其茂異狀聞于朝，天子當天官議隆恩異數，亦且旦暮仰承，得籍手尚方伽瑱，光太夫人萊彩矣。

不佞二三兄弟快覩盛典，嘉先生之前勞而喜，且懸知先生之後效當益懋於前，無負天子鼓舞深意，益又喜。凡爲令者，或念已方筮仕，虞人且書生我也，而以猛氣出之，震雹憑怒，毛舉鷹擊，以賈餘勇，則進鋭退速，所謂再而衰，三而竭矣。或匿己本質，欲乞人齒牙我也，而以名心出之，上下緣飾，東西借交，以賣名聲，則魚得而筌忘，所謂千乘讓簞豆見色矣。惟先生恂恂雅雅，無雄行横騖、一日千里之思；悶悶淳淳，亦無采華躐腴、翼飛踁走之想。窺其胸中，第知爲民父母者，當豈弟如是，與民燠休；當恬澹如，是與民砥礪。不知天壤間別有捷徑，有巧宦。日者愁霖爲災，魚麥蛾飛數百里，膏壤渺若河漢。先生蒿目語難，所以爲民請命者不遺餘力，然終不作煦煦聲色，市恩以賈譽，擾擾横目；亦陰受其安静和平之賜，忘於何有。無論先生今日之令我海邦，即由此而青瑣黄扉，三事九列，不佞二三兄弟固知先生之色澤不變，神骨如故，異乎當世躍冶之金也。

昔周之南國諸侯化於文德，召南之詩爲歌曰：「彼茁者葭，壹發五豝，吁嗟乎騶虞！」美其仁心自然，根於天性，不從外假也。不佞二三兄弟無可爲先生誦，亦爲觴黄龍之水，相與歌騶虞而已。

賀顧參軍莞亭先生奏最序

邇者塞垣之上多羽檄，期門羽林亦多驕悍難馴，不可卒得指臂。天子乃拊髀思頗、牧，尤注意況、武，庶幾坐而畫諾。自金吾、緹騎以下，凡諸禁近幕府參軍，務慎選老成練達者當任使，而莞亭先生始以參軍起家云。

先生尊人愛杏公挾長桑君術，全活江以南數千指。至先生徙而儒，曰：「余操三寸柔管，調金丹玉液，足令一世肉骨，盧扁之功孰與夔龍多也？」儒成而數奇，數數困名場弗售，遂輸貲遊太學，解千金裝結客，折節海内賢豪長者。偶念天子需材意，咄嗟歎曰：「彼張廷尉、卜大夫，非夫也耶？丈夫昂然七尺，寧能老青衿？倘得一命而可吐吾胸中奇，不難與絳、灌伍矣。」欣然謁選人，授羲勇後衛參軍。日從材官、佽飛輕裘緩帶，而譚詩書禮樂，旁及金版、六弢。諸蒙茸陸梁之徒争心下先生，以爲今之況、武。歷官凡三載于兹，法當録其茂異狀上之天子。行且下璽書，褒異超格而簡拔之。諸戚屬同里閈者樂觀盛典以爲先生華，而徵余言以華先生，先生弗自華也。方念太夫人春秋高，愀然有登山望雲之思，曰：「母老矣，奈何僕僕飛蓬風塵中，而置菽水不問，獨弗念祈父詩人所謂有母尸饔耶？①且余幸有子能操觚矣，未竟之業，余其屬之吾子。異日足報陛下，毋自苦。」夫當世士多匏繫，少圜轉，業冠章甫，非博一第，幾灰注不釋；幸得之，則又若卷婁。然眷戀華膴，藉口叱馭，忘情倚門，若此者蓋比比也。先生獨能大能小，能舒能卷，如神龍之不可羈而係。假令天子馳域外之觀，不以常調淹異才，俾得嘘氣成雲，夭矯九天之上，盡需其金丹玉液，計所標竪，奚啻卜大夫，將張廷尉之勳爛焉？廟堂之上，又何須宵旰而壓拊髀也？虞山爲虞仲隱居處，高風雅致，猶有存者。先生實生其鄉，固宜有古通人概矣。然爲輦上君子計，可使虞山之巔有兩虞仲哉？

贈兵部駕司育吾李先生擢陝西僉事敘代草

自古三秦之境稱天府神皋，登崆峒而望玉關以西，青海賀蘭在焉，真要害也。往者天驕之

① 「祈父」，原作「圻父」，據詩經篇目改。

狼煙繞華不注，而重以靈武陸梁，物力漸絀，人心風俗稍變。凡杖節入秦者，率廩廩懷靡及，天子亦數數拊髀，思得人以鎮關中。一時自督撫守巡而下，非有實心勁氣與鍊事之通才，不以充任使。

育吾李先生鍾靈於三塗二室，其端方弘鉅，與嶽峙河流相應，輦上君子之掄才者念國家提衡天下士，莫重於銓曹，非得端方弘鉅如李先生者不可，則以李先生司天官務。已而念國家可佐廟算、銷鋒鏑於樽俎者，莫重於樞府，非得端方弘鉅如李先生者不可，則以李先生副司馬郎，司車駕事。今且覩塞垣之上羽檄交馳，亟於外憂，念國家肩背如三秦之境，隱然保障而稱鎖鑰，非得端方弘鉅如李先生者不可，則又以李先生分巡陝之河西。夫鄜州之地，宋元昊歌採花處，韓、范兩公嘗經略於此。邇承凋弊之後，機巧者視爲傳舍，主於彌縫；畏愞者視爲險道，利於規避；拘局者視爲盤錯，苦於旁午。豈不戛戛乎其難哉？而先生出其司天官者，以謹論除，懸鑑持衡以辨，材官蹶張；出其副司馬者，以相便宜，輕裘緩帶以譚，綦制安節；出其一介不苟，四知不欺，百折不可回，所謂端方弘鉅者，以廉頑起懦，而清債帥之謡，作超乘之勇，解紛剸劇，著伐豎標，當如遊刃建瓴矣。先生旌旄將翩翩西指，余輩與先生雅共塤箎稱伯仲，於其行也，不歌渭城而歌采薇，歌出車，歌六月，曰庶幾戎定居而奏三捷之勳，曰庶幾畏簡書而成于襄之勣，曰庶幾兼用文武而垂萬邦之憲。異日歸自朔方，並受福祉，令天下知居銓曹者能明於八觀，亦能諳夫九地，能爲山巨先，亦能爲羊叔子，則余輩實藉有榮施矣。

賀憲副韓公祖擢湖廣大參敘

國家財賦半出東南諸郡，東南沃野千里，東薄大海，西浸太湖，蓄洩稍壅，遂成沮洳，淫霖忽布，又鬱焉漭漾。以故廟堂之上所蒿目注念，莫切東南水利。特命憲臣專督其事，視唐宋時都水、營田、開江等使之權爲重。邇年旱澇數告，陵谷失常，掄材者尤不敢輕任使，務擇端方持重、明通練達者以往，而吾韓先生實來司東南水利。

先生每語人曰：「余水官也，稽古稱善治水者，必曰神禹。禹之行水，非曰行所無事乎？余不能令高者下，下者高，與白圭争尺寸之長。能令高高下下，無失其習坎之性。」自東南之有韓先生也，吐納各順其常，渟委均時其用，三江五湖悉受其安瀾之利。先生且不獨以無事之智行水，復移其行水者以當諸盤錯。凡影響風聞，幾成騷驛之變，釀株連之禍者，先生神閒氣定，屹如山苞，務在調停寬解，如驚湍怒濤，迅駛而來，徐挽之就下，天下不見決排之力，亦不罹衝激之害。蓋先生之爲東南造福也，已三年於兹，東南之民方倚公爲長城，而天子嘉公丕績，既下璽書褒異，尋晉先生秩，擢楚藩大參，展其治三江、五湖者以施之洞庭、彭蠡。余郡之邑父母王侯某、許侯某不遠千里，來徵言於不佞，以華先生行。

不佞念先生之行也，誰爲余桑梓父老養此和平之福？此中殊依依不能釋。又念天下波靡，不患無才，患不能善用其才，不貴喜事，貴於行所無事。彼理絲而棼，烹鮮而擾者，蓋比比矣，而廼有端方持重明通練達如韓先生爲之砥柱。且簡在帝心，翩翩當途，高則國家糾紛，終將賴之，奚憂多事哉？余因敘以授，使人并以告諸任事者曰：如智者若禹之行水也，則智亦大矣。

壽憲副詹公賢母張太夫人七十敘代草

我郡侯詹公既覲天子，則迎母張太夫人於署中，日修志禄之養。太夫人春秋高明，歲癸巳七十矣，郡大夫士咸釀春酒，庀兕觥以待。今壬辰冬，公績最望隆，甫三載，遷山東按察副使。郡大夫士依依不能釋，聚而謀曰：「鴻飛遵渚，于女信處。吾儕其如公何？其又如太夫人何？」於是競歌甘棠，雜以南山，而來徵酌者之辭於不佞。

夫親有年而不沾子禄，子有禄而不逮親年，與有年、有禄而賦翩雛、鴇羽，不得時時繞膝爲孺子慕，皆人生憾事。今太夫人壽躋希齡，猶然兒齒黃髮，可謂有年矣。長公、次公鴈行登進士，秩中二千石，陟齊、秦大藩，其隼旟熊軾則同，其星軺玉節則同，其各被天子璽書寵錫，得製冠帔，以新太夫人綦縞則又同，可謂有禄矣。往年次公守成都，則迎於成都；今年長公守雲間，則迎於雲間。太夫人從翟幃中歷覽錦江九峰之勝，而兩郎君以歲更昕夕，衣緋紫，侍左右，可謂時時繞膝矣。迴環宇内，彼稿項黄馘而老田中，負不知人間有珈瑱者無論已，即有子而貴，曳纓組，膺綸綍，孰有聯跗齊穎，重沐雨露，眷戀晨昏，如太夫人之得於子者乎？不佞有母，亦年踰七十，得比於太夫人。不佞兄弟安敢望長公、次公？然亦儌天之幸，各衣租食税，得幾於太夫人子。顧不佞母戀桑梓，視官廨若柴栅，不佞兄弟固請而不得，日從黄鵠、玉融諸山瞻雲翳指，腸一日九迴，翹首太夫人，與長公、次公不啻閬風仙子矣，寧非宇内盛事哉？夫太夫人慈仁以宅心，端嚴以正范。在成都，以廉平相成都之治；在雲間，又以廉平相雲間之治。凡長公、次公之春雨秋霜，斧斤芒刃，各以其時，不失理解，類從太夫人陶鑄。是以人爲祝釐，天亦鍾祥也。如是乃知善壽親者在承親之意，斂億萬姓懽心，以不朽其親爲壽。彼酌匡廬之泉，窮荆吴之珍，僅僅帣韝鞠䏶也者，抑末矣。

送貳守匡公還郡敘

余觀漢曹平陽侯參之相孝惠也，擇吏必重厚長者，稍稍言文刻深，欲務聲名者輒去之。見人過，專覆蓋掩匿，舉事無所變更。喜陳事者，飲以醇酒，令莫開説。較長絜短，似不及酇侯，而人歌其清浄寧壹，鴈行稱漢家勳，豈才固有不足貴時耶？漢之繼世，當百戰瘡夷之後，天子不得具鈞駟齊，民無蓋藏。參與休息無爲，此參之善識治體而能成其名也。

余邑值累歲大侵，境内騷動，民廩廩有今無儲，茹草根木實，枵腹行乞者填街衢，相枕藉斃者以澤量。桀黠者復煽饑民，闌入富室攫金。白晝萑苻之聚，東西竊發，桴鼓數起。邑之難卒撫而定也，不啻若渤海矣。承縣大夫乏士，民方喁喁引領曰：「安得如龔少卿者用治繩之法，便宜而來也？」監司亦思得重厚長者如平陽侯所置吏，拊循凋瘵。我郡匡公遂以貳守來視邑篆。公不夷枳棘，單車行縣，至則首諭諸父老曰：「當今所最急者，非國課乎？余亦知課額多寡即爲吏者殿最。然余胡能易鐵石腸，掩面目，忍尪羸之號呼於箠楚也？」遂明弛催科之期，而復身先節儉，罷一切供應煩役，禁□智告訐，爲陳禍福化誨。意在省事便民，敦大體。以故庭中盡日不聞敲朴聲，郊坰外經月不見追胥掌賦。自夏迄秋，不入城市，闤闠閴寂，如不知有尊官。民始忻忻少甦，有更生之意。會郡伯以入覲行監司，復檄公視府篆。合三邑之民，俾休燠之，公遂離余邑還郡。上自縉紳，下至黧叟童稚，交口咨嗟，思挽留之不得，則相與歌咏其樂只，洋洋載道，而學博士亦偕諸章縫來詣余言曰：「諸生僅僅藉糊口之産若而畝，邇以歲侵，至不能給饘粥。微公緩其徵輸，則索税者嗷囂户外，胡能一日安弦誦？公大都簡其繁禮，似莫莫也，而余諸生實陰受其生我之惠。敢徼一言，以識感佩之私。」

余維往昔視篆者，無論營營脂潤，即赫赫務名高，文峻網密，奸軌不勝，邑亦多故。公鎮之以廉静，持之以悃愊，甫及半歲，而士民懷其惠，深入肺腑，如桃李不言而成蹊。蓋邑當極敝，辟重傷之夫，惟衽席而偃卧之，猶庶可延歷續紀，無所用於熊經鳥伸之術爲也。公能審時度勢，含采韞奇，濟之以烹鮮救鬬之法，其古倪寬、劉方之儔歟？真可謂德讓君子哉！余遂述公所以福余邑者復學博士暨諸章縫，而因以告來者：多事不知省事，擾民不如便民，斷斷無枝，休休有容，即平陽侯之相天下可也，無論一邑矣。

賀虚江杜老先生八十壽敍

世傳東方曼倩三竊西王母桃，最爲長生。曼倩依隱玩世，數數奚落公孫丞相輩，視巍膴若烏有。迺其誦詩書二十餘萬言，誦諸子百家二十餘萬言，口諧倡辨，鏠出泉涌，胸中又似無所不有。蓋能有人所無，則其得於天者多；能無人所有，則其損於人者少耳。近世縉紳先生厚於世味，薄於性靈，衣冠甚都，騶從甚盛，宫室臺榭甚麗，鉤榮致肥，引繩批根之術甚習。而試令其齒牙，樹頰胲，吐唇吻，則如眉山氏所謂求一言之幾乎道，卒不可得。内者無一之有，而外者無一之不欲有，精弗聚而基傾，神弗寧而真洩，莽莽營營，無壽類矣。

不佞先君子少所兄事者曰虚江杜先生。杜先生喜獨行一意，不能磨墜從人。性更澹宕，無他嗜，獨嗜窺奇字。晝夜漁獵，於二酉三墳間博覽。雖畢方之烏、秦獄之瀆氣，靡不通曉，結撰務追西京而上，足並客難、平樂賦、非有先生論。廣坐中玉屑從横，間發單辭涉詼笑。聞者莫不頣解，有滑稽風。一時陟巍登膴，謌謌引重者，見先生輒噤不出一語，而先生亦示以地文腐鼠來嚇人，不令其入意中。自孝廉起家，始爲令，再移藩幕，三又爲令。直躬而行，竟不能枉性以博善宦名，卒卒掛冠，賦歸來。歸而杜門却掃，如爲諸生時，仍兀坐烏皮几，校讎丹鉛，與蠹魚争出没，旁及黄老養生家言。捐橐金搆浮圖，譚出有入無之旨。諸户外事悉屬其子孝廉君、孫太學君。居恒閉目摇手曰：「慎毋以踉蹡溷乃公，乃公寧能以夢中身交臂歷指，脘脘然就纏繳之中？」至終歲，未嘗肅軒冕，對達官要人作罄折狀。大類金馬門浮沉傲睨態，有安步飽食，拙首陽而工柱下意。總之，則人所無者，先生如懸河倒峽，無一之不有；人所欲有者，先生如虚舟飄瓦，無一之有。老氏有云：「虚其心，實其腹」，此其爲長生之訣也已。

歲乙未，先生春秋八十，猶然朱顔緑髮，望之如雞羣野鶴。誕彌之月爲玄英，邑人侈然希覯，争持兕觥祝萬壽。不佞因新都洪君之請，獨敘其有合於曼倩者以佐觴。曼倩爲千古第一流童兒牧豎，想其遺風餘韻，或肖像景仰，疑爲天神云。今有杜先生，庶幾再來曼倩。夫曼倩雖位不暢才，然猶遇漢武，數召幸，被恩禮。而杜先生竟以一郎官老人壽榮名。此嗇彼豐，又曷有既也？昔班史傳曼倩，戒後世好事者毋取奇言怪語附著之。不佞亦無用卮辭爲杜先生壽矣。

壽別駕澄源潘太翁七十敘

邑負海枕江，多驚濤激湍，潮汐異態。以故民生其間，佻巧善幻，亦隨時雅化，緣所憑藉爲轉移，變態百出。或于其身，或于其祖孫、父子、兄弟，稍得時而駕，則盡棄其蓬蒿故態而倏富貴容。衣服自朴而華，飲食自苦而甘，宫室自卑而高，僕從輿馬自寡而衆，自彫敝而鮮麗。至其意氣之揚詡，語言之譸張，陵轢里閈，造作釁孽，真有上無天、下無地、中無人于五步之内者。未幾而驟雨疾風，不能終朝竟夕，靈光漸以消歇，枝蔓漸以衰微。又將易其富貴容而爲蓬蒿，華者漸返而朴，甘者漸返而苦，高者漸返而卑，衆者漸返而寡，鮮麗者漸返而彫敝，揚詡譸張者漸返而消沮閉藏。跼天蹐地，惴惴常畏人，俄而芻，俄而陵舄，俄而鼃蠙之衣，變態何可勝窮也！

邑之甲族，指不勝屈，而近世所最望於海上者，莫如滎陽氏。當世廟改元時，恭定首掇巍科，躋膴仕，此如日出於暘谷，浴於咸池，拂於扶桑時也。迨季年而恭定與温州比部並拖金紫，侍交戟，此如日出于曲阿，臨於曾泉，次於桑野時也。自穆廟登極，以迄今天子馭宇，恭定位槐棘，學憲方伯公雁行而稱名卿，此如日臻于衡陽，對于昆吾，靡于鳥次時也。當其時炎炎赫赫，炙手可熱，凡爲子姓者幾千指，一洗其陶復、陶穴而更諸爽塏，雖彼不自知其變，而以人視之，則日暮異態矣。乃澄源翁者，温州公之子，恭定公之從子，而學憲方伯公之從弟也。試詢之里中長年父老猶及見翁之侍恭定、温州，周旋學憲方伯者，其視今日，曾有異態乎？無論其所憑藉，即其身自大官而別駕，以迄于懸輿，返其初服，用行舍藏，曾有異態乎？衣服則有騏絲，無錦冰；飲食則有常膳，無列鼎；宮室則有堂寢，無臺榭輿馬；僕從則有定數，無溢額。貴而遇王公大人，與賤而村氓野老；尊而遇台背黄髮，與卑而佼童稚子。總之，傴僂而罄折，嬉笑而春温，渾渾噩噩，如嬰兒然。不知人間有寒燠腸，而一切尊卑、貴賤喜其機忘械息，風波與冰炭都捐，亦狎而安之，呼爲漢陰丈人。蓋翁於禺中正中時，處之不異于虞泉蒙谷時，故人見其虞泉蒙谷時，亦不異于禺中正中時也。

今歲在丙午，翁已春秋七十。子一人，將筮仕大官，以纘翁之緒。孫、曾若而人，或馳聲成均，或蜚英黌舍，各頭角嶄然，又將以進士業益亢翁之宗。世之艷羡翁者，咸謂翁得于天者厚，而不知其持于人者堅也。古今稱善養生者，莫如柱下、漆園，大要在于挫鋭解紛，人察察而我獨悶悶，如嬰兒之未孩。其言亦曰：德全者形全，形全者神全，神全者托生，與民並行而不知其所之。然則翁之既壽且康，屹然如魯靈光也，誰曰不宜哉？余兒子兆玉爲翁孫壻，將從余遊長安，而先于濯枝之月修介壽之觴。余無能爲諛，遂述翁所以長生久視之故以侑觴云。

賀仰槐王君榮封敘代草

國家置吏，有司大官者以供膳羞，有司秘監者以供筆札。保王躬，宣玉藻，兩者最稱禁近。以故人不易驟致，亦不能一門並得。即並得矣，轉徙靡常，亦不能遽徼寵靈，榮及父母，名器蓋若此之難也。

余聞雲間之海上有仰槐王君者，少緣壠畝機利起家，丈夫子二：爲光禄典簿，以膳羞事陛下者一人，其長子楷也；爲中書舍人，以筆札事陛下者一人，其次子國棟也。兩者雁行，曳金紫，立螭頭，而長子先數月被命，首以績最封父如其官。次子綸綍將差池至，已煒煒從九天下矣。無論東海上少見多怪，侈爲盛事，即宇内誰不嘖嘖？若有艷於王君者曰：此夫雀蛤雉蜃，旦暮而化者也，信長袖易舞也。曰：此夫軒冕而不苦鉛槧者也，奈何矻矻攻刺繡也。曰：此夫即往歲發粟千鍾，活民溝壑者也。惟天所相，非人所能爲也。羨與歎參半，要未得其本也。三吴之俗，日入於偷，形立而神傷，父子兄弟亦各有心。或分堂室而私囊橐，或分垣墻而私囷窖，甚至親昆季競刀錐，角立門户，奚啻秦越人如晉楚然？日執兵相從事，寧虚内廐以實外廐，辟人一身，左持矛，右操闟戟以相搏，豈不殆哉？又安望迎祥葆和，承天寵也。余聞王君操嬴奇，轉輸京師，命行燕市，如在宇下。二子曳組鳴玉，惟其父韋布是念，奉令數千里外，若唯諾膝前。伯子不恃其倜儻，善計然策，有雄視其弟心，朝夕謀所以矯弟翼促之雲霄。其仲子日出入承明，置身高華，鉅細一稟於兄，東西南北惟兄是從，若石慶之事石建惟謹。此其元氣旁流腹心，手足融貫，無壅閼痿痺，無良之人不得乘隙竇肆爲蠻髳，宜其積厚而光，得全而昌，以有今日也。自今以始，能慎厥終，益敦蔦蘿松柏之愛，則王氏之澤應未有艾也已，又奚啻有今日也？善哉莊生之言曰：「榮辱立然後覩所病，貨財聚然後覩所争。」惟王君家不自爲病，故立人之所病而不危；不自爲争，故聚人之所争而不傾。試觀當世之傾危者，率以角弓造釁，而知王氏之澤非偶然矣。

王君宗人上舍君暨其子太學孝廉兩君，往來朱方，遊余父子兄弟間，數數言王君事，以故得習聞其概。適上舍君來乞余言，以張王君之遇也，遂忻然樂書，并以告世之有艷於王君者，使知所慕效云。

壽方伯充菴潘先生七十敘代草

世廟時多名公卿，亦多賢子孫，奕葉濟美，共勷泰運，雲間潘恭定少保公其一也。少保公次君爲方伯公，方伯公先余登進士，起家郎署，回翔藩臬，多所敭歷，余不悉論。論其大者，方伯公之督漕於淮也，上念國家之艱於漕，數十鍾不能致一鍾，下念小民之苦於漕，率以肥家往，以瘠身歸。亟爲濬内河以便河漕，而復倡海漕議。按勝國時遺蹟，募長年鮫人敕株送徒習之。自是海舟稍稍達京師，幾成二百年所未有之業，而竟以此來射，至今内河之利，民猶賴焉，相與俎豆之如畏壘，海漕之議則以公歸尋格矣。往歲河伯告驚，海氛甚惡，當事者抱隱憂，一時纓組，非哆口而輕動風波，則畏首而巧規趨避。余每仰屋竊歎曰：「安得有出身任事如潘方伯者，骫髀以當盤錯，爲天子舒宵旰。」而公且高枕東山矣。才大而無貴仕，妄意公不無咄咄作書空狀。時從其季子光禄君訊公家居何以爲樂，則又知公之蕭然有出世之思，輒向客曰：「安石東山，信足自娱，然須着屐倚鳩而往。余欲置蓬萊、方丈於几席間，旦暮寢處其中，號卧遊主人，詎不勝安石東山耶？」於是種萬箇竹，鑿數十畝魚陂，累千石爲層巒，雜以雲屏瓊壁，爛汗青蔥，此雖范大夫霸越之剩校哉？亦足以窺公廓落之度、揮霍之才矣。

今公已春秋七十，猶然嶽嶽如山苞，遇事慷慨論列，有伏波據鞍態。昔少保公年幾衛武，人疑公家不獨世顯，亦世有延歷之術，而不知蓋有天道，非獨人事。凡人能爲國家出身任事者，則天必福；能爲國家出身任事而位不暢才，聲不副實者，則天必厚爲之福。以公之峻調迥韻，直可芥須彌而蛙海若，乃令其乘幽控寂，專一丘一壑以老，則天所以福公者，殊未有涯也，而奚壽祺之足云？適中翰王君與公有葭莩之戚，來徵余言，將致其封公脩介壽之觴。余故爲敘次如此，以爲公長祥左券，因以告世之纓組者，幸無蓄縮以負天子，即人之不知，尚可責報於天哉！

賀陽谷蔡先生偕配曹孺人榮壽敘

邑之東，大海環焉，風剛而氣勁。人生其間，多雄心，喜鬭好訟，三甲五甲之風，自昔已然。而俗尚椎魯少文，猶僅以力争，有耒耜，無戈矛。邇來桀黠者出，機智横生，狡焉興偏覇之思，不控拳而設械，不摶形而射影，志必欲盡食諸弱者之肉以益强，而後爲愉快。里中人惴惴，莫敢誰何。間或徼天之幸，營人之巧，以襏襫易章縫，青衿楚楚，如虎而冠，則勢益張。里中人益惴惴奔走流汗，惟其頤指，莫敢誰何。并彊兼巷户千人億，膏腴第宅廣侈，儼然一都之君，自謂子孫百世不遷之業矣。然彊陽以逞，竟犯天道所忌，悖入者亦悖出，立而盈者亦立而涸，根不深而易撥，蔓不長而難延，不數十年，已化爲烏有。陵谷滄桑，余不知凡幾變，而獨蔡氏之宗幾二百餘年，其閈閎依然如故。其宗人余不能遍識，因蔡生遇時來執經余門，識其父陽谷蔡先生。

先生豐頤偉幹，雅度樸衷。其孝友純篤，不惜捐頂踵、傾槖囊也，類徐仲原、裴叔則；其型范端方，不難化頑懦、起薄鄙也，類王彦方、陳太丘。身補郡弟子凡四十餘年，子相繼補邑弟子將十餘年。與人不以理遣，則以情恕，未嘗憑藉寵靈修睚眦之怨，搆雀鼠之忲。無幾，微有所忤於物，又類婁師德、沈麟士。今先生春秋七十，配曹孺人春秋六十，遇天子覃恩大典，得拜冠服之賜，縣大夫亦將隆袒割之禮以彰隱德。諸鄉里戚屬争持椒酒，願先生壽長，表此東海，不以惴惴，而以欣欣，如忘機之鷗，馴擾而狎於先生。然則先生之能庇其宗，令其矻然，如魯靈光也。又胡怪乎其然也？易稱受益也以謙，詩稱干禄也以豈弟。古今推善攝生者，必曰老氏，而老氏亦曰：知雄守雌，知白守黑，挫其鋭，解其紛。嗟乎！世豈有暴戾恣睢而能長生久視於世也乎哉？得是説也，可以壽蔡先生，亦可以告東海上之强陽者，倘有意於保世亢宗乎？當以蔡先生爲的矣。

卷五

青山稿敘

昌黎氏羅隉、毛穎諸篇，直與河東相頡頏，而佛骨一表，忠犯人主，遂定山斗之望。然則立節、立言雖類稱不朽，事節不較重哉？

予友子如性彊毅堅忍，動引繩墨，尺寸必求合古人。居嘗指心而矢曰：「丈夫貴任真獨往，抑首蓬茅，張膽廊廟，爲吾所得爲耳。彼守黑抱雌，與世浮沉而甘心焉者，非夫也。」人争迂視子如，而子如自信其不迂。弱冠領鄉薦，及强，竟成進士，官刑曹郎。甫八月，即上章論時事，憤發怒駡，類汲大夫；卒絓越俎議，罷歸田里，被布衣從闕下亡命，又類張京兆。子如之爲人亦奇矣。夫千里之驥久伏於櫪，驟而駕途，慮途之短則速邪徑而馳間道，慮途之蹶則斂騰驤而效欵段。子如綏方若若，千里在望，獨不能超乘而前，或安步而至，而直爲此廩廩正言不諱以危身，此豈與世之汶汶絜楹者伍也？一時海内人士，無論知與不知，有不岐舌譚俞先生行誼者乎？慕其爲人，不獲覩其心胸面目，如謦而辦此，有不延頸願快讀俞先生文辭，庶幾遇之者乎？今子如家居蕭然，動濠濮之想，葺半畝宫，搆數楹於水竹雲樹間，閉關絶遊，裹足洗耳，逍遥蝌蚪鳥跡之場，以自愉快。昔虞卿窮愁著書，書乃益工。子如年足聚糧，志若飲河，務充其量，詎搶榆枋而止行，將翱翔西京而上，以古文辭名海内，稱不朽矣。

兹校其未第時暨歸田里課諸弟子所作經生言若干首，裒而梓之，令海内得先窺其一班，題曰青山稿云。其文辭多創造，罕勦襲，勃崒爲理窟，而骫髀激烈，溢於毫楮，稱其爲人，蓋更相重矣。

問若編敘

當世以弱穎登儁者，非沾沾揚詡，無人乎五步之内；即營營纖趨，馳情於六鑿之中。意得則氣浮，志卑則業謝，一二偕計後隃麇不律，幾灰注矣。不佞門人王子與甫束髮而先不佞嗚，乃性沉深謙退，語吶吶不出口，耳目亦無它嗜好。日枯坐一室，擹經、史、子、集以咿唔作生涯。户外剥啄不啓，海濤聲若轟雷不聞。赤曦流汗，玄冰侵肌不輟。當撰造攄梧冥討，不驚人不休。文成則坦腹受彈射，不中理解不止。公車累上，黑貂蒙戎，益枕戈卧薪，修背水焚舟之業不衰。不佞觀子與之深居簡出，專精勵意，類魯叔陵、皇甫士安；其編蒲緝柳，映月望星，不減寒畯白屋，又有江泌、任末之風。昔晏子語梁丘據有云：「嬰聞爲者常成，行者常至。」世寧有常爲而不置，常行而不息如子與者，而其技不日進於道也乎哉？

日者負書擔囊，就不佞，下帷城西草堂，得經書若干首。大都抽毫截角，足成一家。裒而請於不佞曰：「春戔戔，惡敢效彼懸書者妄爲木災？然杖杜晥實，將從先生遊燕市。燕市四方名碩雲集，試以此奉手而博郢削焉。或者見埳井之足羞乎？」不佞喜而歎曰：「甚哉！子與之篤於學也。其心虚而志鋭，何異登山啖蔗也？」遂命殺青，而題曰問若編云。

高皋甫制藝敘

當世制藝之變極矣。蓋嘉、隆之際，以制藝攻制藝，其格卑，其遇合也易。人操觚而不舂糧，於是剽竊者爲政而沉酣者退。邇來以古文辭攻制藝，宕往之士詭常恢迂，晉魏以下無論已，意直薄東西京，窮蒐於柱下、漆園，侵淫入毘耶之室，其格高，其遇合也難。人匠心而不傍吻，於是沉酣者爲政，而剽竊者退。陸士衡有云：傾羣言之瀝液，嗽六藝之芳潤，正其時也。

余社友高皋甫少負探奇之癖，困諸生十餘年，始發順天解。今又困公車十餘年，人以爲淹，而皋甫方樂觀時變，盡出二酉之藏，伏而讀之。闚覽益博，撰造益幻化，大都取材於古，創意於今，非古有今無者不以煩不律。夫皋甫昔好古於趨今之日，是欲皋甫遇時；今皋甫好古於好古之日，將時遇皋甫，以此建鼓登壇，奚啻范德昭知爲蠶叢碑，即淺識者擬鍔愉悦，當亦謬稱真珠樓基似若讚解。其主盟藝苑，再冠南宫也，豈待蓍龜兆耶？藉使皋甫於發解時風利不得泊，雖刻羽之手不屑吹竽，然終當與時委蛇耳，胡能處東野而舞緑水，天其留皋甫以極詞人之變態，令與先進作者並垂不朽哉！

昔漢庭出塞，驃姚冠軍策勳最早，營平晚振旅，後世推營平諳練，爲諸將最，驃姚冠軍卑卑以爲天幸。余謂當世制藝家實類此，雖有早莫，迺其可傳不可傳，亦自懸殊。語曰：「小知不及大知，小年不及大年。」余於皋甫見矣。

王汝一制義敘

國家三歲一比士，余邑士每三歲脱穎者數曹，大都行修經明，天與人合。間或有一二不大副物望，令人疑信半而生倖心。於是朱門丹穴，狡然起問鼎之思，士氣遂以大喪。歲在癸卯，余邑士脱穎者視昔最爲溢額，亦最爲得人。其人皆編蒲織柳，含英咀華，裹足而燃熊丸者也；其家皆甕牖繩樞，羹藜含糗，懸磬而泣牛衣中者也。其先祖父强半困章縫，守株作老蠹魚，不則務田農拙業，皆無所風波於世者也。總之，彬彬質有其文，異乎狐裘而羔袖焉。而余所最悉其素者，則莫如王生汝一矣。

生之尊人勿齋公食餼黌舍，凡五十餘禩。鬚髯如戟，未嘗脂韋諂物，亦未嘗淩厲，有所傷害於物，晚而舉。生髮方覆額，來執經於余，曉出而侍余帷中，攻鉛槧之業；暮歸而繞勿齋公膝下，奉菽水之歡。丱然童子乎已。雅負偉人之望，未幾補邑弟子，又未幾名大噪，稱茂才異等，又未幾登鄉書，爲豫章去非劉先生首取士。一時海内所推夜光明月，迋迋屬目於生。而梓里青衿欣欣色喜，咸謂以生之世德也而顯，以生之沉養也而獲。信哉！人桴而天鼓，太史公恨恨於天之報施，其欺我乎？於是蒙夙垢者懼而齋沐，不敢輒徼上帝之祀；抱空質者退而舂糧，不敢横希行人之得。雖擅多藏力，能通神者，罷倚市而刺繡，不敢妄冀萬一於于巷之遇。是役也，奚啻衡文者可間執讒慝之口，即造物亦藉以解惑而釋憾於世，不重有關於世道哉？生勉矣，世道所望於生不止此，生勉矣！

昔樂正子爲政於魯，子輿氏喜而不寐，其喜非以智慮聞識，以好善足風世。故余竊附子輿之意，因敘生制義而論次如此。至其制義之秋神玉骨，不問而知；爲翩翩美少年，則又無煩余言也。

朱敬之制義敘

余每聞先輩譚弘、正間一二衡文者，匪獨文之甲乙不爽尺寸，讀其文，想見其人，某也實而晚榮，某也華而早謝，某也剛而多概，所竪未可量，某也柔而少骨，終當易靡其言，若犀燃燭照。雖司馬季主、姑布子卿，不過是一何神識若斯，而後則不復聞矣。此豈盡衡文者之不逮古，亦爲文者之去古遠耳。蓋昔人無論工拙，期於攄己性靈；今人無論工拙，期於塗人耳目。以故讀昔人文，其肝膽象貌若瞻之在前；而讀今人文，則閃爍不可方物。其文類悃愊，其人乃蜉蝣流佚；其人或呢訾么麽，其文復勦襲高論，故爲披猖迂恢之語。所謂其口雖言，其心未嘗言，又胡怪乎衡文者之不能按表測裏也！

朱生敬之，余亡友叔郊伯子也。髮未燥，來執經於余。余心器其矯矯非凡兒，束髮補諸生，家無擔石乎，嶽嶽豪爽，不作窮措大技倆。遇公正發憤面折，不能容人過，有宗世林、汲長孺風。至其發爲文章，人之好醜，數之奇贏，悉不入其胸中，而惟堅然行壹意，大都沉深其旨，骯髒其詞，丰骨稜稜，酷似爲人。試讀其文，不問而知其爲朱生言也。假令文盡朱生，衡文者即於暗中摸索可得，何至大相繆剌哉？

夫當世之爲人與爲文，如出兩途，然總之喜投時好，以磨墜爲主。朱生寧匠心，寧忤俗，人則朱生之人，文則朱生之文，庶幾中立而不倚者焉。有此勁質，加以善養，人與文俱治而鎔之，稍斂鋒鍔，偕之大道，則古稱不朽業，豈足讓乎？區區覺校尺幅，余不爲朱生沾沾矣。

題喬生詩義受彈編

昔宣尼當處士橫議，而雅言詩書執禮，以示反經之意。子輿氏亦曰：「經正則庶民興，斯無邪慝矣。」其所謂經，固不顓於簡册所載，而所載人綱人紀爲備。且耳目覩記與精靈所傾注，盡出於此，則不見異物而遷焉。其關於世道人心，非淺鮮也。兩漢地節、元和盛際，若石渠、白虎大爲表章，而一時真儒輩出，斐然嚮風，其間議論文章，壹稟於正。迨其季年，博士倚席不講，而瓦釜雷鳴，漢業遂衰。豈非其明驗與？國朝以經術取士，士雖有雕蟲繡虎之技，而於經義帖括一不中程，則格於制而不收，以故五經皆能鼓吹休明，而葩經尤稱絶盛。若王文恪、顧文僖濬其源，而唐中丞、薛考功、瞿文懿、徐黄門諸先輩並起擅場，狎主齊盟。當其時，操觚之士非諸大家矩矱弗步弗趨，誰敢自建旗鼓，出左道角勝於中原，以簧聱天下視聽？邇來文體之變極矣，其所宗尚，自諸子徙而之西方竺乾，侵淫罔極，吾且不知。其稅駕其所，懸之國門，以叱海内者，大都如嵩山下兩行蝌蚪，即有博物張華，未必能驟曉其義。典秩宗者懼責有所歸，亦三令五申，務釐而正之。然自黌舍以至南宫試，率視經義爲贅瘤，而弁髦棄之。每試僅取一二書義當意者置之上第，而經義則漫不之省。以故海内竊窺意旨，顓意書義，而經義遂不得共道而馳。楚楚青衿，有案□經史者，争掩口葫蘆，目爲腐儒不達世變。里師不復以此課士，而士亦不復以此自課。書義幾汗牛充棟，而經義寥寥，絶不可多致。間有一二晨星，亦不過襲近來書義口吻，盡失風雅和平婉轉之體。其餘諸經吾不知，而葩經一派，此其中葉矣。

日者余門人喬生引瀍手持一編就正於余，則葩經義也，且題其編曰「受彈」，而自爲之述曰：窮愁落魄，心計轉齇。生蓋浮沉壁水十餘年，不無並世而人達之感，故其言憤激若此。嗟乎！世人方顓攻書義爲終南之徑，而生獨兼通經義。世人經義，方競掇軋茁之詞，以塗人耳目，而生獨攄其情性，峻其丰骨，委蛇其聲韻，力追先輩典刑，與當世宗尚大相刺謬，遇安得而不窮哉？昔東坡先生海市詩曰：「信余人厄非天窮。」而正月之詩亦曰：「伊皇上帝，伊誰云憎？既克有定，靡人弗勝。」天下之勢，極則必反，當有深爲世道人心計而力持反經之説，以回此狂瀾者，如漢初承坑焚之後，索魯習禮諸生，則舍生其誰也？吾知生且遇矣，生其勉乎哉！

賀鴻臚文谷王先生七十壽敘

自昔稱善祝者，莫如華封人。其後則既醉之詩曰：「君子萬年，永錫祚胤。」祚胤而皆曰萬年，所謂既醉備五福是也。顧天道分予有定，齒角翼足，得全者希。華門圭竇之士，有今無儲，力不能具脱粟裋褐。稍温飽矣，俛首而老阡陌，望煌煌金紫，奚啻層霄乎？即庾盈廪羨，邀有黄艾矣，旦夕而幾賢子孫爲保世亢宗，計奚啻鳳毛麟趾乎？至於席厚實，處顯名，蘭玉森然繞膝，所須延歷續紀，獨有金莖露耳，迂迂長算，屈於短晷，其誰能裒數者而盈取之也？稽諸往牒，太原、瑯琊之族甲天下，然王彦方以布衣終其身；王沂公勳在社稷，竟艱於嗣；王魏公籍三槐之蔭，身致宰相，年僅踰中壽。於此數者，亦不能無遺憾。詎意今東海上乃有文谷王先生者，承保御公開拓以來陶復之業，日更諸爽塏，赫然比於一都之君。先生不以寬裕故損知，早遊黌舍，再遊成均，屢就棘圍。試當平津之年，尚有封狼居胥意。晚奉天子詔，拜爵大鴻臚，典屬國，備位交戟。子三人，伯君倜儻有節俠風，不得志於諸生，浮沉金馬門，日奏事明光，供天子筆札。仲君朴茂而文，髫年中壬午應天試，方修屠龍繡虎之技，行以進士業起家。季君甫十齡，與其二孫並幼而清朗，居然出羣器。

今歲在庚子，先生已春秋七十，尚神王氣壯，戴星而起，呼子婦若當關。綜理家政，旁及米鹽細故，幾於陶士行之運甓，不厭木屑竹頭，舍輿走數十里，如躡雲駕風，少年者從而後，輒捧腹知其委頓。憑豐榮之祚，撫琦瑋之胤，而加以康强之壽考，凡人間世所喁喁欲得於天，而天之齗齗不能悉滿人意者，先生曾有絲粟抱歉於隱衷耶？於是諸姻家於其覽揆之辰，爭詣余，稽首請曰：「王先生得於天者全，既醉之五福幾備矣。不佞輩無能復爲侈詞以效華封人，而願乞一言於先生，以佐介壽之觴。」余謝不敏，而復諸姻家曰：「諸君知王先生之爲福，而不知王先生之自今而能有其福也。先生素負精悍，自謂足任拮据蓄聚之勞，吐哺握髮，宵旦經營，殊不以有家、有官、有子、有年爲解。余固虞先生樂此不爲疲。自此而進於畢公之八十，又自此而進於衛武公之九十，終於孜孜矻矻，勤小物而儆屋漏，雖於聖賢夙夜匪懈之道當如是，然毋乃爲勞人也與？邇者先生從長安歸，視其伯君之能爲宦也，視其仲君之能爲進士業也，視其季君之夙惠不減驃騎也，視其孫長者之嶄然已露頭角，而幼亦岐嶷可方後乘所載也。慨然欲擘其家葳蕤鑰均授於子若孫，而少弛其負擔，以養其清淨和平之福。則先生自今以後，其豐融之祚可坐而享也，其琦瑋之胤可盤桓而觀其棣蕚之韡韡也，其康强之壽考可弄月吟花，餐霞吸露，繇期頤迄於耄耋，長陽陽陶陶，一日而似兩日也。凡人事少則人貴，無營則意平。以數十年飛蓬鞅掌，不遑啟處者，一朝而息肩休影，如從至人而遊蓬萊、方丈，其爲福孰大於是？諸君稱既醉，余爲先生歌卷阿曰：『泮奂爾游矣，優游爾休矣。俾爾彌爾性，純嘏爾常矣。』聊以補既醉之闕。」於是諸君欣然以余言爲合於尊生之旨，大類漆園吏之譚，遂令副墨子次前語而書之，以祝王先生於東海上。

壽西樓朱公八十敘

近世無論貴人，即富民亶侯，多藏一當懸弧之晨。大夫士争繪華衮，齎筐篚，捧觴爲壽里中，蓋競爲盛事云。至蓬户桑樞，雖有巢許曾史，稿項黄馘，不問幾甲子矣。西樓朱公，故友叔郊尊人也。叔郊癸酉舉於鄉，再稔乘箕尾，去迄今凡二十年。公閲春秋八十，且超希齡，躋上壽矣。顧門外則草芊芊，僅可施雀羅耳。余二三兄弟俱叔郊所共鉛槧者，修社中故事，敬奉春酒以往。公愀然謝余二三兄弟曰：「余不淑而見壯子被天夭也，又不淑而爲日月所柴柵，永集於蓼也。余方以有生爲悲，諸君子乃以長年爲賀，得無以樂居憂乎？」余執觴而前致辭曰：「人莫貴乎有年，年莫樂乎無累。累多生於席寵，寵最忌於太盛。故人非兒齒黄髮之爲壽，而神完氣定之爲壽。壽亦非絢采列鼎之爲榮，而行修名潔，能全其天年之爲榮。假令叔郊在而登膴握樞，如近世貴人，公亦如近世貴人父，年益長，寵益盛，累亦益多。即窮荆吴之珍，酌匡廬之泉，是謂以耻榮也，公豈安之？今叔郊卷其未達之志，收其始燃之名，遺人以不可知之望，而一無所染於世，以忝所生。公又能嚴以閑家，狷以褆躬，不以得馬盛氣，不以失馬改節，櫰槍衡杓，莫不彌靡而色澤不變。蓋人知損公之華，去公之寵，而不知薄公之累，成公之高也。公試度俯仰宇宙，耳目無營，性命無鑿，八十餘年如一日，視彼紆青拖紫而蒙垢含吝者，豈榮於此乎？矧諸孫森然鵲起，有世其醇謹而恂恂者，有世其英敏而矯矯者，並膝前玉樹，行將復爲叔郊，庶幾李公不亡，苟令可想。語曰：去角予齒，意亦有天道焉。而公胡以愀然爲？且叔郊有親而不及養，猶勝余二三兄弟欲養而親不逮也。」

公始輾然若有當於余言，而二三兄弟亦以余言當公意，遂命副墨子書，以侑觴云。

贈朱爾正世兄任廣信郡從事敘

先君帷中弟子朱爾正之將赴廣信也，謁不佞言別，載拜稽首曰：「主臣余無論，余祖余兄之世徼寵靈，而今卑卑捧此檄以去也，竊有九州五湖之憾。即曩者與二三兄弟鴈行而侍先師之側，過承先師盼睞，旦字暮撫，惟冀一日千里。今二三兄弟已有掇嵬登膴、燃藜鳴玉於鳳池之署者，而余且卑卑捧此檄以去也，又得無重爲師門羞？」

余起爾正而慰藉之曰：「不佞聞：官以人重，不聞人以官重。位台鼎而覆餗，品猶之輕也；爲委吏乘田而能展驥，品猶之重也。爾正豈不知君先世有楚材公，當文皇時，以布衣上安邊策、麒麟誦，炳耀天壤者乎？至於君尊人贈公邦憲先生，建鼓登壇，直與歷下、弇州狎主夏盟，子衿青青耳。奈何人之重輕論官之顯晦也？廣信爲古上饒地，其形勝，襟帶吴、楚、閩、越之交，而其俗慕禮義，矜名節，彬彬質有其文，則甲於鄒魯。自朱、陸兩先生講論於鵝湖，而謝先生疊山復以節義懸的於桑梓，迄今諸縉紳先生尚清議凜凜，嚴於斧鉞，所從來者遠也。且君之大王父清江公在世廟初年，曾持斧衣繡，埋輪於豫章之墟，肅紀振綱，獎廉汰墨，皂囊白簡，貫日飛霜。縉紳先生屈指而數其鄉之名御史，必首清江公。萬曆壬辰而後，聞君季兄半石之登進士，爲名水部也，莫不引領北望曰：『此嚮者名御史朱公孫也，安得其隼旟熊軾辱臨於兹，以慰吾人奕世之思？』君家清白聲信於士大夫久矣。君誠矢勤矢慎，不涅不淄。承上而蹇蹇，有執玉捧盈之虞；臨下而肫肫，有投膠飲醇之念；處脂潤而皎皎，有飲冰茹蘗之操。毋恃門第而驕蹇，以奉奔走；毋任文罔而恣睢，以侮介特；毋見金夫而忘其躬，或顛頤拂經而干丘頤，令縉紳先生交口延譽曰：清白吏子孫。若是，方爲君具隻眼，而其誰以下僚故輕君？凡位高者養尊處優，其不忍屑越而自愛也常易；位卑者晷促途短，其不甘菲薄而自愛也常難。人未必能爲其易，而君獨能爲其難，則君重。君既自重，而人亦不敢輕君，則君之人與官俱重，以委吏乘田而隱然有台鼎之望，是君之祖孫父子兄弟可稱世顯，寧不休有烈光哉？倘或飲水問源，此誰爲陶鑄，而曰吾師乎吾師乎？則先君子亦藉有餘榮矣。」

爾正君載拜稽首曰：「命之矣，余敢不竭其駑鈍，重自鞭策，以求無辱於師門，無忝於祖武。不佞嘉其能坦腹而受射也。」遂命副墨子詮次其語，投君之行李，以當驪歌。

壽姊丈道南吴公七十敘

余每見父老譚説往事，稱世廟時以貲雄里中者，必首黄溪吴氏云。黄溪翁起於市，佐以田農，拙業藏鏹巨萬，邑有大繇，如掌税而主一邑盈縮，督運而飛輓數千里漕艘輸長安，悉倚辦翁。翁亦忼慷，喜出身佐縣官急，什九在外，什一在内。獨其時方安瀾，未有兵燹，供止歲額，亦未有横征，而吴氏原大用饒，所入尚倍其所出。以故力猶足支，不見告匱。至其子仰溪翁，實已半落，而名猶全存。里中幸於借其名，而在上者亦不覈其實。兼之島夷竊發，軍興旁午，朝檄而轉餉，暮又檄而繕城脩隍，東走而謁縣大夫，西又走而赴郡守。諸監司令符牒雜沓，伍伯叫號，真如蜩螗沸羹。然仰溪翁始疲於奔命，不得晷刻息肩，以保其天年矣。子道南公爲余姊丈，記余姊初歸於吴也，猶及見其列屋而居，重茵而處，擊鐘而食，裘馬休休，類素封家。未踰年，而廣厦腴畝悉化爲烏有，裋褐脱粟，不給公帑，私室之積逋交窘，而路亶不能應。仰溪翁先鼠首竄，道南公亦攜其妻拏隨之。東西鳥徙，登旄丘而歎瑣尾，撫萇楚而羡無家，不知凡幾爲愴怳。先贈公家貧力弱，即身爲覆翼，曲爲經紀，潛致絲粟以周其乏困，終不能起之溝中。時時灑淚語余曰：「昔人云：嫁女與征夫，不如棄道旁。余謂富家兒亦然，何如窶人子得也？今而後，安得骨肉團聚，相與啜粟飲水，還其首丘乎？」又四三年，無論郡縣不知有吴氏，即里中戚屬亦不復知有吴氏。而公私積逋漸及寬政，道南公乃復攜其妻孥歸，歸而僑居東海上，倚其鄉之善人曰費守齋公，稍稍營其燕壘，鋤其鼠壤。十年生聚，蔬布漸給，子若孫亦漸壯。就其居旁鑿魚陂半畝，種竹千竿，藝雜果數百株，春觀刈麥指點，溪花開落，秋觀束苴獲稻，釀春酒，修里社。遊素封家，無艷慕色，視爲後車。入城市過余，信宿别去，望縣廨若火宅。今年冬春秋七十，遇天子覃恩，得拜冠服之賜。于于徐徐，飽食安步，不復知有昔日流離狼狽之狀。

嗟乎！向令道南公之故業猶在，即上不得比祖，中亦可逮父。邇來政事愈蹙，繇役日煩，誰能舍公？公且飛蓬重趼，縮頸流汗，逐追胥而伺候公庭之不暇，安望保其天年，以有今日哉？信乎富家兒之不若窶人子，有如先贈公語也。余捧觴無能爲祝，忽憶蜀富人羅冲自謂有餘，驕語嚴君平不足也。君平曰：「不然，吾前宿子家，人定而役未息，晝夜汲汲，未常有足。今吾以卜爲業，不下牀而錢至，猶餘數百，塵埃滿寸，此誰有餘，誰不足耶？」因歎曰：益我貨者損我神，生我名者殺我身。其言殊類先贈公語。遂爲歌鴻鴈曰：「鴻鴈于飛，集于中澤。子之于征，百堵皆作。雖則劬勞，其究安宅。」歌畢，浮大白進公，公亦欣然酬余曰：「草野得聞至論，勝金莖露矣。」

壽四明許翁八十敘

余昔下帷東海上，則識於越之完一許先生。許先生業擅大小戴記，兼綜羣書，直窺二酉之藏。且爲人峻爽，如雞羣野鶴，飄飄有御風凌霄之態。已而許先生返於越，余亦去東海上，然於心終不忘。

歲甲辰嘉平月，余友喬先生穀侯偕余門人王生君鼎謁余曰：「許先生尊人春秋八十高矣，二三同社將渡錢塘，修通家之禮，願徼一言以佐椒酒。」余謂兩君曰：「余視許先生清遠絶俗，大類陳元方，固知其家之有太丘也。第許翁何術而能長生久視若此，其鳥伸乎？熊頸乎？其以青羊書金莖露乎？」兩君語余曰：「許翁朴而喜闇修，善於藏名。自讀書譚道外，惟好詩與奕。有時側弁而哦，鬚幾斷不輟。至於詩之工與不工弗論；有時整局而談，柯幾爛不倦，至於奕之勝與不勝亦弗論。杜門裹足，以此兩者爲遣興消日之資。但聞嚶嚶據梧，丁丁落子，與其子咿哦，聲雜出户外，不知其它。」余謂兩君曰：「是則許翁之所以壽也已。當世士不得時而駕，則托於汗漫遊。能詩則以詩爲贄而借交，能奕則以奕爲贄而借交。朝叩吴門，夕之燕市，飛蓬重跰而走四方。夫中有所注則好勝，不無淩競馳鶩之思；外有所期則好得，不無逢迎遇合之想。形勞而神亦耗矣。今許翁好詩與奕，而意不在詩與奕，如醉翁好酒而意不在酒。足不出户庭之外，裾不曳侯王之門，以此遣興而不以此博名，以此消日而不以此規利。工拙勝負都捐，而風波冰炭又安所入其胸中？是許翁以側弁整局爲鳥伸熊頸，而推敲攻圍得趣時，絶勝青羊書、金莖露也。其眉壽無害，顧不宜哉？矧翁有子而才，旦暮冲舉，行將歌鴻章於天禄，而收全局以娱翁桑榆翁之壽，且無算矣。

兩君謂余言有當於許翁，遂令副墨子記之，祝翁於四明之上。

贈七十翁望玉錢君榮壽敘

男子墮地，父母爲設桑蓬，以示志在四方。自少而壯，壯而老，每遇生朝，則稱縣弧晨，弗敢忘也。脱概其生平，無論四方，即閭閈間毫無所事事，以自表見，徒槁項黄馘而老牖下，豈不媿此生哉？顧人之不任事也有二：有懦而畏事者，惜羽尾而偷旦夕；有懵而不曉事者，昧肯綮而操刃斧；有黠而好從事者，或借以爲名，或規以爲利。浮沉陰陽其間，而不期於究竟。畏事者不欲任，不曉事者不能任，好從事者似任而非任。任事之難也，蓋自古歎之矣。

余邑罹島夷之難，急而議城。城倉皇迫厄，弗暇相視。東偪浦，不嚙者僅一帶；西環蒲匯塘，浮沙爲梗，朝鑿而夕閼，中斷薛家浜巽位之地脉，絶户千人億，苦不得水泉之利。城亦且築且守，土甚薄易圮，久之害愈滋。人情洶洶愈危，四顧躊躕，僉謂害且剥膚而莫敢誰何。徼天之幸，先後縣大夫賢，力請於監司，得請，而難其任事之人。乃屬其父老告之，有錢君者年最高，鬚髯如絲，前置對最悉言，言中理解。遂檄而委錢君，佐以二三同事者。議甃城，則檄錢君而城；議捍浦則，檄錢君而浦；議開闢以復薛家浜故道，則檄錢君而闢；議建閘以遏蒲匯塘濁流，則又檄錢君而閘。錢君籌度其盈縮，勾校其出入，而日巡警其役夫。其語喃喃，飲人以和也暖於布帛；其聲刺刺，怵人以威也震於鼛鼓。其飛蓬重趼，東西奔走，以風勵諸勞人也勤於負畚鍤。數年之内，不基嶄然，昔之傾頹者有綢繆之固；長堤偃然，昔之湍悍者無衝激之虞。内之潮汐，便於蓄洩而沾灌溉之恩；外之往來，免於停滯而省疏鑿之費。

功方告成，錢君春秋七十。嘉平月王侯臘日，爲其縣弧晨，適與成功會。於是縣大夫嘉其耄耋而肯出身以當盤錯，曰夫夫劈畫中程，才也；奉公無懈，忠也。才而能忠，是爲良士。於是旌其廬，更其韋布，而錫之章服，以爲錢君榮，并爲後來好義者勸。里中知交亦争持牛酒，賀錢君。見錢君冠峩然而帶垂然，而堂之顔爛然，嘖嘖艷羡曰：「錢君少年裘馬休休，大似五陵之俠，而今若此，奈何吾儕昂然七尺，不爲縣官效尺寸，甘局促作轅下駒乎？」相對咨嗟而出。昔晉悼城杞，絳縣老人四百有四十五甲子矣，而與於役，趙孟召而謝過焉，使爲君復陶以爲絳縣師。夫趙孟不早知老人，令其辱在泥塗而後任之，晚矣。今縣大夫知錢君早，而錢君早見知於縣大夫，是縣大夫賢於趙孟，而錢君之遇幸於老人也。錢君縱不得時而駕，盡展其卹勸之技於四方，而縣大夫改容而禮，里人交口而羡，撫躬捫心，回視桑蓬之初志，不庶幾無負也哉？余固知錢君，舉觴無算矣。

贈小汀倪君五十壽敘

余讀班史，至樓君卿傳，稱其五侯兄弟盡入其門，結士大夫無所不傾交，長者尤見親而敬，衆以是服。夫五侯兄弟方争名賓客，不得左右，已難乎不見隆薄，況士大夫長者咸得其驩心，想見當年必有妙用，然殊不得其解。乃今而見余友小汀倪君，幾令古今兩君卿矣。

倪君少業儒，於博士家言無所不通曉。連不得志於有司，遂咄嗟而歎曰：「丈夫寧能學一先生而坐視家徒壁立也？」遂棄去博士家言，亦不習諸方伎術，獨以八尺軀幹運其間。遇金紫而喜，遇衿韋則又喜，遇青揚少年而喜，遇黄髮胡耇則又喜，遇五陵遊俠裘馬休休者而喜，遇四民雜沓襪襏蓬蓬者則又喜。即其曉出莫還，重趼而走公庭，可稱勞人，而無日不浮白燃紅，婆娑於竹林、河朔之場，又似逍遥閒曠之流。即其尋花問柳，隨地而開笑口，可稱遊士，而無日不蓬首墨面，經營乎盤根錯節之會。又似憂時憫事，勤於肩負之主。蓋倪君外若委蛇，樂於諧物，而中實骯髒，勉於慕義。無論其他，即邇者邑大夫議甃城，議捍浦，議助役田，縉紳之家藏鏹不貲，或慳不顧桑梓，或恃不念子孫，猶有難色。倪君獨出身犯難，不惜殫頂踵，爲士民倡，此其人詎可與婉轉磨墜、傍人作妍媸者同日而語也？彼特借其員通以涉世，而人莫窺其妙用耳。

倪君方春秋五十，諸知交争持椒酒爲壽，而要余言以佐觴。余謂蘧伯玉行年五十，自知其四十九年之非；倪君行年五十，人莫窺其四十九年之妙用。道雖不同，總之宇内一品，致哉！於是倪君亦掀髯長笑曰：「黄先生知我勝於班太史之知樓君卿。」九醖千日，雜進且無算云。

壽杜母周孺人七十敘

自大易以臣道比之婦道，曰婦道無成而代有終。於是譚婦道者，率曰婦德不出於閫，惟蘋蘩、筐筥、刺枲、饎羞之爲兢兢。即欲强有所稱述，不於其夫，則於其子而已，未聞有内肩外禦、彌縫匡救、卓然可紀之功。夫臣子當安常履泰，時方將順之不暇，曾何功之與有？如周公旦受遺而輔相，其冲主卒成哲后，至拮据捋荼，羽殺尾敝，雖欲遂其碩膚，寧得汦汦乎？觀於臣道而婦道可知矣。

杜氏爲海上望族，代有聞人，然亦內德茂焉。周孺人者，杜光祿穉珪先生配也。穉珪先生年未及艾而捐館，其子中舍君袁度纔弱冠耳。大都爲人母而嫠居者，保蓬户易，保朱門難。繩督其愚子易，繩督其馨兒難。蓬户勞而思苦，朱門逸而思偷，愚子少機心，常俛而守株；馨兒多鋒氣，常跳而敗度。難易所由分也。中舍君擅穎異之資，既易逞其才；而席豐融之祚，又易損其智。其負騰驤而竊銜橛也惟母，其受羈紲而中鸞和也亦惟母。孺人蓋處兩難之間，豈不孑孑乎不易爲力哉？乃孺人正范端型，廩然以慈母而任嚴父之責曰：「先君不斬之緒，惟恃有此子耳。子且才可教，他日之賢不肖，是誠在我，當不遺餘力以報先君於地下。」中舍君嗜書，丙夜編蒲織柳不輟。孺人則效仲郢之母，丸熊以助之勤。中舍君喜客，户外屨常滿，孺人則效孟宗之母，作大被長枕，以招貧士。中舍君能飲，興不減河朔，孺人則效元珍之母，累日不怡，務令悔過而後已。中舍君好俠，慕古高節獨行，不修硜硜之細。孺人則效滎公之母，責之動循矩矱，凡市井之語、鄭衛之音，無得一入於耳。中舍君性頗卞急，臧獲輩朝夕左右，惟恐幾微忤。孺人則效元珪之母，教以性在檢束，當珮韋自寬，若西門豹秉金石心，操葳蕤鑰。劈畫餘二十年，舉穉珪先生之業全而授之中舍君，而中舍君又不因之損智，學探武庫，詩摹青蓮，鳴珮鳳池，裁雲藜閣，有司馬相如、東方曼倩浮沉金馬之風。

歲月荏苒，今孺人亦春秋七十矣。中舍君將分尚方之饌，擕太液之泉，佐椒酒而祝介壽矣。回視初嫠居時，家若累巢，陰晴未定，子若湍水，東西未決，孑孑乎莫知所稅駕，其情境當何如也！絶類周公旦暫釋其拮据捋茶、羽殺尾敝之勞，不歌鴟鴞、東山，而歌鹿鳴、天保，君臣上下相與歡然，而稱萬壽之觴。孰謂婦道果無成哉？不佞請假歸里中，當孺人設帨之晨，而新都洪君承袁度之意，來徵余言以侑觴，遂述孺人之卓然可紀者如此。

壽八十翁芳洲戴先生敘代草

人間世所最艷覦者，豈非長生久視也乎哉？迺詩曰「壽考維祺」，曰「眉壽無有害」。若不問其受享，而概以長生久視爲艷覦，如絳縣老人四百有四十五甲子矣，不能由而辱在泥塗，趙孟且重恤之，又奚以艷覦爲？余觀世人，無論庶人工商，皸手塗足，朝不謀夕，勤苦而終其身。即青衿士朱輪之三事大夫，類清華矣，窶儒含糗結鶉，冠灰注之冠，白首而蹒散膠庠，任眯目上下，乍沉乍浮，倏驚倏喜，不知幾爲刺心。貴人一受柴柵，往來畏途，流汗於簿書期會，飛蓬於紅塵青蠅，矢懸命於煙嵐怒濤，得壠望蜀，憂讒畏譏，不知幾爲熱中。兩者異趣，總之欲周旋世故，故舊親戚之私酢，當途要津之公儀，奔走伏謁，伺候趦趄，日出而事生，歲莫而車不得休，又不知幾爲磬折若此者。戰蠻觸，封蟻穴，欃槍衡杓之氣，莫不彌靡而無須臾寧，正蒙莊所謂風波之民，攘攘營營，其生也勞，其長生也則長勞矣。

余友芳洲戴先生性豪爽廓落，能自解其纏繳，而天亦厚爲之遇，以釀成其煙霞之癖。生而門高家温，烹鮮曳組，不復知人間有俯仰累。博綜彊記，思若懸河，足自致雲霄。一爲邑弟子，再爲成均弟子，俱薄經生技非壯夫，棄如脱屣，不復知人間有寵辱念。丈夫子三請纓鳴劒，繡虎彎龍，各行其志，而先生悉屬以户外令代其筋骨之禮。杜門裹足，晏坐高枕者餘二十年，不復知人間有傴僂狀。舉人間世浮雲幻影，芟焉糞除，不難斷以純鉤魚腸。雖結廬人境乎，别爲洞天福地，偃仰其中，調鶴觀魚，眠雲嘯月，拾花下落英，聽枝頭間關聲。當關呼之不起，二仲索之不得，人謂先生似其家安道，余謂安道誠風流，然子猷輩猶時嬲之不置，乃先生更愉静也。静則慮澹而鑠精者少，神閒而君形者存。今歷春秋且八十矣，骯髒如申公、伏生，耳目齒髮，種種猶故，人不得數覩先生之貌，而竊望先生之廬，如蓬萊、方丈，疑先生餐沆瀣，帶朝霞，翩翩天游，如山圖赤斧，廼詩所稱壽而祺、壽而無害者，不庶幾近之乎？

余與先生少遊横舍，臭味最合，而余無奈世緣，一生之暇日樂境，半耗於蠹魚，半消於腐鼠。

今始得返其初服，欣然有羡於先生之高，而益悔余往事之拙，遂敘其中之艷覦者致之先生，以當南飛。先生將曰：「人非余，焉知余之樂？」余亦曰：「人知先生之樂，不能樂先生之樂，而因以知巢許之流不獨生於羲皇之世。蓋世可羲皇，人可巢許，亦存乎早覺立斷，堅持之而已矣。」

回頭説引

余執友秦子聲先生學齊子固，行追君實，迺數奇弗揚，器韞靡賈，煢煢偶影，鬱鬱懷沙，世争惜之。邇者容塵觀盡，傾意西方，長齋繡佛，面壁禮懺，六時不輟。青衿學士頓成黄面頭陀，世又争笑之。先生惜亦不悲，笑亦不惑，爲作回頭説勸諭世人。世人以先生爲愚，先生復以世人爲愚，兩者更相誚。余方勾襟委章甫，豈遂左袒西方？然讀回頭説，切中世人膏肓，真能令火宅晨涼矣。

世人攫拏昧反背之明，怏迷心之毒，居必懸黎垂棘，遊必梁園習池，供必熊蟠蘭英，曳必白地明光錦，玩必紀甗隋珠，蓄必敖庾海陵五都，姬妾必荆艷楚舞，佳冶窈窕，并彊兼巷，户千人億，自謂銖積寸累，蒂固根深，堅於沙沱之穴。一旦孽重釁開，牙淺弦急，骨未及委，肥壤多藏，與藻扃黼帳，金屋玉容，向所偃仰以明得意者，争若脱兔，旋化爲烏有。尚有纖塵能與身俱往乎？假令其人可生，縱甚强項，當亦回頭，悔往事之已拙，而無奈其車之既覆也。覆車者不及回，當局者又不知回，哀人忘己，舉一忘三，鶴望方慇，雀啄無已。以怨藪爲福地，以劒樹爲瀛洲、方丈，茫茫苦海，誰登彼岸？倘得此説而存之，憬然如重昏夜曉。不有聚也，其何能散？散誠可悲，聚寧爲樂？回煩惱作菩提，回無明爲大智，於一切世緣俗幻，薄乎云爾，毋使後之視今，猶今之視昔，不庶乎真際法雲、康衢慧日哉？

《詩》曰：「無然畔援，無然歆羨，誕先登于岸。」子輿氏亦曰：「學問無他，在收放心。」種種皆欲令人回頭，共成正覺。孰謂西方與吾儒大相繆戾也？先生精於儒，晚悟此道，實窺大乘，故期度衆生，隱然有天民内溝之念，蓋又異乎掩室杜口，托於摩竭毘邪者矣。

遠遊篇敘

凡騷人墨士之吟咏，多得於孤舟逆旅，而時繆遇乖，其感憤不平，迂迂嘯歌以見志。阮生泣途，寧子扣角，自古然矣。往歲辛卯，余友杜君袁度與余後先遊燕，袁度念其大王父及母夫人，牽衣而發，中心有違悵矣。雲停不禁齧指之想，凄然夢繞時賡《陟屺》之章。比其反也，瑟徒工而竽好，足雖刖而舌存。鴈陣楓林，盡成刀劒，隋堤漢業，總入縹緗。吊淮陰之故墟，慕延陵之絶節。景會意屬，酒對思生。緣情吐辭，破涕爲笑，彤管共黑貂俱敝，黄塵偕白雪争飛。易水再寒，邯鄲獨步。蓋江州之青衫半濕，而陵陽之紅淚幾枯矣。夫袁度妙年矯志，紈質蕙心，未克整轡丹霄，驤首皇路，令其器不賈於當己，恨轉深於長謠。蕭條如宋玉之傷秋，憔悴似屈原之怨楚。興念及此，不其惜。而顧余備嘗坎壈，同爲失路之人；廼袁度滿握珠璣，聊解空囊之誚。自足壯色，詎曰浪遊？況曲江春藻，三載一新，而郢中高吟，片言千古。則較長絜短，兩者誰不朽於天壤乎？即和寡知希，真氣當終耀於斗間矣。

劉仲熙感懷詩小引

自入貲之途廣，而仕路混然。有招之而入者，有驅之而入者。招之而入者，巵漏泉竭，國計無復之，則令農民輸粟佐縣官急，於是多藏家若崔司徒輩進。驅之而入者，鶩梁鶴林，抱奇者末由，處囊中則懷三刖之璞，幾幸一當卞氏，於是厚養士若司馬中郎者進。夫司馬中郎當未遇時，家徒四壁，安所從取貲？勢不得不鬻産傾家，稱貸以益，而胸中傀儡澆之不下，則又泣牛衣，擊吐壺，歌騏驥伏櫪，以寫其牢騷不平之意。歲丙午，士争先投牒，願爲成均弟子，橫舍中知名士幾虛無人，余蓋不能悉數，而劉君仲熙其一矣。嗟乎！此固士一時之遭，程士者奈何爲成均作鸇獺，令士若此哉？自昔市駿必於燕市，邇來慧日重朗，浮雲頓釋，寧可謂畢世而無伯樂？余讀劉君仲熙感懷諸詩，固知其不虛此遊也。

金萬里詩草引

詩始於康衢、擊壤，而盛於三百篇，强半村氓里嫗矢口而成，即静女、姣童極其淫艷，亦並載焉，取其緣情托興，觸景寓言，而底裏洞然，無所忌諱，如枝頭間關，池塘鼓吹，乃天壤内真韻，非後世人間細響也。

余同年友金萬里廓落坦夷，近於自然，而好以翰墨游戲。正業外沉酣少陵，旁及右軍、虎頭，各欲染指而嚅其胾，有登山啖蔗之思。兹獨刻其韻語若干首，又悉汰其贈送酬應之詞，僅存籃輿青雀中流連觴咏所得，豈非以秋水芙蓉，雕飾盡去，令人可不問而知爲萬里哉？雖重山横霧，其五色變幻自在，然亦足窺其一斑矣。

題金翰翀經書藝

昔馬新、息介，介於長者家兒。夫漢去古未遠，尚厘新息之慮，況叔世之末流乎？今無論長者家兒，即賈人子多金，輒休休裘馬，逐博徒酒人，盤舞青樓紅粧間。或聚爲格五六博之戲，俾晝作夜。一遇有司校文之命下，則奮袂而起，倩人作君房，或挾而藏諸懷，或賄而入諸竇，甚至目不識一丁，足不履有司之廷，而名已燁燁掛黌舍矣。父兄方以此爲便于干進，子弟方以此爲易于博名，而羣然趨之，此胡可令新、息見也？

不佞私心正介，介於此同榜友人金萬里子翰翀，乃手持其帷中所撰經書藝示不佞，更願坦腹而受彈射焉。雖其才豪氣盛，如新羈之馬多跅跎態，未必悉中鸞和，然龍文汗血自見，且能易其青樓紅粧、格五六博之戲，而殫精藝苑，喜從高賢大良遊，豈非翩翩濁世之佳公子哉？不佞喜萬里有子，并欲勗兒子輩，遂題數語于首簡云。

感遇賦小引

不佞每謂士之所遭，非遂若湘纍，滯若梁傅，不宜妄生怨尤。然梁傅擅千古無兩之才，甚至不得與吹簫販繒者伍，宜其怨也。而東坡猶病其志大量小，不善處窮，士之不宜妄生怨尤也若是。

不佞通家子王生叔朗，奈何而有感遇賦，幾於怨也。王生生平類相如之善病，似廣老之數奇，數數以經生業試有司，試數數不利，將卒業爲經生乎？則不勝塪軻；欲跳而爲騷人，將遂徒業爲騷人乎？ 則又不禁胸中傀儡。時馳而爲經生，視其庭可搏鼠，展展窮愁，靡所底止，聊以此寫其牢騷不平之意云耳。怨之云乎？ 然在王生不宜怨，在有司憐才，奈何而忍蓬茅間多向隅聲也？ 雖然，昌黎氏有言，業患不能精，無患有司之不明。不佞觀王生季子之裘雖敝，張生之舌尚存，安知一不遇而以不遇終也？ 凡業專則精，而人定業精則通，而天亦定。古人爲不朽業，迂迂責遇千古，縱當世知我者希，未必後世無知我者。遇一時與遇千古，等遇耳，而千古爲長。王生勉乎哉！ 不佞當爲王生擊吐壺，歌老驥伏櫪詩，令王生爽然破涕爲笑矣。

插竹圖跋

衡齋潘先生爲恭定公冢子，當其持斧柱下，秉衡關中，其勢豈不炙手熱，而里中殊不知有潘先生者。迨陟岵興懷，投簪歸養，煢煢衣緼袍，乘敝輿，從一二小蒼頭踽踽行里中，强者肩摩不讓路，弱者且掩口胡盧之矣。乃死之日，里中罷市停春杵，無論知與不知，率奔走悲哀曰：「天乎天乎，奈何忍空我里社，奪潘先生速也！」至葬，則街吁巷泣，插竹掛紙錢，爲楚聲以助薤露，又何恫然銜恤而心知有潘先生若此乎？ 太史公曰：天下君王，當時則榮，没則已焉。然則始之赫然而有者，乃其終之所以無，而其闇然若無者，乃其所以有者與？ 雖然，以萊公之勳，當時弗有，而雷陽之人有之，哀感枯竹。潘先生揮霍不逮萊公，而肫肫誠篤可方司馬君實。令究厥施，豈不能廉頑敦薄，垂芳竹帛，乃養高泉下幾十餘年，竟老東山，至壓愚夫愚婦身後之思，比於雷陽惜才者之謂何？此又關世道哉？識者更滋戚矣。

題高孝子傳

孝誠庸行乎？乃蓼莪、陟岵，鼓吹千古，而宣尼亦歎事父未能，然則譚何容易？德色誶語，漢時賈太傅已爲太息，況當吾世父母彌留，稍蠅頭不均，輒猖然動色，不能降心相從，孰能捐頂踵以急親難，如高孝子哉？宜鄉之大夫士相與詫異咏歌，而孝子遂赫然被此名也。雖然，孝子涉驚濤，冒利刃，身之不有，名於何有？子輿氏謂怵惕惻隱，非以要譽鄉黨，乃真。自孝子被此名，而一腔至性令後人視爲名餌，恐又非孝子心矣。

募造丹鳳樓左魁星閣疏

上海舊有丹鳳樓，蓋建於宋咸淳八年，燬於今嘉靖初年，幾甲子一週。前侍御鳳樓秦先生始因城樓更諸爽塏，置陳三山、楊會稽、顔若詩於其上，而斯樓之名遂以復著。登斯樓者，西望九峰，東望三神山，感慨於廢興之故，亦憑而吊侍御秦先生曰：「微侍御，安有斯樓也！」夫侍御之業，已化爲烏有，而侍御之名，乃得與斯樓並存不朽，豈非其所有者不終，有而其所不自有者可常有歟？然則縉紳士庶與其積銖累寸，塗釁膏血，以營私窟，竟爾灰塵，孰若倒橐傾囊，捐棄粟絲，以飾琳宇，可傳姓氏？住持羽士曰：「顧拱元既循斯樓，增創壽亭侯閣，又謀構傑閣，塑魁星像。雖以壯一方雄觀，實以振一邑文運。欄楯參差於丹鳳樓之側，金碧璀璨乎紫微垣之傍。小則登眺之客俯臨龍浦，可以舒懷；大則博碩之儒仰應奎躔，可以發秀。遥想令圖，誠爲盛舉。然非羣力，何以鳩工？以故不佞敢告諸縉紳士庶悟諸相之皆空，識好施之非妄，共成勝概，毋悋餘資。

卷六

朱叔郊先生傳

余社友朱叔郊死十五年矣，其中子輿乞余傳其生平。余方蓬累，愧無能爲叔郊重，顧念非余傳叔郊，叔郊當誰爲傳者？如是又十五年，終令與骨俱朽，後死之謂何？遂傳之。

叔郊名應麒，别號梅屋，吾曹更相字，故口習叔郊。其初本莊姓，爲曾大母朱節婦德，朱氏之全其節也，令後世祀我必以朱，故叔郊尚蒙朱，而子卒從莊。莊世有隱德弗耀，父西樓公亦以市隱。自叔郊始通經術，補博士弟子員，蓋已抑首遊經生矣。而意若敝帚我經生言者，跳而攻古文辭。雖齊諧、越絶，亦思一探其奇。所尤嗜者，左氏内外傳，漢司馬、班氏史，宋西山真先生正宗，悉爲丹鉛而手録其犀角鳳毛，彙爲若干卷。嫉當世學者小拘，刻王新建陽明、王憲使夢澤、唐中丞荆川、歸太僕震川、周僉憲萊峰、茅勳部鹿門六先生論草，以風諸經生。亦自出其論三閭大夫、論嚴子陵等作與六先生並行於世。今古業蓋分曹而治，如登山啖蔗，未見其止矣。里中朱邦憲先生以博古爲邑祭酒，聘叔郊暨余二三兄弟共諸郎君爲鉛槧交，余二三兄弟始得當叔郊，叔郊亦下余二三兄弟。居恒不嗜酒，不近俠邪，遇而强之坐，則終夕危坐低徊，不能仰視。或一觴一豆，促膝論心，浮一二大白，陶然入醉鄉，則仰天歌呼曰：「吾曹昂然七尺，豈終蓬蒿人耶？」不覺足高而志揚矣。其貌恂恂而中自引重若此。嘉靖辛酉，即結髮事戎行。偃蹇至萬曆癸酉，薄圍而瘍發於股，强起槃散而入青衿朱殷。典試兩太史得其卷奇之，知非經生，竟以疲薾收搴旗之績。馬卿雖善病乎，子虛、上林之技，固隨地出也。甲戌當試南宮，病轉劇，迺止，然猶整衣冠出，肅客榻前，商今古，口娓娓不倦。卧牀又踰年，而叔郊死矣。叔郊爲人沉毅峻潔，志遠才密，不爲而無不可爲。處世少崖岸，中繩律在清和間。爲家懶問生產，謬謂計然策直吐餘耳。縱不能致身青雲，亦當種竹千頃，疏魚陂百畝，吟誦其中，有韓淮陰行營高敞意。然未嘗娖娖作世人腸畔，援吴中風靡，士朝舉於鄉，暮雄於里，即家素若洗，居無何，門外蒼頭森立，膏腴動以千計，此寧有鬼輸乎？甚至株連姻婭，亶侯多藏，不問王謝矣。叔郊子女五人，務慎擇其當，與社中互相委禽，聚嫁皆貧交。有富民徐某願鬻身以仇其兄者，薄鬻而厚爲之賂，進而諭之曰：「余能親於若兄乎？兄之親何嫌，而以爲仇，闕兄而鬻己，己亦何所利焉？且若忍棄其宗，於人何有？人亦於若何有？」立遣之。矜名而好爲修，悼末俗而力爲砥，以故叔郊死而囊若罄，父母妻子無庇雨餬口之産，東西鳥徙，待機杼以養孤長幼。人多委咎叔郊拙於身謀，云夫近世貴人撤四維以營三窟，欲遺所不知，何人肉未寒而子姓狼藉，蒼頭膏腴仍化爲烏有。今叔郊死而十五年如一日，諸子不習紈綺態，類儒家子。中子輿慷慨能文，有父風，爲晉陵鄒先生所器重，去角予齒，事未可知，善論工拙者，當別有在矣。

黄子曰：晉陵鄒先生與叔郊同舉於鄉者也，而未覩其面，乃執誼甚篤，庶幾無爲而爲。叔郊好交海内名士，素所握手通慇勤者豈少乎？而死之後，又何寥寥如日暮之市也？人各有心矣，余與叔郊亦非有嘔心捐脰之契，嘗德其夜分起檢方製藥，瘳余大母疽也，每念不能忘。叔郊語云：「與不期衆，少其於當厄。」信哉！

杜稚珪先生傳

上海有黄浦，紆而南，獨名杜浦，爲杜氏族繁而禪姓於浦也。杜之先出宋祁公，衍而聚族於斯，則自黄門宗原弟勉夫始。數傳而有平梁公松，有浪穹公時登。余王大父縷縷言平梁公俠，家大人得當於浪穹公，言浪穹公亦俠。且博綜篆素，爲杜武庫。平梁公者，稚珪先生祖，浪穹公則先生父也。

先生名獻璋，字稚珪。生而矯矯異凡兒，甫八齡，適外家衣單而寒暴嚴，寧毛骨廩廩，不願衣女人衣。宗老喜而戲之曰：「介哉是兒，豈欲爲陳無己耶？」長益負氣豪舉，喜用我法，不喜用人法，大都人棄我取，苦於婉轉磨壟，以投世情。弱冠補邑弟子，邑侯豫章黄公文煒督學楚黄，耿公定向妙才宿儒，並擅人倫，鑒試先生，各高等。食諸生餼，尋試南都不利。浪穹公令北遊太學，當世方以貲藪薄成均，而諸生一掛餼籍中，便匏繫不能捐，先生弗計也，遂投牒，作成均弟子。閩林公燫爲北太學祭酒，得先生奇之，如耿、黄二公。比試，有以道地嘗先生者，先生曰：「而視杜生面孔，顧俛而從倖竇人耶？顧則先此售矣。」立謝，遣試北都，復不利。凡試用成均售者，北什之五，南什之一，率趨北爲終南。先生曰：「人自有利不利，而何方之拘？請從而南。」適林公亦遷南宗伯，相見驩甚，曰：「而南人，願操南音乎？余當登鍾山，觀女搏扶搖上也。」薄圍瘍發於背，不成試。再經母氏顧孺人喪，益下帷揣摩，爲背城之戰。又兩試，兩報罷。於是悉取所制義焚之，慨然歎曰：「鼠遇而倉也，不遇而厠也，而皆幻也。丈夫昂然七尺，何所不足吾事，而久自苦爲造化所幻也？」乃自號悟幻道人，絶意仕進矣。時浪穹公令瑞安左遷，浪穹忻然戒行，先生曰：「此古犍爲郡，即司馬相如持節通西夷卭筰、冉駹境也。一涉靈應，臨葡萄江，讀南詔碑，不亦快乎？顧公老矣，效馬伏波據鞍走萬里外，視飛鳶跕跕墮水中，得無重傷兒子心哉？」固勸止，得無行。而浪穹公既家居，則日趨先生赴選人。當世遊成均者，以選爲無復之争，耻言之。少文之士以得一命爲榮，則又揚揚曳錦冰充斥里中。先生曰：「張廷尉不以貲得官哉？選固不足貶我，然終不願與崔司徒爲伍，以腐鼠之肝爲嚇也。」往授光禄署丞歸，一具冠服拜浪穹公，亟束而載之，若柴栅矣。

先生雖骯髒不受格律，然性孝友，事浪穹公、顧孺人惟謹。與弟孝廉君獻璠少長無幾微忤。旁及三族之戚，務人與以恩宗之黨。有絓悞公帑，坐危法者，爲傾囊脱之櫝。楚母之黨有子姓凋謝，鬼且若敖者，爲置畝鍾，供其伏臘，多所生死肉骨。即其人以德爲怨，不銜結而操戈，亦曰：「寧人負我，不曲校。」昔原臣先樂爲人具含飯，胸中睚眦未必能遽遣，先生似寬仁過之。然遇公正發憤，則又侃然秉鉞，不以寬仁廢彊直。里有駚不能修帷簿，殲於彭生者，亟爲聲其寃，罪狀著矣，竟以錢神寢。先生植髮穿冠履，幾及窒皇，窺其中抗憤，無所顧忌。小有鬱伊，靡不以曉邑之爲快，獨以聲不暢實，位不配望，居嘗介介，殊不能調。視世人皆樸樕小拘，若不足辱吾睫，尤不喜長者家兒，遇趣移牀，舉扇曰：「此娖娖者，芸夫牧豎所叫呼，而奈何溷乃公坐？」人謂先生醒而狂，大類簡兮詩人匿迹伶官，故爲睥睨不恭態，而其志别有所注，不忘西方美人。終朝嗒然，懶脩邊幅，非肅客侍浪穹公，輒岸幘倒屣，擊唾壺起舞。每聞秋風，對空庭落月，齎咨涕洟，共知交呼鴟夷，作醉鄉侯，抵掌驚座，杜門裹足數旬。厭苦塵甑，則放舟三竺六橋，散髮箕踞，嘯歌傷懷，與松濤鳥韻互答，如屈大夫行吟江潭時。晚謀闢畝宫，壘奇石，疏方丈清流，種千箇竹，伊吾撰造其中，爲幽人以老，而不禁懮愋，賦鵬鳥矣。垂没，戒其子開美曰：「兒毋爲兒女子泣，兒才倍我，足繼我志。仲氣和於我，足保祚而寧我。浪穹公以老，我豈憂目之不瞑？憂兒之以繡衣我，令我不得逍遥而反其真死，且囊檻我也。」無論揚王孫，即我家鴻漸，詎不灑然哉？夫先生尚不欲衣繡行夜臺，況白晝通都乎？亦云介性所至而已。

黄長卿曰：太史公傳李將軍，稱其意氣無雙，而惜其數奇不遇時。其言惘切有餘悲，蓋爲其才能不下衛、霍，而無尺寸功，以取封侯之賞，爲命所制也。余讀杜先生狀，其亦有李將軍之感乎？以彼其才，數十戰而一收搴旗之績，不倖也竟凄然飲恨以逝，豈非天乎？而世人靳靳不甚知杜先生，無乃以成敗論乎？回成喪而爲其議者，或未聞焉，此太史公之悲李將軍也。顧李將軍再傳而名敗，隴西之士皆用爲耻。杜先生之没也迄於今，名以子文爛焉，其數又羸於李將軍矣。

秦侍御先生傳

余髮未燥而聞里中有秦先生，今先生且杖於國矣。計先生之立巖廊也什之三，而卧泉石也什之五。其言行世者什之六，而忤時者什之四。先生其在遇與不遇之間乎？乃其匠心獨往，自足不朽。余按長老所陳説，作秦先生傳。

秦先生者名嘉楫，字少説。家枕邑之丹鳳樓，因號鳳樓云。父鶴野封公，妣王孺人，有異徵而生先生。先生生而捷悟懸解，氣英英自負。舅氏行倩代其子試，試中程，願以二百金爲王孺人壽，先生拂衣起曰：「長者暱其兒，兒何不自暱，忍以纖塵一擲此生耶？」會封公與外家訟，縣令嘗耳先生而目之，竟直封公，而於衆中語封公曰：「佳兒當一日千里，未章縫也，而余視其肘後印纍纍矣。」尋補邑弟子，督學使奇之，繼至者復大奇之而餼之。壬子，魁選於鄉，海内宗其制義，不脛而走四方，名甚譟然，不類輓近稍借盼睞，輒摇尾乞餘瀝，爲温飽計。家仍灰冷也。請貸知交金，托越賈徐氏爲子母作治生計，賈失利，不能償，竄歸越，乘先生計偕時夜逆於途，語哀刺心。先生蓋傷於貧者，亦泫然曰：「賈一寒至此，許寬其責。」已未登弟，筮仕大行，乘使者車過家，賈復宵見，遂裂其券，里中高其義，曰：「是嘗郤舅氏金、裂徐賈券者，慎無以私干秦先生。」持節至周藩，周王以寒贈狐裘。先生重違王意，稽首拜受。行至杞，以裘屬杞令，爲啓謝王曰：「篋中黑貂，未敝軀孱孱，不勝重裘。」并謝郤其贈賮，裝若洗然。

壬戌春，考行人績，得告身，引故典乞貤封其父。是歲秋，擢江西道監察御史。時總憲臨溪張公前撫河南，習聞其使周藩事，喜謂太宰東野郭公曰：「此夫素著清節，臺中有人矣。」未幾，奉命按畿輔屯田。屯務劇而轄地又甚廣袤，蓋三宫子粒及屯糧草場分隸内府、户部、太僕，而親王、勳戚、貴璫、豪右莊田棊布。當事者率視成案望瓜期，而先生鋭意搜剔，境内廩廩，奉法惟謹。甲子春，以屯事弭節塞垣，閱伍符弓矛，墉壘多惰，窳圮壞殊，壓衣袽慮，而當事者方怡堂也。先生疏請久任撫臣，使習於邊，無數轉徙，如趙充國所上便宜事。得旨報可。居無何，虜大入墻子嶺，俘主帥，遊騎薄都城，世廟震怒，至旰食疇咨重法。前當事者人始服先生識能未雨先桑，一切軍國要機，咸欲取財先生。顧是時太宰意在瀹貢途，嘗□前主銓語諷先生，使請於朝，而先生論歲薦列□□可者，率龍鍾狼藉，請增進士額，以甲科註巖劇地，與太宰公意左。保定撫臣某耄且重膇矣，以新鄭姻故，戀不能去。先生論要害地不宜以耄而墨者當長城，卒報罷，與新鄭公意左。逮肅縣豪吏，政府貽書貸之，先生惡其力能使大將軍言，竟戍遣。復陳六事，首禁請遷葬，以杜欺紿騷動。適政府子方在告與疏會，又重與政府意左。先生强項聲雖鵲起乎，而人已圾圾仗馬視之矣。未幾，左遷浙江按察司僉事。乙丑，抵浙臬，曰：「臣奉陛下三尺，内外憲等耳，請以按畿輔者按之。」威稜益勵，拔西湖芙渠歸漁人，以充榷税，供繕部箭翎。徐汰老弱冗兵，追琢精鋭歸各營將領，以備材官佽飛量。增春防，後良家子餉，使易戈而鋪。濬久湮城濠，剷勢家桑柘、菰蒲，歸湫湙以便商舶。省負戴，罝邏卒，駕輕橈，上下蕭山、富陽、桐廬，裁阻山遡江，隨波圉敚者，歸牛犢以消萑苻之聚。至引胡司馬故轍，寢撫臺進白鹿議，謂人臣不宜以祥瑞迎合上意。而又謂足色犁不中獻。意杜媚子，亦毋令含沙者媒其後。處事應變，尤有古大臣風。撫臺劉公羽泉、按君龐公惺庵、鹺院楊公象川皆器重先生，凡遇盤錯，率以先生爲嚆矢。平湖有犯重辟而竄輦轂下者，遊於政府諸公子間，入貲爲太學，以道地舉於鄉，辛黄門論黜之，有詔命直指使推勘，事下先生。昔之公子與遊者，遺書丐先生，而先生不大爲彌覆，類前處肅縣豪吏事，政府子憾益力。丁卯，穆廟登極，考察京朝官，先生用御史考謫判鄧州，量移汝寧司理。尋擢南水部，所至皆有善政。而在南水部司節慎庫及南北關榷税，利孔所集，益濯淖不緇。大司空貞菴曹公，新蔡人也，識先生於汝寧，謂先生才不宜獲落若此，終當收之桑榆。而新鄭公且以宰揆典銓矣。先生同年友生從長安來督江防，私以新鄭倄隟意語先生，先生曰：「不佞逐臣，無能通要津，且吾命有制，姑聽之而已。」辛未大計，竟以汝寧司理落藉。

先生忻然解組歸，拜封公及王孺人於堂下曰：「兒不善宦，動爲時擯，然幸兩尊人所遺膚髪不致污衊，猶故我也。脱徽纏不醳，日掉尾囊檻中，何從捧此椒漿，弄烏膝前，又安知非塞馬耶？」於城居町畽增葺封公舊遊處，顔曰「鶊適」。案列烏策篆素，日集二仲輩，倣古五柳三徑。復於墓田丙舍誅茅結廬，顔曰「明農」。所課藝秔秫，以供歲時伏臘。酒後趺坐，誦陶靖節歸田園居篇、歌儲光羲田家雜興詩。生平未嘗咄咄書空，向人作喑醷侘傺態。監司旌旄過里中及縣大夫雅重先生，率造廬問民間疾苦，先生侃侃論列，羞爲寒蟬。見人惘惘可憐，或傾囊賙之。解紛救鬪，雖鄉隣不惜纓冠。性喜接引少年，不解藏人善。有過督，務正言彈射，嚴於斧鉞，如柱下時。至有非意横加，又怡然順受，曰：「吾願爲婁真公不校也。」

夫人情乍而離蔬，饞何能擇？ 而先生之爲大行也，雖嘗以熊蹯蘭英，不苟染指。 當世以臺諫爲華仕，朝拜而夕磨兜，以祈速化。 先生之爲柱史也，批鱗犯諱，忤三執政意而口不緘。仕方金甌，猶兢兢懼失尺寸，一蹶而慮無復之日暮倒行矣。 先生自外憲而爲判，爲理，爲部也，歷攙搶衡杓，色澤不變，如薑桂愈辛。 以故善宦者甌窶汙邪，穰穰滿願，率捆載歸，而先生獨垂橐歸。上者超乘，其次安步而進，鴈行魚貫，亦不失爲公卿，而先生獨後來者居上，不無積薪之歎。 蓋先生喜用我法，不喜用人法。 自得其得，而人亦得我先生，固曰：「我爲秦先生事也。」天下後世亦曰：「秦先生翛然不與俗同也。」可以想見其人矣！

黄子曰：宣尼惡鄉願，至不願其入室。 而今世方持其無非無刺之術，以爲涉世要覯，務模稜孅趨，陰陽其間，以求瓦合自苦，而人亦苦之。 秦先生高標孤介，旁睨千古，其志似狂，其守似狷，大類古汲長孺、趙子都、唐子方之爲人，非堇堇風流少游也。 其於世枝柱豈能盡諧，然月旦者終不能抑先生，使在闇然媚世者下。 宣尼之思狂狷而惡鄉願也，有以哉！ 有以哉！

石先生傳

石氏之以才望於海上也，自比部君見山始，而揚芬闡幽，再亢中葉之祚歸之光明，則由臨江、水部二先生。臨江先生者名應魁，字啓文，別號吴曲。父贈公悦山早卒，奉其母曹太安人，教惟謹。水部君諱應朝者，則先生季也。兄弟自相師友，學益茂，文日益有名。曹安人時撫而嫣然喜曰：「大兒孔文舉，小兒楊德祖，可籍手以報地下矣。」

先生丰儀峻爽，骨稜稜鶴立，性方廉介特，論議纚纚，常依名節。楚然青衿時即負氣夭矯，首不能頫。會督學使馭士甚莊，周生某坐鼇牙黜，諸士懾息傴僂，五色無主，莫敢仰視。先生抗言周生家貧，業大戴禮經，孤志苦，請留。督學使故厲聲問抗言者誰何？先生徐以姓名對，督學使卒霽威從之。自是海上推高義者，必曰石先生，而一時節俠之士，以身得晉於石先生爲快。顧先生雖治博士家言，而性僻嗜古，旁蒐於齊諧、越絶之間。試輒摻瑟偃蹇，不能投好竽者聽。季水部君已領應天鄉薦矣，先生尚淹横舍，顧影歎曰：「丈夫昂然七尺，豈能抑首老章縫？彼才如司馬長卿，非夫乎？猶然以貲進，蠖屈以求伸也。」遂請於曹安人，投牒北遊太學。嘉靖戊午，領順天鄉薦。已未落第歸，偕其季帣韝鞠䏿，修曹安人菽水之懽。安人春秋高，遇設帨之辰，捧觴上壽，膝下雙珠綵衣都麗，里中侈爲盛事。浮沉公車者又十餘年，時季水部君已授餘杭令矣，人有爲先生勸駕者，先生遜謝曰：「母老矣，而季方宦，此身未敢許人也。」會季從餘杭擢居水部在告，曹安人復促之行，先生乃謁選曹。主爵者才之，欲令當盤錯，領全州牧。全，古百粵地，其民獷悍，士亦惰窳不束於禮。先生以禮督之，驟歌麛裘，三月化行，易麛裘而章甫，法鼠子輩以清蠹源，格貴人通關以塞倖竇。芒刃斧斤，互中理解；循良之聲，飛章相屬。不三載，晉江西筠陽郡丞。承郡守乏視，篆吏故持兩端，以嘗先生，先生燃犀而照，如遉亭豬烏攫狀。筠民方呼爲神君，而曹安人訃至矣。先生即日徒跣歸，以不得視含襝爲終天恨，旦夕作孺子泣。服除，補臨江丞。臨去筠不百武而近，臨民喜相告曰：「曩守筠石公來貳吾臨矣！」先生至，而累歲積牘如篲汜塵途。有二囚以株連誣，伏沉犴狴踰年。先生廉得其冤爲治，爰書幾千言，卒發其覆盆。臨民益加額。

尋得水部君手書，以疾聞，忽忽不怡，遂投簪乞骸骨歸，曰：「人壽幾何，而日苦柴栅爲？雖乘駕唱騶，終不如三徑五柳間攜手奏塤篪，樂且孺也。」歸與水部君葺先世丘壠，勒碑碣表石氏阡旁及戚屬祔寡妹殯，封外祖父母曹氏墓。曹氏無嗣，擇姨子若孫，割田屬之，以供祭掃。又刻比部君集及家乘，以備石氏文獻。他如植故人陸子達遺孤，惟力是視。視朱邦憲先生屬纊，如高漸離之哭荆卿，盡哀而止。內弟唐中丞公家貧少孤，先生撫而課之，疾而療治之，貴而儼然以師保臨之。迨中丞公死，而先生猶不死，中丞也畢議願知，如中丞生時，隟乃大搆。先生燕居，深念曰：「余不辨而余心無負中丞，中丞或能諒余；余辨而脱中丞以封疆垣墻之説責余地下，如燕王之謝昌國君，余其何辭於中丞？且余既任受德，獨不能任受怨耶？」人有爲先生訟冤者，先生徐曰：「是欲揚人薄而令余不得厚也，亦不講於交絶之旨矣。」其篤於恩誼，不難以身爲溪谷，類若此。

然先生素强項中實，不能脂韋從人。間有辭勝於理，以赭爲堊者，先生旁引曲喻，如懸河倒峽，指抉執迷，震用雷斧，如鉅鹿之戰，務令赧服乃已。雖談天炙轂之辨，不能以舌戰勝先生；其憤世嫉俗，至欲排雲叩旻，索真宰而問其夢。夢云：「何四坐争掩耳流汗？」先生正襟危論曰：「如若輩畏禍結舌，籍口於不怨不尤，則小東詩人不平於西柄之揭，而太史公以回天跖壽致疑於天之報施，非耶？余亦知口爲飛門，第方寸間如惔如焚，不覺瞋目列眥，莫捫朕舌耳。」蓋先生精敏强幹，明而練於事，犯霜露而神益王。其善綜理稽覈，不失尺寸，可令主計，司太農；其設機應卒，見於守孤城、扞島夷之變，可令主賦，當羽檄；其觸事孤憤，抵掌圖迴，使玄黃較然，無所顧忌，可令主封駁，爲柱下史。投之所向，何所不得？而堇堇以下大夫乃老，時忤於人而莫控於天，則先生之按劒斫几，咄叱而介介不能降以死也，有以矣！

黄子曰：宇宙亦大矣。人生其間，非有一二琦行，如粤之鎛，燕之函，人盡能之，則人且謂粤無鎛，燕無函，何所托以不朽？世稱石先生生平惡譚空桑，如傳太史令，而陰陽、巫覡、禄命、堪輿、軀策諸家，如吕博士。所刊定者，一切棄去。破習俗幻妄忌諱，亦可謂不染於人間世矣。至與季水部君共操家秉，迭爲行藏，季出而伯也爲政，季無内顧；伯出而季也爲政，伯無私虞。讓棗推梨，七十餘年如一日，此尤人所難者。獨季没而先生撫兩嗣君，不無南北阮之分，豈一死一生乃見交情，即骨肉間亦不免哉？然吴中風澆視生而争蠅頭、傷荆葉，如角弓所謂蠻髦者，又差勝矣！

喬先生傳

凡人專一業，則人亦輒從其所專者名之，而不復衡量輕重鉅細。夫玄晏先生習覽經方，盡醫之妙，然終不以醫顯，以著論守玄、篤終，與奉所後母任氏訓顯，豈非以其重且鉅者在此不在彼乎？

喬先生名迨，字志一，别號未湖。少穎悟絶倫，以厭薄經生業，去而業醫。醫非自先生始，始於先世南樓公鎮，中更正己公豫、泉香公廉，及先生父月湖公寵，數傳乃有先生。先生與其伯兄卧東公選並以醫起，而先生鍼人血脉，稍出視色。上自邑受兵燹後，疫大作，闔户枕籍僵卧，不能起。先生緼袍苴履，環走而遍視之。闢陽得陰，闢陰得陽，匪獨能生生人，力能生垂死人若號太子者。聲遂播郡邑間，下而闤闠，上至守令、監司，無不待命於先生。歷四十餘年，醫益精，全活益衆，名亦益噪。於是里中無論學士大夫，曰喬先生善醫，即婦人女子，亦莫不曰喬先生善醫。嗟乎！孰謂喬先生而可斤斤以醫名哉？醫蓋先生之附贅懸疣，適足累先生矣。

先生爲今人而懷古人之心，其高節獨行，有不可以世人腸揣而合者。世人好周旋世故，修其尺幅，則不能自適其棲逸之性；而逍遥閒曠，藉口竹林以爲高，則又簡傲紕漏，不復倫常之爲兢兢。先生性恬澹寡營，不艷結綬，不羡藏鏹，偏饒習池之興、挾米顛之癖。從舍後隙地構精廬數椽，累怪石數疊，雜植名花異卉，朝旭暮霞，緑樹碧簷，隱映几席。席列圖史、赤管、青錢，旁置博山、瓠子、靈人器，朝夕吟嘯其中。或面壁趺坐若禪，或手仇灌園若老圃，或玩弄古法物如遊商周間。一二三知交叩扉而入，則命童子煮茗，出牀頭金盤椒花，相與槃舞爲樂，達丙夜不休。當酣暢時，有貴人以疾召，倘其人不大當物望，或矜嚴作魁岸人，先生攢眉顣額，不欲往，即往，亦咄咄趦趄，中心有違，時逢貴人怒，謂先生偃蹇不易致。然貧家告以瘒疴，亟謝知交曰：「吾儕信歡甚，其若牀褥間呻吟者何？」匍匐而往，一晝夜三四往不辭，費藥餌數斗，佐以金錢不惜。遇姻戚友朋慶吊大典，雖崛門窮巷，必衝黑至，不以雨雪載途自解而稍委遲。纔啓户，户外屐聲橐橐，不問而知爲喬先生至矣。

先生不以任達而甘於遺落若此，然此猶其纖纖者耳，其重且鉅者，乃在乎孝友天至，能爲人所不能爲，足以風勵當世云。先生幼喪母，旋喪父月湖公，尚髡然兩髦而哀慟如成人，幾令韓母輟事。少長而殫力供繼母趙孺人，惟恐見不鮮，至鬻田廬以虔庀其終事，一如月湖公，有王司隸風。更念伯兄卧東公顛毛種種矣而未有子也，朝夕上食惟謹。已而伯兄僑居茸城，以便峰泖之遊，則存問相望於道，旬日不見，戚戚如有所失，必裹糧走百里，共姜被幾晝夜乃返，曰：「吾不及見吾父、吾母，吾得侍吾伯兄杖屨，猶吾父母在也。」已而伯兄没，竟無子，則以子士燦出後伯兄，而迎其嫂奚碩人偕其壻與女歸養丙舍，垂二十餘年，悉爲經紀其喪葬，終不名伯兄一錢，曰：「吾不及見吾父、吾母與吾伯兄，得撫吾嫂及其壻與女，猶吾父、吾母伯兄在也。」他若弟之嚚而以正訓之，弟之弱而殺羽斂尾以覆翼之，親親長長之恩，波及於外家之遺孤女，艱難迫戹中務百方收恤，以全其餘生，曰：「吾不及見吾父、吾母與吾伯兄，而吾父母伯兄内外之遺孤若而人幸無殞越，庶幾死者魂魄不媿，猶吾父、吾母與吾伯兄在也。」蓼莪之思，老而彌篤。先世丘壠以城城而斷其地脉，先生當春秋七十，人勸另卜吉阡，先生愀然曰：「吾父、吾母、吾伯兄藏玉於此，而吾奈何去之？吾去而子孫世遠不類，或舍其舊而新，是趨安知不爲芸夫牧豎所有？」亟治其生壙而封焉，戒其子士燦、士琰曰：「吾死必於此。」先生匪獨以生孝，且欲以死孝。不聞大理而見至道，何以有此？蓋先生居恒朝朔望，再拜庭中，以旬日幸無大過，無傷先人遺體爲謝，大類趙閱道治心，有古聖賢不媿屋漏之念。先生之動與道合，不可以世人腸揣而合也，所由來也。

嗟乎！孰謂喬先生而可斤斤以醫名哉？先生蓋如韓伯休之隱於醫，而人遂以醫名，喬先生何異韓伯休？爲女子所識，逃名而名隨假。令太史公而在，亦必爲先生作列傳，令與曾、閔同科，扁鵲、倉公不得鴈行而進矣。

黄子曰：宣尼以狂、矜、愚爲古三疾，而太息於今之症變且深入腠理也，豈非以形疾易愈而心疾難瘳哉？近世白華之響絶，角弓之怨張，即矜韋士，親死而窺其橐之垂也，則掉臂而望原巨先來，脱橐中阿堵。果然，則又昆季狺然攘臂，而内鬩於墻，甚則操戈呼外援，求直之公庭，不顧其親已化爲齊桓之尸，中覆而根撥，病且在死法矣。得先生傳而讀之，有不泚然面熱内慙，瞑眩而消沮者哉？昔人歎死病無良醫，雖以醫名喬先生，其可也。

吴逸松傳

語曰：不知其父，視其子。余初不知鶴沙里有吴逸松，而於東海上太原氏家則識五卿吴君柳。太原氏家原大用饒，户外屨常滿，然鮮善客，未必悉當主者意，獨五卿遊於其祖孫父子兄弟間，人人盡懽，若以爲一日不可無五卿。蓋五卿少業儒，爲人蒙師，雅馴而練於事，且誠心爲質，力能急人難而不大責報人，有古游俠風，故無所不入耳。一日手述其父逸松君事，泣而告余曰：「此先人之飲恨於九泉而迄今未瞑者也。倘幸詧於大君子，則先人死且不朽，此不肖柳之所晝夜切齒腐心而不即自刎，以報先人於地下者也。倘幸詧於大君子，則不肖柳亦死且不朽。」余悲其志而綜其概，取其事可以戒來者，遂捉筆而屬之副墨子。

吴君名某，字某，號一泓。先汴人，建炎間移海上之閘港，再移鶴沙里。少負氣而戇，面折不能容人過，類灌將軍。里有貴人，頗横於里中，里中人惴惴不敢摩其牙，而君且顯訟其短悋，乃大搆里中，人人危君，君方揚揚曰：「丈夫得志，尚當逆探驪龍徑寸珠，安能蓄縮，任人刀俎而不一吐氣乎？」語聞貴人，貴人遂羅其影而射焉，君竟中危法，謫戍關中。里中又人人惜君，君復揚揚曰：「丈夫等死耳，不問烏鳶螻蟻，恢恢宇宙，何處不可埋吾骨，而必於首丘？第爲我謝貴人：天道神明，人不可獨殺。」掀髯長嘯，歌易水之歌而往。羈縲中苦不能自爲生，而且急於生生。途有貧而不能前者，有病而不能起者，輒倒囊賑之，又類原巨先。於是關中人争謂君俠士，相與護持君，願無歸君。而君遇天子封三錢府，及於寬政，竟保骨歸。歸而絶口不理前怨，竊效范叔之避仇也。更姓陳，隱於茗溪檇李間，故又號逸松云。當其往戍時，微獨貴人自謂已無吴君，力能從竈上騷除，即其肺腑戚屬，亦謂吴君死灰不得復然，匿其牒而要其子之重賄。子叩頭流血，慘於秦庭之泣，流離瑣尾極矣，里中又安知有吴氏？迨其歸也，釋行枚，製裳衣，再覩苦瓜栗薪。盤桓數十餘年，乃以上壽終。

子五卿，傷於虎，善藏其骯髒，濟之委蛇，有俠氣而無傲骨，奉其母蔡氏，拮据埒茶，以收其遺業。家漸温，子姓漸蕃息，仍復其姓爲吴。回視曩時相齮齕者，微獨戚屬鼠子已化爲烏有，即貴人累世生聚，第宅甲里中，剪焉傾覆，且靡有孑遺，斬然爲若敖鬼，里中又若有吴氏而無貴人，高岸爲谷，深谷爲陵矣！

江夏生曰：嗟乎！嗟乎！獲罪於人，天猶可回；獲罪於天，人其何逃？吴君以口吻翹人過，過矣。貴人自爲曲而惡人直，陰嗾而幾殺之，報之不已太甚乎？蔓之不長，所以報也。能報者不卒報，而不能報者倍於報，報報者别有權矣。《詩》曰：「匪舌是出，維躬是瘁。」又曰：「豈不爾受，既其女遷。」人不幸而與雄行者處，鑒於吴君，亦可自捫其舌；而後之爲貴人者，慎無以語言薄罪，快其睚眦之怒，輕犯天道所忌哉！

顧孺人傳

南浦以杜氏著，杜又以虚江先生著。其著非以紫磨墨綬，以才情品致。兩者總屬孤高，大似北郭先生，故夫北郭先生有箕帚使，勸辭楚金，千古雙美，爲先生配者，不亦難乎？詎意又有顧孺人。

顧孺人者，東泉顧公模與王令人女也。年十七歸先生。先生名時登，素落拓開爽，志在雲霄，懶問家人生業。孺人藐焉季女，寔嫺敬戒之訓。自蘋蘩筐筥以至穜稑錢鎛，罔不既厥心闥以内斬然，大有倫脊克成先生遠志。先生遂顓意下帷，修千秋業。丙夜遥見孺人篝燈弄機杼，輒閉目咄叱曰：「爾曹分吾焚膏，徒足亂人咿唔聲。縱組霧紉雲，陵聚丘累，視吾所得夜光明月孰多？」孺人曰：「君自爲君事，余自爲余事，其可也。」先生攻苦幾十年，數不利於有司，居恒忳鬱不平，曰：「磊磊乎！夜光明月，竟不若兒女子機利易爲售乎？」孺人從旁寬解曰：「君抱瑰琦而處，終當連城十倍，豈若余纖纖一手、一足之爲烈？君無以河水清漣衰墮其伐檀之志。」先生益肆力揣摩，壬子舉於應天，人謂孺人有相之道，戟手相賀，而孺人方食蠶衣縞，仍鋭身力作爲臧獲嗃矢，曰：「吾猶故我，奈何舍其舊而新是圖？」辛未，先生苦僕僕上公車去，謁選人，授瑞安令。孺人堅不欲從，曰：「二親老矣，寧可令顧影而單？」兩孺子亦傫然壯也，失今不承於訓，罔知異日君行而憂菽水乎？余子憂箕裘乎？余父俾君無勞内顧，畢慮以報天子，不亦可乎？」先生乃攜二三蒼頭往，留孺人主家秉。孺人持葳蕤鑰，嶽立而刃遊，視昔益匡敕。舅平涼公松性任俠，喜出身佐縣官急，户外賢豪長者屨常滿酹，應比一都之君最旁午。而姑楊孺人復嚴重御下，凛若朝典，鮮能當意。孺人外庀供帳，備厨糈，内奉色笑，伺寒燠饑飽進軟温甘毳，周旋舅姑間，各中其懽。伯子獻璋、仲子獻璠俱尚困章縫，令游於碩儒快士間，漸之以芷然，亦日討而訓之曰：「久矣，若等之沉酣於竹素也。而未見痛人，豈其沾沾索之竹素間耶？古人薪盡而火傳，奈何不得火而忘其薪？」兩君夔夔，奉孺人教惟謹。二親亦忘瑞安公之不在，子舍晏如也。春日偶聞閶闔聲，二親相對欷歔曰：「兒去又一臘矣。婦以吾與爾故不願從。婦去，吾與爾猶有二孫在，無廢腰臘，無虞晨昏，婦留，兒委蛇退食，誰爲舉盤餐也？」固强之行。孺人重違二親命，乃往。居亡何，平梁公訃至，孺人泣不能起，曰：「余固早慮有今日。曩徐太姑謝世，猶得佐舅姑，分其總總。今且不獲從君後視吾舅含襝，是空爲人婦也。」自瑞安抵家，哀號不絶。歸相先生經紀喪葬，幾殫頂踵。姑楊孺人相繼卒，相之一如喪平梁公。未幾，孺人父東泉公亦見背，家漸落，爲逆王令人，養之旁舍，而推解之恩波及諸昆季，終其身不衰，曰：「無令長逝者魂魄私恨。」蓋孺人篤於孝友，更於大義多所曉悒，議論灑灑，常依名節，不類今人。人謂東泉公故博綜士，得之閨訓者居多。入瑞安衙齋，見無魚可懸，橐中斤斤，圖書數卷，不改來時裝，輒舉觴賀先生曰：「君能自砥爲清白，名遺子孫，子孫受賜，不亦渥乎？」先生笑語孺人：「人方嗤余之拙於宦，子何居乎？以人拙爲美也。」孺人曰：「婢子何知？第耳稔近世官人巧爲脂潤，以遺不知何人，轉眼而室若掃，甚至錢神爲祟，以囷窖易犴狴，宗廟之犧幾無穴自存。故婢子爲君後人賀耳。」瑞安歸，平梁公數十年生聚以子婦不在榻前，稍化去。人嗾先生窮，竟之曰：「公之不染於宦也，猶曰非有也，子不名父錢，奈何？」孺人從容譚及里中往時一二多藏家，問先生：「猶有存者乎？」先生曰：「無矣。」孺人正襟置對曰：「是何聚散如浮漚易也！聚不可常，散亦何惜？且人失之而人得之，君無問焉。」其它以先生卞急，不能容人過，每佩韋以侍曰：「君無若王藍田，爲右軍所笑。」人負平梁公生德而死棄之，覆用爲悖，先生叩其幻態，則爲先生屈指歲序曰：「寒燠天道不免，况人情乎？人欲爲薄吾，必以厚責之。戔戔分北，令人顔厚有忸怩，恐自吾而失諸侯。彼翟公署門，宜其門可羅耳，有不可不忘信陵客，真長者言矣。」孺人相先生垂四十餘年，隨事諷諫，匡其不逮，庶幾於脱簪解珮。先生亦時時向孺人曰：「吾自得子，不大速戾於厥躬，子其吾女史乎？閨闥中安可一日無此君？吾將返其初服，與子營菟裘以老。」歲乙亥，孺人竟以末疾不可起矣。疾且革，命女奴發篋，凡含襚具靡不封識。宛然獨遺命兩郎君：「無繪我像，令丹青士得覩我面。」其矜嚴之性，至死不移如此。

孺人死，先生左遷幕職，再移浪穹，差池又二十五年，始相從於地下。伯子授光禄署丞，後孺人十年卒；仲子中乙酉順天試。孫開美孤高，有王大父風。行簪筆視草金馬門。京兆之族，日益亢於南浦土，要以詩詠瓜瓞，本之厥配。然則孺人又曷可少哉？余故爲作顧孺人傳。至其世系生卒及子姓姻婭，則志表狀業先之矣。

江夏生曰：語有之，利令智昏。無論閭閻駔驓之若餓豺狼也，即薦紳士鬚眉如戟，其誰能幅不於阿堵爲攘攘，況可責之婦人女子哉？孺人不苦官中之垂橐，不問牀頭之亡金，於世所攘攘操弧矛而固扃鐍者，直以苓通視之。此其高行殊邈，寧可與尋常里母道也。北郭先生配貧而能恬，此其家不貧，恬然若以貧處之。若孺人，真不媿北郭先生配矣！

姚善人傳

余爲兒時，記姚君來從先君子遊也。髮方覆，額垂垂耳，今年且六十矣。荏苒六十餘年，天運人事不知幾爲滄桑，而姚君醇謹朴茂，少壯無異態。總之，所謂無懷、葛天者近似。宣尼曰：「得見善人，斯可矣。」若姚君是耶？余爲作姚善人傳。

善人名浩然，字養正，別號城南。魚目昂齒，口期期類周相，身孱孱如晏大夫。見縣令丞尉，縮頸駭汗，面五色無主；見鄉里貴人，亦耳根發赤，幾欲鑿坯而遁。貌殊不上人眼，人以爲此痀瘻丈人耳。然性喜酒，又不喜魯酒，遇秋黃、白露、蘭英力能戟口剚腹者，則百斗不辭。有客亦飲，無客亦飲。道逢麯車，流涎亟歸，傾杖頭錢沽酒，未及歸而知家出牀頭，援而止之，則止。或嬉遊青樓間，二八雜坐，身蹮蹮盤舞，口烏烏作吴歌，浮太白無筭。即秋黃、白露、蘭英，興豪而力微矣。人又以爲此高陽酒民耳。迺其學儒不成，去學醫，操青囊，以世其尊人懷園公，於陰陽標本之理中甚了了，至一腔活人心，少世人腸銖兩。窶人子以疾告，必竭蹶而趨，未嘗責報。人以爲善承懷園公志，稍稍重善人，呼爲長者。而不知其大節獨行在孝友敦篤，事親事師，雅有古人風，能爲終身之慕。居家奉懷園公與孫令人甚謹。其初先壠介於城郭，道路往來，樵牧者趾錯。懷園公日夕縈心，議改卜轉徙。善人窺公意，傾囊中金錢經紀其事，一不煩公，亦一不告其兩季，自高曾而下，咸究安宅，公喜可知也。孫令人有弟而饕，時時横索，善人念渭陽之情，數爲解衣推食，猶不厭其溪壑，甚至速善人於訟。善人寧闌出錢求解，未嘗作曲直語。懷園公老尚豪，舉裘馬休休，絶似五陵少年。善人尤多委蛇，務揣而中其驩。公喜甘毳，即爲窮陸毛海錯；公喜紈綺，即爲製薄繒錦冰；公喜聲妓，即爲招蛾眉曼睩。公嘗戲語善人曰：「余百歲後，若等祭我必以妓，不然而令黄冠緇衣欵乃作薤露聲，余且悶悶不得開笑口粱奠苦矣。」善人自公捐館，凡遇四時之祭，必設其生時所嗜旁坐紅粧行酒，而身匍伏几下，號呼爲孺子慕，竟日乃罷去。雖云從其戲命，見不逮屈子去芰，庶幾哉思成遺意，其王修、吴隱之之流耶？善人侍先君子四十餘年，髮垂垂者忽已種種，猶傴僂踧踖，不改摳衣鼓篋時。往歲先君子疾，善人蹣跚榻前，省問寒燠，偕同儕若喬君倉余、仲余、徐君元卿或修藥餌，或敦匠事，或代余不肖兄弟周旋户内外，至今登余堂，北面向几筵長揖。或譚往事，淚蘇蘇下，古所稱任末、顧潤之義甚高，假令善人當此，何多讓也？此又豈痀瘻丈人與高陽酒民所能辦哉？

黄子曰：聖賢謂善人質美未學，夫近世學士，戴縰垂纓而談經術，乃迂迂傷恩薄厚，奚啻名其唐父於水木本源，甚至秦越人視之，而況於貌而師者，存之不存亡其能存。若姚善人，可謂不呫僤而合於道，安見其出近世學士下也？語曰：天道平分，常予善人。獨其艱於嗣人，恨恨謂天不可問。顧善人年六十，貌若嬰兒，壽未有艾，即百歲後多富貴男子者，芳華歇絶而人呼善人不衰，則爲善人子者多矣！

豐穀毛先生傳

當今海内多貴家大族，必推吴越云。吴風靡於越，故吴之陵谷易遷，王侯第宅是不一姓。而越雖前代衣冠遺裔猶有存者，其子姓繁衍，或數千百指，甚至禪姓於鄉，如紹興餘姚所呼毛村云。毛之族甲於越，世比之崔、盧、王、謝，子姓聚廬而處若星羅，歲時或不相往來，近者亦不能擊鐘而食。卒然遇於江湖，相與疑族，不能卒辨。大都負耒居者什之五，擅方技遊者什之三，挾經術居與遊半者什之六七。入國朝，以科第顯，無論數十人。考其文章節義最著，有謚忠襄者一人，列鼎甲者一人。余皆聞其名，不見其人也。乃今見其人，則豐穀毛先生云。

先生名某，字某，别號豐穀，世家紹興餘姚之毛村。豐頤廣顙，面若傅粉，頎然美丈夫。且秀外慧中，少以戴記馳聲黌舍，屢爲督學使所推擇，時命大繆，年餘艾猶然青衿，輒咄嗟歎曰：「丈夫寧須蓬首垢面冠灰注之冠，匏繫廣文藉中以没，而世將爲榮耶？吾從吾好，吾食吾力，吾無與造物者争。」遂謝去諸生而一意爲人傳經。

近世經生師茬厲相違，夸昆横發，彊陽者魁然作崖岸淩人而高其價，猥瑣者婞然自脂韋揣人而中其懽，不終歲而此合彼離，不能温皋比矣。先生和而介，羣而不黨，能方能員，可磨可涅，煦煦如春風襲人，而不習反覆雲雨態，爲人師，歷數十餘年，人我如一日。其供帳膳羞，使令鮮腆便給，不色喜；或簡朴惰窳，不色愠。朝夕訓督，主人知而頌之，功不加勤；或主人不知而任之，功不加怠。與其父兄處，既不失父兄心；與其子弟處，又不咈子弟意。微獨其主者之父兄子弟，即一方人，見纓組不傴，見襪襏不侮而倨。博通多能，叩若懸河。人有以問奇來者，則與言奇；有以問盧扁來者，則與言盧扁；有以問堪輿、星官、曆師之事來者，則與言堪輿、星官、曆師之事。人人如飲醇焉，總不離於正經，未嘗設城府，較尋尺。此其文章節義不獲大爲灼爍，然賢於近世經生師奚啻霄壤？可謂不愧其宗哉！

黄子曰：余以吴人傳越人，故其行事不甚悉。然先生什九在外，師模多於鄉評。即其所居人愛，所去見思，韻宇亦可想矣。而余別有羨於先生者，則以老將知而耄不及之也。凡人抑首爲諸生，猶曰束於章撻，不能脱離槧鉛。先生謝諸生矣，於一切博士家言，旁及七略、九流，終日操不律，擁烏皮几，親爲繕寫，至丙夜猶篝燈作蠅頭書。銖積寸累，載可兼兩，知交勸之：「公老矣，毋自苦。」輒正襟謝曰：「余爲人師，奈何先自暇也？且余以此消白日，猶賢乎已。令後世賢師我勤耳。」墨子有云：華髮毀巔而弗舍，其惟至人乎？先生庶幾近之。若先生爲人，善藏其用，無所不入，其柱下之流與？論其好學不倦，漢有毛公，豈其苗裔與？

吴敬齋先生傳

吴先生生於新都之商山，讀先生志狀，其鄉薦紳業洋洋乎足術矣，寧須余言而傳乎？顧先生居之多不如客之多，鄉評之多不如黄龍之上交口而譽之多。語曰：觀遠人，以其所主。先生交於余家者凡三世，則余亦惡能無言而處於此？以故先生之世系、家施不載，載先生之爲德於上海者。

先生諱世祖，字本承，别號敬齋。少行賈吴會，值島夷破斧，先生咄嗟歎曰：「良賈不以折閲不市，善舞豈必長袖哉？貴在得地與得人耳。」遂來卜余上海賈焉。上海仰利機，饒魚鹽，以故賈者鱗集，什九新都，總之如猛獸鷙鳥，左右設罝罘罾笱，析及秋毫。其喜遊子弟裘馬休休，羅紈錦冰，屭繡銀黄乘，策曳履於博戲，馳逐長袂利屣之場，而斤斤宰藏，又如駔儈。然耻言任俠，里中議出財佐公，則掉臂而去，雖以名義相勸勉，剥膚狀宛轉目前，忍弗能予。或重斂而輕捐，或刻取而虜守，大體如此矣。先生於百貨貴賤、上下智能權勇能斷，而獨附以仁義。出入必信，幾可折衡，子稍倍於母，弗曲計也。諸賈人惡其額減，誚讓先生，先生曰：「我用我法，毋多言。」

人以此益服而歸之。往吴市者肩相摩羸，得過當貲，遂甲於諸賈人。然先生恂恂似儒生，食麤衣素，終身惟衳彤樸瓶、革鞮皮鳫、燔黍燀豚，以明恬澹於諸五陵少年之好。目未嘗加睫，至彌留之際，口諄諄不及香履，而戒子孫毋爲紛華。驟窺先生指，非願以纖嗇矯其汰靡者乎？

廼先生性復慨慷，急於行義，居恒不喜習賈人子，而喜與高賢大良遊。門外多長者車轍，青衿士或以育鞠告，輒解橐中裝佐之。余邑神廟日久漸圮，瞻禮其下者不無孔安之思。計費且甚鉅，徒低徊咨嗟而已。先生鋭然庀材鳩工，垣闕、罘罳、欄楯，不煩鼛鼓而更之爽塏。瞻禮者復嘖嘖功先生，邑大夫亦移書議旌先生功，而先生卒遜，謝弗自功，猶曰：「此福田也，人易勉焉。」客歲余邑屢侵，海波數揚，縣官勸富民積粟，虞弗給，則有意於諸賈人。先生首爲應命，願儲黍稌、穜稑、來麰千鍾，以備緩急。諸賈人復來誚讓先生曰：「奈何爲緒使？且銖積寸累以有此阿堵，不以灌吾桑梓，而委諸東海上乎？」先生笑曰：「鄙人何知！享其利者爲有德，奈何食土之毛，不分人之憂也？彼卜大夫獨非賈人哉？遇公正樂施，有古烈士風，此豈有所徼而然，殊異乎白首赤刀，齷齪纖嗇態矣。」先生蓋處於不汰不嗇之間，總之，所謂攘攘而仁義附焉。余以上海知商山信其鄉縉紳所稱先生孝友任卹累善積功，不誣也。

東海生曰：班史傳循吏，稱其所居人樂，所去見思。吴先生挾范蠡計然之策，而斟酌廣狹，動合於道。惜其盡用之賈，不獲大爲遊刃一施之國。然其生於商山，卒於上海，兩地之人依依如有餘慕。假令當途高卑，亦不失百里焉。知其所至不爲畏壘也。詩有云：「如賈三倍，君子是識。」當世有賈儒，亦有儒賈。彼黷貨無厭，屯膏勿施，宦轍鄉評，兩歉歉乎？有削迹之思者，視先生何如哉？

卷七

催熱審疏

刑部河南清吏司主事見委提牢臣黄體仁謹奏，爲敬依職掌，直陳獄囚，迫切至情，懇乞聖明亟勑臣工仰承恩命，俯救殘喘事。臣於萬曆三十三年四月二十八日選授今職，莅任數日，即欽奉聖旨：「如今天氣暄熱，兩法司并錦衣衛見監罪囚笞罪無干証的放了，徒流以下便減等。擬審發落重囚情可矜疑，并枷號的都寫來看。欽此。」欽遵。臣不勝踊躍，竊謂邇來議論紛紜，諸臣有力争而不下者，此獨斷自聖衷，不待疏請，不煩催促，雖古帝王，如禹之下車、湯之祝網，何以過此？尋輪次督獄一入圜扉，親歷各監，遍閱諸囚，總計幾及千人。有執瓦而哀鳴者，有含淚而飲泣者，有偃卧仰天而不能言者，有尫羸仆地而不能起者。臣一一諭之曰：「皇上熱審恩旨下矣，汝等旦暮有生路矣。」諸囚無不舉首祝天，懽呼動地。乃越數日，而各堂不視事；又越數日，而諸司不舉行。臣再對諸囚，則諸囚疑臣之言似出於妄，而臣固信皇上之命必不可虛。第時愈久，天愈暑，囚亦愈困。以霪雨滲漉，繼之炎暑鬱蒸，以桎梏拘攣，兼之口腹饑渴，今日報某監某囚病矣，明日報某監某囚死矣，無一日而不有數監報病，無一監而不有數人報死。隨報隨相，隨相隨埋，今尚有數屍裒積，呻吟之聲徹耳，顛連之狀滿目。且垣墻倒塌，禁防難施。鳥動出籠之想，則張翅待飛；獸極就柙之苦，則蹢足欲逸。魂飛湯火，夢繞關山，釁孽萌生，禍機叵測。臣晝夜靡寧，寢食俱廢，竊思事有關於國脉，有益於民命者，即未得俞旨，尚當叩閽固請，況恩命昭如日月，在臣子喜於對揚，雖有沉疴，亦宜力疾而起，竭蹷而趨，願勉强須臾，以觀德化之成，而乃不亟舉行。潛窺其中期於全體，不期於致身，使雲密而雨不下，春回而物未蘇。論勢則勢已剝膚，論時則時將徂暑，是非皇上之屯膏，實諸臣之曠職也；是非皇上之寢閣，實諸臣之稽留也。

夫皇上一念之不忍，可保四海，可弘萬化，所恃以弭天變、收人心者，首見此一節。嗣此赦過之後，繼以舉賢，則補官之命下；明罰之後，繼以肅紀，則黜幽之命下；省刑之後，繼以薄斂，則停礦稅之命下。皇上恩波，正如泉之始達，又復延遲至此，壅塞以後無限良法美意。詩曰：「凡百君子，各敬爾身。胡不相畏，不畏于天？」諸臣其何所避辟？伏乞皇上切責諸臣，速出視事，督率各司，務要矢公矢慎，無内無來，以共成皇上浩蕩之仁。其爲裨補，豈曰眇小？昔東海一匹婦耳，稍有寃抑，即召飛霜之變。于公一獄吏耳，好行平恕，遂徵昌後之休。今獄中幾及千人，或一時詿誤，論定而當釋；或他事牽連，無辜而就縶。寧止於匹婦之含寃？孰審活可數百命，殘疾疲癃，驟解放而驚喜，父母妻子，重團聚而悲歡，又寧止於一獄吏之造福，將見聖母之萬壽益增，而皇上之百禄永固矣。

臣在獄言獄，就事論事，目慘心傷，詞真意懇，非敢越俎而言，亦不敢當局而諱。伏乞聖明垂察宗社，生靈幸甚。臣不勝戰慄，待命之至。

水災疏

刑部河南清吏司主事臣黄體仁一本奏爲霪霖肆虐，圜土盡傾，羣心傍徨，百官愴怳，而天災愈迫，聖聽彌高，不得不哀鳴，懇祈以完職守以免罪譴事。臣等備員刑曹，分司邦禁，日隨堂官供職，惟知爲皇上堅持令甲，嚴戢兇頑，真如收虎兕而置之柙，驅蛇龍而放之菹。内則有提牢一員，專於調度；外則有巡風一員，專於稽察。而臣等朝夕兢兢，共爲干掫，以圖稱塞，庶幾無負委任之意。不虞閏六月二十五夜，風雨連朝，門内路竟成河，監外墻俱倒地。獄官浮水奔訴，堂官衝雨往拯，亟呼兵番周防隨葺，木城曲護。臣等諸司絡繹奔走，濡首濡足，分漏分更，猶幸無事。至七月初五、初六兩晝夜，雨復驟注，其震蕩之聲，如千軍萬馬争鶩，猛於鉅鹿之戰；其澎湃之勢，如千溪萬壑倒流，迅於廣陵之濤。萬户傷心，胥爲沉黿，三法司更泛濫，而堂宇都摧。各監慘目，悉似飄蓬。一老監先潰裂，而獄官首禍。臣親履其地勘視各監，高者如燕集幕上而重足，卑者如鵠立水中而延頸。老病者戴縲絏而垂斃，明知與死爲隣；强壯者呼庚癸而長號，自分求生無計。歐陽修水災疏不能述其哀苦，鄭俠流民圖未易狀其顛連。雖云此輩誠孽自己作，安保彼中無疑而可矜？且一日未就死地，當一日尚開生門。臣竊謂皇上深居九重，明見萬里，朝審、熱審，洪恩屢施。況剥膚之災近在輦轂，自當無待臣下疏請，沛然發德音，下明詔，以挽回天意，收拾人心。乃臣之堂官初以監墻倒塌，慮囚之騷動也，具疏上請，詞極迫切，而不報；再爲獄官壓死，慮囚之駭逸也，復具疏上請，詞展迫切，而又不報。甚者閣臣言之，部院之臣言之，臺省之臣言之，數百年大内之垣墻忽圮，天威赫赫，若耳提而面命之，而皇上慢不加省。以夜不能待旦者而日復日焉，置若罔聞，其果宫中之緑樹碧簷，不知外邊景象耶？

邇來仰窺聖衷，或爲多言煩興，甲可乙否，欲以鎮静消其躁妄，故一切章奏大半留中。如今日所陳，關係國家急務要機，抑有是非好醜淆雜與孟浪聚訟者比，而悉從報罷耶？宋臣蘇軾有言：國家之患，莫大於下呼而上不應。自今日之呼而不應也，如子之疾痛，號泣於父母，而毫不蒙顧，復令臣等狼狽鶴望，掣肘曳踵，懸旌摇摇而無所薄。將欲立而視之，覆巢寧有完卵？既恐傷生；將欲縶而維之，急策豈無敗羣？又恐召變。將欲徙而遷之，則鬼薪城旦之輕繫可出，而欽犯重辟未敢概發；將欲營而葺之，則贖鍰紙價之積銖易窮，而歲供常額未敢擅動。空持籌而無畫，徒仰屋以興嗟。彼蒼之陰翳未開，諸囚之驚魂未定。儻有不虞，六七百亡命之徒一旦窮而思攫，其將問之水濱乎？到此已噬臍無及，而蛇龍自菹復橫，虎兕自柙復出，是誰之過與？如臣下僚，萬不當越俎言事，而職守攸存，俛思曠官之罪，甚於越俎。故昧死瀆冒，懇祈皇上速示聖斷，俯賜欽恤，使纍囚之殘喘暫延，刑曹之法網不漏，真宗社無疆之福矣。臣不勝殞越待命之至。

參科場割卷招語

看得鄭汝鑛猥瑣下愚，猖狂浪子，仗錢神爲道地，憑市棍以鑽天。窩錢炳家，揮千金任其出入；托王賢輩，營百計潛爲轉移。鴻碩之士，歷風簷寸晷之苦，竟爾付東流而飲恨；銅臭之夫，造胠篋探囊之謀，偃然空北冀以掄魁。五經四人，數百年惜此缺典；一卷兩手，億萬口泣彼遺珠。是惟魑魅公行，遂致玉石倒置。蓋各官之耳目有限，而羣小之機械無窮。作奸料非一科，被害亦非一士。或挾重賄以布置於外，或恃權胥而發縱於中。裝頭換尾，捷如反掌，接木移花，巧若弄丸。若非汝鑛列前而易查，縱使顯忠在近而誰覺？棘闈伏弧矛之盜，駿才受刀劍之傷。

已往者覺後生疑，願食肉而甘心；將來者懲前思懼，恐蹈轍而重足。倘或稍從姑息，何以永絶根株？但弊出於尋常之所未經，而法窮於律例之所不載。蓋鄭汝鑛、錢一炳、王賢、朱方等不止利己，兼之害人，而余萬燭尤著名神奸，積年漏網，乃衙門之元惡，真科場之大蠹。合無先將央浼被詎鄭汝鑛，造謀分贜、錢一炳、王賢、朱方、余萬燭等姑依例科，斷其現拘。未到金大綱、諸震東、陳紹基等已衆証明白，定擬照提各監家屬金大俊、諸曰完、陳□□、□大綱妻馬氏男官壽發行，各城兵馬多差兵番緝拘，務在必獲，庶神奸不縱，而後患稍息矣。

新建請究沙氏疏參語

看得沙氏妬悍成性，慘毒甘心，主以鷙害之母，真同攫子之鴟，佐以奸狡之兄，恰似傅翼之虎。據司道會審，并于証招稱謀夫有據，已無可赦之條；溺水無屍，尚有可疑之跡。合行原問衙門，務將沙焕窮竟下落，鞫其果死果生。或將沙氏定罪照提，令其雖生猶死。果死，則已雪生者之仇，不必再索；雖生，亦已坐死者之辟，安得復燃？明爲具題，速行結卷，毋留將來之害，毋羈久繫之囚。庶法網不漏而禍水永絶矣。

寧陵請詳窩盗疏參語

爲照：王遵訓居官既掛吏議，處家又犯鄉評。大都任氣凌人，强半因利昏智。今據撫按會參司道確審，雖積貨聚馬，或涉風影之疑，然窩盗分贜，重干金矢之議。紛然執証，慘矣呼號。惡既稔於羣兇，罪宜歸於主藏。雖願築城自贖，抑何悔於噬臍；尋復鑿坯潛逃，更安脱於竄首！但賓館非刺訊之所，學官非質對之人。公庭未經面折，難言本犯之伏辜；盗招尚屬偏辭，竊恐將來之藉口。合應行本處撫按加意緝獲秉公研究另具招題請，依律定擬，庶三尺之法可伸，萬姓之寃得白矣。

衛官侵糧疏參語

看得羅文魁等身叨纓組，行類穿窬。軍故已十年而册籍不除，糧冒踰千石而溪壑未厭。當帑藏俱空，正壓衿捉肘見之苦；矧寇攘式内，奚止繩鋸木斷之虞？長此後將安窮，若輩又知凡幾？計其累歲之侵漁，盡數追償，已失萬而得千。念其先世之汗馬，依律永遣，姑懲一以警百。

再祈申飭各衛，通行嚴查，畏法改正者聽其補償，從實首告者免其罪犯。庶國儲之積蠹全消，而禁近之戎政亦肅矣。

行薊州道公移

參看得告人李崇豹原知隔縣，不便拘提，而每見其衣則網掛，食則瓢乞，到處逢人呼天搶地，聲言萬朝武力可通神，柴書手智能罔上，極其迫切。誠恐觀望者將謂法官不能爲彼匹夫伸此三尺，故屢牌行縣，復移劄到道，以求共持其平。止提生犯一質，非必死屍。遠來今據申文，仍執不發。更欲本部轉解李崇豹并審。數日前，李崇豹泣禀該縣，恨其越訴，伊弟又垂斃杖下矣。安知不願得崇豹而甘心焉？本部未能求其生，反驅之死乎？法不可易，本當公之於人；天不可欺，惟恐枉之自我。還宜嚴諭該縣，秉公虛心，毋得狥私曲庇。

邑乘十志

析壤樹邦，法資畫一。仰應星躔，俯定疆域。陵谷代變，井牧遞遷。習尚殊軌，雅浮改弦。

勝備探奇，跡存懷古。式圍固圉，屬在守土。作地理志。

邑瀕大海，環浦枕江。瀠洄若帶，夙稱水鄉。疏塞攸殊，利病孔亟。動由人謀，罔咎地脉。緬稽往哲，代懋厥庸。昭茲來許，載纘禹功。作河渠志。

任土作貢，徹田爲糧。計口讓繇，厥有典常。土膏漸墝，物力時絀。杼軸告空，飛輓靡極。源之將竭，其流曷支？軫念東南，休養是宜。作賦役志。

琴廨宣猷，芹宮敷教。詰戎威遠，設險禦暴。杠梁利涉，宅里旌賢。丘隴埋玉，梵宇通玄。鼎峙碁分，辨方正位。圮壞咸修，規制斯備。作建設志。

爰命重黎，地天乃絶。崇德報功，往牒罔缺。粢盛豐潔，壇宇穹隆。右文錫祉，靈爽攸鍾。載在祀典，以似以續。禁彼昏淫，毋滋謟瀆。作秩祀志。

擾擾横目，厥有攸司。漸摩覆露，是牧是師。一夫得情，百年誦德。桃李不言，下自成陌。甘棠識愛，峴石興懷。非獨彰往，將以詔來。作官師志。

昭代羅賢，科貢並陟。上勤蒐揚，下圖稱塞。展采策勳，簪纓乃尊。邇賤名器，規用多門。軒蓋塞途，冠裳掃地。非有表見，草木同斃。作選舉志。

古三不朽，得一者傳。功德尚矣，言亦次焉。勁節高標，含真流耀。雖無典刑，梁月猶照。韋布縉紳，閨壼丈夫。誰云異調，范世同符。作人物志。

書契肇闡，代垂汗青。載籍未備，文獻曷徵。教洽菁莪，俊乂接武。羽翼經傳，焜煌藝圃。晉唐遺蹟，鳳翥龍蟠。並擅墨妙，爲世奇觀。作藝文志。

自昔志乘，鉅眇咸綜。教存二氏，藝備百工。上天示象，妖祥類至。狼燧鯨波，慘毒尤肆。爰及懲勸，軼事遐陬。泰山土壤，河海細流。作雜志。

曾大父汝洪公曾大母任氏行實

黃氏世爲上海人，遠不可攷。宋元間有諱德富者，一傳而清，再傳而文祥，三傳至西郊公銘，始入國朝爲著姓。公讀書談道，人呼「西郊先生」。邑志載西郊野趣軒，以子貴封刑部主事，具胡祭酒儼志中。子二人，長諱恭，字孟莊，即太守公。太守公宦績鄉評，則有邑乘與顧廣南志在。次諱敬，字季脩，即體仁六世祖。兄爲二千石，不類今人憑氣勢作奸，惟孝弟力田如故。大都敦本尚實，累善積功云。生子諱珮，字伯玉，即體仁高大父。甫弱冠夭殁，遺孤子未期，高大母陶氏泣曰：「余不難死，第余死兒死，先君且死而死，人將謂余女而不婦也。」三年攜其孤大歸於陶，又十年復攜其孤來，大召宗人而告曰：「此髧然黃氏孤兒，余忍死以望其孚化，冀報先君於地下，不待旦焉。今徼先君之靈，髮且燥矣。先君有敝廬薄產在，幸憐而歸之。」諸宗人唯唯，悉還其遺簪。是爲曾大父。

曾大父諱海，字汝洪。周涇上有任公道復，里中所莊事者也。見曾大父於赤身時，慨然以女女之，是爲曾大母。曾大父秉心淵塞，外勁中權。曾大母亦嚴重有威，勃若怒生。相與披霜露，斬荆棘，鳩高大父之業不遺餘力。然以在外十餘年，一旦來收舊物，宗人側目，欲頤氣使之，有從子行年若也，且邑諸生意殊介介不能下。時邑侯思齊鄭公洛書以禮訓俗，曾大父遂白之侯，侯曰：「余皮相汝知，汝能嗃嗃閑家，非尋常村氓，得汝數曹揭標振鐸，足吾事矣。」立召所白者至，以杖授曾大父，使歸杖之，卒于家祠中免冠受杖，謝不謹乃已。自是里中長者始折節曾大父曰：「毋少黃君，黃君沈而雄，朴而有禮，險阻艱難備嘗之矣。黃氏西郊公之後季脩公鬱而未章，其後衰者也，其將由黃君乎？」凡邑掌稅多大姓每設蜡飯，會閭伍，必得曾大父爲重。曾大父未至，雖少長畢集，酒清而不飲。或曾大父先諸少長至，則諸長少蹻蹶而趨，曰：「黃公至矣，余何敢差池？」里中蓋比之陳太丘、王彦方云。子六人，長諱傑，夭；次諱松；次諱樟；次諱椿，即體仁大父；次諱林；次諱相。悉爲娶良家女子婦，俱纍纍壯矣。男子畝，婦人織，外許許芟柞，内軋軋弄機杼，非薄暮不輟。暮復熒熒篝燈，索綯治緉，過丙夜始各就寢。明星爛然，互爲聽雞望曉。兩尊人隱隱咨户聲徹枕上，争顛倒裳衣趨侍。左右稍晏起廢業，或飲食衣服過侈，不類田家，即呼至庭中，提耳而詈曰：「余羽殺尾敝，以有今日。吾冀而男女效績，食麤衣惡，以争寸陰，猶恐忘先人之業，況有奢怠，其何以避辟？一朝後時，舉家枵腹；一人浪用，終歲不償逋。奈何以白屋草廬效高門鼎貴，競呰窳屑越也？」洸潰譙讓，語刺刺不休。春日聞鶗鴂，遍呼子婦若當闕曰：「此非惡聲也。鳥猶急生，人矧伊人乎？」暇爲周行阡陌，辨土膏肥瘠燥濕，儲黍稌穜稑；相水泉高下，刻鏤溝塍；視茅茨完圮，繕葺垣墻囷窖。坐無煖席而足常跰，雨則戴笠披簑，臨溪投網，得小鮮，命童子畜家池中，滿尺者烹以供夜餉，遍餉諸子若孫而諭之曰：「若輩苦雨，不窺足户外，安所得魚？聞古人采荼以食，魚不勝荼乎？」雖甌窶汙邪，穰穰滿願，不知人間有薄紈異膳。歲時伏臘，整冠服坐堂上，子婦以次上壽，跪拜如禮，嚴若朝典。孫曾若而人，兩階鴈行，罔敢跛倚。府君坐箸郄前，數數加盼曰：「此兒舉止似儒家子，長當潤色吾宗，其不以襏襫老乎？」甫六歲，即出市椒餅作脡脯，令就里師。夫曾大父少孤起灌莽中，目未覩汗青而擘畫多丈夫之概，終歲葆力作苦，量入議出，絶類邠風七月之章，未雨憂桑，既濟戒衣。淵乎有唐人蟋蟀之遺風焉。至身操錢鎛，志慕弦誦，願子孫易農而儒，自太守公後實再闢混淪。詩稱貽孫謀燕翼子，何以過此？天之所啓，默與道契，寧必句襟委章甫哉？

撫今遡往，昔太守公登仕，凡封公詒業悉遜之弟。後太守公子營墓域，建碑樹亭，隘不能容。曾大父復割産讓之，戚戚兄弟，何雍雍也。當太守公時，自周涇東西，行人呼黃家闞，子姓殷繁，擊鐘而食。子彦宏試留都者十而十不利，嘗自題其齋頭云：「半世讀書，且喜識今還識古；十科不第，已知由命不由人。」爲邑通儒，又非若近世長者家兒也。今太守公子姓尚有能存遺址，守青緗者乎？體仁六世祖流離瑣尾極矣，子姓藹藹，里中猶知黄氏，豈曾大父拮据迍邅，爲能延其餘澤。太守公身顯名尊，盛則昃，盈必毀，天之道與？抑子姓怙寵，賢者智損，愚者過益，如疏大夫云也？太守公身降苗獠，有活百萬功猶爾，况其詡詡者？後人憮然懼矣。

先祖静菴公祖母徐氏行實

王大父諱椿，字廷茂，别號静菴。自德富公三傳而爲西郊公，自西郊公三傳而爲汝洪公，汝洪公即王大父父也。汝洪公娶於任，曰任太母。舉子六人，四舉王大父，娶於徐，曰徐孺人，是爲王大母。汝洪公嘗語任太母曰：「此兒能迎吾意，吾夢魂亦安之。」以故什一居伯叔所，什九居王大父所。自汝洪公捐館，任太母乃居王大父所老焉。時笑謂王大父曰：「人言願爲人兄供養日長，今汝弟也，寧獨短乎？」任太母又後汝洪公七年卒，疾且革，潛呼王大母出黄金釵鈿授之曰：「留佐汝喪壙費。」王大父罄橐中金營喪壙，一不望於諸伯叔妯娌。尋出王大母所受分諸伯叔妯娌，無少匿。任太母晚好佛，殁爲設桑門之饌，火從佛燈上炎，幾及任太母柩，王大母亟以身扞火，火乃熄，額爲之焦。王伯祖早殁，遺孤子幼而貧，王大父謂王大母曰：「余兄弟六人，惟兄逝矣，儻余得没於地，兄若問遺孤，其將何辭以對？請子收之，以延兄嗣。」長爲擇對，又爲具子母錢，使遊青徐間。凡共爨五十餘年，孝友天至類如此。

王大父性更慷慨立義，不侵然諾。嘗貸友人金貿布鬻天津市，布朝發而河水暮決，民走集岡阜以免。家僮請亟收責，王大父曰：「民幾魚矣，寧可復督過之？吾寧歸，須其歲稔也。」遂垂槖歸家。僮復請以水決故告貸金家，王大父曰：「吾能忍人負我，不能忍我負人。吾寧棄箸乎？」繼以繇役繁興，公私旁午，庇雨糊口之産一朝而殲，幾不給饘粥。然於縻絲裹蹄直以苓通視之，終不以貧故取非有，亦不以貧故恡所有。一錢尺帛以得與窶人子共爲快。王叔祖老無子，而家素饒，諸宗人争爲染指，嘗暮懷數百金寄王大父，人有風王大父者曰：「公之弟實畏諸宗人，有意於公子也。」王大父曰：「余方惡宗人虎而視之果爾，則彼且爲鸇而余且爲叢乎？」踰年擲歸，目不加睫。遇黄冠緇衣及翳桑之夫，必倒囊以應所須，不給則解衣脱簪，佐以銅杓金錯。有胡僧東西叫號，願募布百疋，又願得檀越一人兩人，即百疋不願也。王大父竟以百疋與之，自是聲益重里中，而卒無有幾微彯撇少忤於里中。雖減獲，亦未嘗輕爲譴呵，每曰：「人幸同閈同室，不過百年生聚，奈何高自厓眥，苦與競乎？」里中有少年酒徒闌入户内，裸而跣跔，且呼且詈，諸環視者忿恚不平，争爲磨牙，王大父力禁止曰：「若醉也，奈何以醒者與醉者校？」地聽之！」少年比醒問狀，拊心批頰曰：「吾爲黄公盛德所容，愧死無地矣。」每出紆道，不敢經户外，曰：「吾覩黄公廬而心恧之也。」偶於冬月訓一小蒼頭，杖欲下而袒服見，縷可指掛，釋而詈，王大母曰：「此亦人子，奈何忍其一寒至此？」

王大母復婉轉承志，黽勉代終，急人之難，甚於剥膚，好行棄蠶之惠而善得人欲炙之情。王大父喜賈遊，什九在外，念王大母疲於井臼，羽且譙譙也。過青徐，攜一侍妾以歸，王大母即遣人逆之途而謂王大父曰：「余一子，懼不獨茂，且余展四體以相君室，猶懼不給精力，日就消亡矣。儻新人能廣君嗣而分余勞，幸甚。」遂以所卧榻讓之，等其飲食、衣服而先其龜手汗足之事。有戚屬嫁富室，惎夫之妾有娠也，私謀於王大母，欲爲酖。王大母艴然驚叱曰：「若亦有夫，而安得此躛言？若以此，無種矣！」旋内悔曰：「余言亟而堅，脱若他屬而計遂行，陰且隱余之忍心也。」復佯牽戚屬至密室，紿之曰：「頃語出肝鬲乎？余畏汝泄，故却汝。余所習媪覡也，挾淳于衍之術以遊，易致也。」戚屬躍然問：「可立致不？」王大母曰：「易致也。第藥非以時製，弗效。汝當偵其將就草，遣急足報余。」戚屬果先期來報，王大母即以粉糕作丸，塗裹固封，與之。戚屬信而詭云可闔生也，强爲之灌，母子俱平善無恙。今其子尚存，戚屬竟老無子，暴屍中野。蓋太父母俱仁心爲質，遇而輒發，王大母尤可謂巧於行仁矣。

嘉靖壬子，王大父忽卧病，語王大母曰：「若真賢婦，余負若，若其食報於子孫乎？未可量也。」又呼府君曰：「余上世嘗以簪纓顯，然余願子孫世爲儒，俗呼善人足矣。赫然顯於簪纓，則取盈而犯忌，憑勢而積孽，如樹花盛發，明年無復再榮。詩曰：『高岸爲谷，深谷爲陵。』汝不見宗廟之犧，半爲畎畝之勤乎？」言竟而安然以逝，遠近聞訃，有咨嗟雪涕者，有持紙錢、誦梵語爲資冥福者，凡數百人。引將發，雷電大作，二龍繞庭，府君泣而仆地曰：「生多艱辛，不能一日平陸。行歸三尺，胡爲乎泥中？」須臾雲霽日出，人以爲天佑善人，然猶以下壽少之。

又明年癸丑，島夷驟起，海水羣飛，市中男女望岐而竄。府君攜王大母及諸少長匍匐移遠方，晝隱宵遁，非浥浥行露，則瞿瞿伏榛薄中。橋梁險隘，灌莽迫阸，一時以疲薾不前，蹶而仆水澤中。或罹鋒鏑者，不可數計。人始歎曰：「乃今而知天意蓋歸休乎黄公也。假令公在，能勝此馳逐以身免乎？」時王大母年已六十，先以王大父死，鼠思泣血，重以鳥徙困劬，兩目忽盲，不辨東西。行至七十，雙眸炯然，口生兒齒，顛黄髮毿毿。踰八十，猶思緝木綿，沃釜滌器，如少壯時。將就寢，則諄諄言往事曰：「某家起茅茨中，而今貴顯聞，其先蓋長者也。某家轟隱交路，而今衰謝，聞其先暴横，子姓亦豪奢也。凡美惡周而後復，若等無狃目而忘背。」蓋其語多類桓少君旨云。

萬曆丁丑，府君正司訓祁陽。冬十一月，值王大母誕彌之辰，不肖體仁捧觴上壽，覓丹青士爲傳貌像，王大母忻然語不肖體仁曰：「汝父旦夕陟屺而望，兒宜好聲寄之云：老身無恙，不煩遠念可也。」又十日曉，呼不肖體仁至榻前曰：「余不待汝父歸矣。疲汝祖在，余將從之行乎！」

復諄諄言往事，幾一晝夜而卒。

王大父生於成化丙午十二月二十九日，卒於嘉靖壬子六月初十日，享年六十有七。王大母生於弘治辛亥十一月十三日，卒於萬曆丁丑十一月二十三日，享年八十有七。子一，即府君，諱一岳，上杭縣學教諭。孫三，孫女三，曾孫九。王大父懿行略載於邑志淳德傳中，然家施不及，邑猶管豹也。而王大母之幽芳，一言一動，中於大道，合之雙美，並足千古，惡可令湮滅不傳？以故不肖體仁姑自幼所覩記及獲聞於府君者，麤加詮次，庶幾昭兹來許，知先世寸積銖累，相與培此仁厚之脉，罔敢輕爲刻鏤，以批根涸源，自絶於天，則不肖體仁念兹皇祖陟降庭止意也。敢云取已朽之骨，變其本而增華，妄博名高哉？重違兩大父母闇然好脩之心矣！

先考中山府君先妣瞿孺人繼妣沈孺人行實

當世惟貴人有志，或富而饒於貲者亦有志。府君半世諸生，十年博士，不能徼有天幸，致身高華。不肖孤體仁昕夕烏烏，泣牛衣中，無能耀闡胷於光明，賤且貧焉，胡能借一言之譽實墓中石乎？獨念府君兢兢拮据，箕濮之名不減槐棘，而後人祇遹前模，紹衣往訓，徒以一時之厄，頓令前休之不千秋，梁奠苦矣。用是俯首流涕而詮次之。

謹按胡祭酒儼志，黃氏可攷者始於德富公，著於西郊公銘。西郊公生二子，曰孟莊公恭，曰季脩公敬。孟莊公秩中二千石，單騎降苗獠以萬計，有郭汾陽之概。季脩公以隱德世西郊公。季脩公生子曰伯玉公珮，伯玉公夭，遺孤子曰汝洪公海。汝洪公生六子，王大父靜菴公椿季也，娶徐孺人，實生府君。

府君諱一岳，字子鍾，别號中山。爲兒時即爲里中胡先生芳所器，曰：「此兒嶽嶽端凝，似萬石家兒，異日當以篤行稱矣。」稍長，受詩於鳴鸞、鳴鳳兩徐先生門。歲時，兩先生已解絳帳，猶丏旁舍，咿唔其中。娶於瞿，爲瞿孺人。婚未踰月，蹶然起曰：「時駛不可失，奈何緩轡駒隙中？」請於王大父，負笈遊武林，下帷天竺苦心，如頭陀面壁。慕越之通人曰孫先生本，往問奇焉。逾兩歲，念王大父困於賈，再困於繇，望雲下淚。歸就貸金，家杜氏館，歲爲王大父供子錢。王大父猶苦不支，日對王大母歔欷佗傺。瞿孺人向府君曰：「余性少鉛華，緣今兩尊人額且日蹙，笥中簪珥羅紈何不慮以償諸逋？」府君喜動顔色，洗橐以急王大父，而日令孺人從王大母夜作以供早餉，早作以供晝餔，一日廢業，甑塵灰冷矣。尋以試應有司試，先眴不中選，有謀者曰：「傾君斧，尚可爲道地。」府君謹謝謀者，悉市經史歸。外王父瞿公念貧且屢躓也，從容風曰：「語云，刺繡文不如倚市門，何謂也？」府君面發赤，終歲不至外王父家，益肆力揣摩，宵膏達丙。嘉靖乙巳，補弟子員。己酉，食廩横舍，大爲視學使胡公植所賞，試草更相傳誦，幾令紙貴。

里中少年鼓篋擔簦者雲集，乃開講堂，延生徒。生徒貧者卻其贄，簡傲不率者雖貴家子不令汙函丈。門下士多明經修行，上可稱鴻鉅，下亦不失醇謹。或以經術轉相傳授，往往令人解頤，必曰「吾師吾師」云。里中無論知不知，輒尊而稱之曰中山先生，咸謂先生奚啻學足先人，即德厚如是，天亦不淹。乃淹橫舍幾三十餘年，先後試留都五。隆慶癸酉，以貢入對大廷。萬曆丙子，再試北闈，竟弗售。府君咄嗟嘆曰：「母老矣，徼一釜以逮親存，可乎？」遂謁選人，分教楚祁陽。人傳祁陽道險俗纖嗇，府君忻然曰：「余幸歷三湘九嶷，探顔、柳遺勝，自是快事。且天子責余造士，非責余宰藏，奈何計豐嗇哉？即嗇不嗇，苜蓿一盤也。」至則爲諸生講學興禮，刻皇明聖諭詩以風士民，弦歌聲洋洋，幾鄒魯。尋奉府檄署縣事。縣當夷庚，百貨輻輳，每什而呈一，主者即多乾沒無墨聲。府君署幾一月，絲粟無所染，稅鏹封識宛然。諸生有貧不能舉火，若李生元亨、丘生之學，日召與對食。兩生食不怡，知其有母在，爲之斗粟與肉，令廩人餽之。周生某貧而修，奸民熊某謀侵其墓旁產，訟乃搆。熊潛行賄齮齕周，當事者不能無生左右。府君憪然曰：「奈何吐剛茹柔，擠貧士，墮奸民械？」亟白之縣大夫，周竟得直。自此邑縉紳，若刺使鄧公球若、今司馬郎盧公奇若、今中丞陳公薦岐舌高府君誼，爲作曹丘，而一時刺者、監者爭重之，有疑義及諸撰造，悉屬府君，人稱「奪席博士」。

居亡何，王大母訃至，府君不暇治裝，即日徒跣就道。諸縉紳競爲楚聲以識哀，諸生追送至三百里外，相向泣不能起。陳中丞公復屬兄典謁府君曰：「余知黃先生故貧，今贏糧不能供修途，歸伏苫塊，若何滌塵釜？余善上海令，願作片紙爲黃先生介，艅艎其少䑨乎？」府君稽顙謝曰：「孤始願儌升斗以供一日養，今恨且終天，孤五内裂矣，詎能忍刺心之痛爲糊口計？且孤不習借交，囑之猶石田也。」亟解維長發。歸哭王大母柩下，幾無生。强起營喪葬，力殫而家益磬，仍聚徒如爲諸生。庚辰服除，補丹陽，首拜延陵季子墓，謁陳少陽先生祠。每謂諸生務依名節，慎無辱鄉先正。學泮水深而紆，僚請漁，府君笑曰：「博士可兼校人乎？且爲緒使，非所願也。」賀生某途毆於豪，豪黠而多金，有爲豪作説客者。府君廷語諸生曰：「余鬚髯如戟，寧肯以子弟毆白晝易暮夜金乎？」人咸謂府君知大體，假令當塗高，不難拔葵置水矣。甲申，擢閩上杭諭。上杭僻處山谷，民獷猂難使。諸生危冠短服，翹關扛鼎，赳赳不類青衿。府君初下車，蔑如也。三日，大召諸生，諭之曰：「邇師人者不開絳帳，規赤刀，身如牙儈。奈何罪爾輩弁髦棄之？諸生其徐視余，余不敢以身爲壑，幸天子開設學校意。」已而定日課諸生，甲乙之如燃犀，曰：「此春華也，毋忘秋實。」鍾生某以餼争，曰：「餼若魚貫必以次，奈何積薪視之？雖縣大夫言，弗能奪俗之偷也，角弓爲甚。」周生某傲而訟其兄，曰：「是章縫而蠻髳也，收以夏楚，再爲鳴鼓，歌棠棣之章。」大指以地僻士驕，務陶鑄而剪拂之，教益莊於前。兩邑諸生亦雍雍肅肅，翕然顧化。素以空名羈縻，不敢繩以弟子禮者，畢從山谷來謁。舊例，新補弟子員，學博士爲醵金錢，庀幣帛爵竽謝縣令。府君嫌其箕斂涉市道，因廢格不行，而令固心望之。會大計，以老註考功令，乃老。府君躍然色喜曰：「從此得高枕作晏眠人矣！」即日束裝戒途。諸生齎咨涕夷，伐石頌德，攜樽罍，載筐篚，塞道納欵，竟日車不得發。會前令先數月行，士民歡歡，有削迹之思。市人益環聚駭異曰：「縣尊官以高華去，闔户若掃，惟恐其車馬不驅，奈何冷局人報罷矣，諸君子依依如有餘戀也？」蓋府君披衷推赤，不彼彼我我，得於眉睫，知爲長者久，洞見底裏，金温玉潤，愈不忍欺。故三邑之人皆若飲醇。語曰：「桃李不言，下自成蹊。」此豈勢位所致然乎？

府君生平督於倫常，多至性。居王大父喪，門下執經者，幾廢蓼莪之章。後王大母以上壽終，府君髮種種矣，烏烏作孺子慕不衰。刑于之化，至格於閨闥。先瞿孺人卧病旬日，聞外王父疾，强起歸省，府君力止之，曰：「汝以病往，無救汝父，徒傷汝，奈何？」孺人泣請曰：「父一而已，死不再生，寧與俱耳！」送輿而往。病坐毁增劇，歸三日，先外王父卒。孺人性沉静簡默，對女奴恂恂，不聞譴呵聲室内。稍不當府君意，惟抱持弟體信，引咎自艾，淚蘇蘇落襁緥中。侍妾梁氏頗嫺女紅，精刺臬膳羞之役，孺人舉室内事悉委之，無幾微嫌。比殁而府君哭孺人哀，不忍再娶。未幾，梁氏亦以疾卒。井臼無主，乃請繼室於沈，是爲沈孺人。沈孺人至，撫不肖孤兄弟以恩，忘其爲沈孺人，而府君喜可知也，曰：「余能事居送往，不愧矣！」家居動引繩墨，自廪餼脡脯外，於世未數數，每曰：「丈夫昂然七尺，奈何不牧而牂生於奥，不田而鶉生於宎。使絳宫之禽日翱翔八表，冀腹果然。」遊庠至應貢，未嘗投片紙以恩澤。向有司宗之奴死於豪，宗人純起噪之，豪度府君爲宗祭酒，遣人宵見，請命於府君曰：「但願公無左袒，當以五十金爲壽。」府君叱而散之曰：「若殺人，則有三尺與縣大夫在，安得以齷娖溷乃公？」防禦使董公邦政駐節海上，邑侯劉公克學以軋己交惡，有奸民摭侯陰事懸董幕前。府君曉經蘭錡外，揭之。比董覺，遣邏卒來索，對無有，再遣牙將來鮫函士銜尾至，勢張甚，府君卒不爲動，尋投之火，亦卒不使侯知。人風府君緣此可結侯懽，府君曰：「子弟見邑父母短，寧忍振之，且挾以爲利也？脱侯怒而窮治其素所嗛者，株連之禍起矣。」人始服府君當機不異古人云。解組後，日於庭前方丈累石種花，剪蔬灌園，繙閱圖史爲樂。或從五六野叟逍遥閒曠，修香山洛水之約。性不喜絀要撓膕，揄長袂以趨公庭。即縣大夫重袒割禮，虚大賓席以待，而身爲勸駕，亦堅不欲往。知交有以治生語進曰：「君不於此時營菟裘，誰爲君來許登首山而呼癸庚乎？」對曰：「余非老不念子孫，實不能妄意五都，自投阿鼻獄中也。」吴中沾一命，率置官甲，朝無立錐，暮連阡陌。知交又以此從臾，復對曰：「余家僅敝廬與先世丘隴若而畝，無田而爲有田，將誰欺？且韓子有言：附託有威之門以避傜賦，而上不得者萬數。正今日謂矣。」每歲雖至稔，不知有逢年之樂，時時向市中易升斗，以闤闠爲困窖，至不能修伏臘費。然戚屬來告急者，惟力是視，即時時橫索，亦不嫌蠅翔。或踰月不至，則曰：「若豈能自食乎？抑以余爲非夫也。」兩宗人貧不能葬，窆其骨而爲之封。墓左有蔡氏塚，後人貧而病且孤，泣請鬻於府君，願剷其塚以闢余墓左方。府君語之曰：「若去而塚，余必不鬻而地。若存而塚，余乃鬻而地。」其人泣而拜曰：「公於小人緊生生而生死也，小人不敢忘朽骨，其敢忘公大賜乎？」至今墓左蔡氏塚纍纍在焉。舍前舊有鄉先達坊，堪輿家弗利也，而尋以風雷去。族人謀移舊坊改創，其宗老請間曰：「少焰，余可令中寢無遺跡焉。」府君辭其宗老，語不肖孤體仁曰：「是鄉之先達也。嘗甲第半邑中，今悉化爲王謝燕矣，余獨不能存其一棹楔乎？昔宋司城子罕居肆，以南家之墻經以西家之潦而弗徙，竟以存宋。名顯利不利，何問地脉也？」新涇里人歲逋租積二十鍾有奇，心知其貧，責令半償以輸公税。居亡何，持金錢來償府君，問所從來，其人默不言而淚交睫，府君固以問，則泣而告曰：「實以長者寬仁，不忍負，頃鬻子得此金也。」府君愴惻改容曰：「傷哉貧也！奈何以升斗割人天性愛乎？」立命贖還其子而盡蠲之。爲諸生時，所共鉛槧友生曰陳先生理，曰張先生允治，曰薛先生良儒，曰何先生如圭，曰孫先生繼英。陳先生家待秋而盈，亦薄秋而窘。府君分得廩餼，未至家，先分其半以給陳先生。張、薛、何、孫四先生俱前府君卒，府君一一經紀其後事。有宗人乘間齮齕者，戟支甚力，曰：「吾欲使死者復生，生者不愧也。」其他急貧交，澤枯骨，施恩不報類如此。

府君性嚴重，目不視狹邪。少習養生術，喜從羽衣黄冠遊。年踰希齡，兩鬢黝然，行數十里不鳩。歲辛卯，不肖孤體仁迫於縣大夫命，將北遊上雍。至三月，尚依依不能發。府君謂不肖孤體仁曰：「懷與安實敗名，汝猶翾翾蓬蒿間，不知決起而上，豈以余老爲念乎？」亟命唐子買舟，偕至雲陽，登茅山。再返吴門，眺虎丘諸峰，舉趾趫然。不肖孤體仁私心自喜，謂且百歲，亡有所苦也。秋七月，忽忽不樂，午夜起燃燭書訓，辭辭不及私曰：「古人謂遺金不如傳經，余謂傳經不如種德。浪子孫褭蹄，盡棄縑緗如塵垢，狼藉慘於咸陽之炬，鄴架何如于門也？」大意更出韋長孺、柳世隆兩先生外。九月疾作，不肖孤體仁自燕抵家，疾少間，上食如故。踰二十日，疾轉革。沈孺人泣告府君曰：「大兒在，有言否？」府君謂孺人曰：「爲人子而待父言，非子也。余望有不煩父言子耳。」言既而瞑。嗚呼！痛忍言哉？時煢煢諸孤，獨有沈孺人在。乃孺人晝夜泣血，呼不肖孤體仁曰：「若父自楚及閩，跋履山川，出入煙嵐怒濤幾數千里，余未嘗不從之行。今若父且大去，其楚乎其閩乎？其煙嵐怒濤乎？不知渺渺何之，而余奈何忍獨生？令若父顧影無儔也。」積哀傷脾，甫一月卒。旬月間父母繼殞，東西奔號，怙恃俱喪。嗚呼！痛忍言哉？

府君卒于萬曆辛卯十月十八日，距生正德戊寅十一月初八日，享年七十有四。瞿孺人生以正德庚辰正月十八日，卒于嘉靖甲寅七月二十五日，享年三十有三。沈孺人生以嘉靖己亥八月二十二日，卒于萬曆辛卯十一月二十六日，享年五十有三。子三：長即不肖孤體仁，娶李氏；次體信，夭殁，俱瞿孺人出；次體全，娶王氏，沈孺人出。女三：一瞿孺人出，適吴熙載；二沈孺人出，一適姚執中，一尚幼。沈孺人命體仁女之，字喬在誠。孫男九：應申、兆錫、徵蘭、兆蘭、禎桂、象鼎，體仁出；兆寄，體信出；兆譽、兆昌、兆芳，體全出。兆寄娶龔氏，應申聘太學朱君家教女，兆錫聘進士朱君家法女，皆以莫逆，故有葭莩之盟。先瞿孺人之卒也，值兵燹之變，東西鳥徒，急於埋玉，喪葬俱就苟簡。不肖孤體仁日夕刺心，居常忽忽，如有所失。辛卯冬，卜葬府君、沈孺人於周涇祖塋之昭位，別爲瞿孺人治藏合封焉。府君篤行淳備，齊穎古人。既不爲崖異以危觀臺，亦不爲磨隧以逐風羽。自青鬢至白首，性命無鑿，耳目無營。顧影擁衾無愧，真所謂人貌而天也。兩孺人一相府君於食貧時，死前府君三十餘年，以念外王父死；一相府君於遊仕時，死後府君一月，以念府君死。前後異時，生死合禮，大節並足不朽。惟是一二知交誼切肺腑，詞擅華袞，或諒所陳述，信而有徵。慨然賜之九鼎，令死者可生，生者可死，則不肖孤體仁庶幾得籍手以慰先父母於九原，所願子孫百世銜結於下，執事亦寧有既哉？

卷八

明登仕佐郎工部司務對揚鄒先生行狀

萬曆戊戌春，王正月，吾師對揚鄒先生卒于官。余方上公車，得周旋旅次，備含襝之役。越三月，先生子温叟壻顧應謙至，扶廣柳出潞河。夏六月，抵家。歲且莫，温叟偕弟淳叟斬然衰經，過海上謁余，請曰：「先君子從海上歸，口津津稱説黄君長卿曰：『余識長卿，而庶幾不負此遊也。』因先君子之知吾子，知吾子知先君子深矣。不肖孤將舉窀穸，願徼華衮於立言名公，俾先君子死且不朽，微吾子一言之賜，其誰信而有徵乎？』吾子其重圖之。」嗟乎！以先生之清標雅度，足爲世儀，位不過郎署而死，年不踰中壽而死，死不于首丘，于燕市而死。行道之人尚罷舂杵，矧余門下銜恩士，惡能掞柔管狀先生哉？竊念表德述行，如子華之於尼父、公儀之於顓師，皆弟子事。即余賤而少文，其何敢辭？

按鄒氏世家梁溪，相傳裔出宋考父。迄趙宋文忠公浩之後，代有聞人。十八世祖章生鸞，鸞生歲薦君諫，諫生邑庠生今贈公進言，贈公配錢孺人，寔生先生。先生名明良，字爾賡，别號對揚。土木形骸，丰骨崚嶒壁立，望而知爲介士。少嘗下帷數十里外，夜歸，逢山鬼出墟墓間，披薜荔作獰狰狀。先生正襟徐行，鬼爲辟易。人遂以此器重先生，方之魏元忠、馬公亮。嘉靖丙午，補博士弟子試，輒先曹耦聲乃噪。至萬曆癸酉，與兩從父並登薦書，人稱晉陵三鳳，聲乃大噪。第先生不獨以文藝發聲，性方嚴，篤於倫常，處叔世而能爲古人事。其父贈公與母錢孺人有至孝，遇諸伯叔、昆季、姑姊之屬，俱盡恩禮。仲叔曁配華氏出四女而殁，太史鴻山先生者，華氏兄也，曰：「吾聞鄒氏有從子賢，遺産當一聽其劈畫。」先生果不名一錢，悉剖分四女。迨長而贈送貧寡，而收卹又不遺餘力。所居名太伯鄉，每向諸宗人戚屬曰：「人生而同水木，又同廬井，慎無狺狺，令角弓翻然有愧。」其鄉戊子歲旱，田坼成龜，豪家争壅泉爲利。先生身督疆以濬其上流，與下流者共。是歲四傍所收粟號「鄒公粟」。故人吴其弟久逮繫，不得白諸當途高，無能爲曹丘。先生雅受縣令知，纔緩頰而解。吴重德先生，持金錢爲壽，先生正色謝遣曰：「此謂故人知君，君不知故人。」凡人有幾微睚眦，不曲校。或非意相齮齕，亦侃侃不詭讓，理直而其人自悔罪，仍冰釋霧解。即風利時，不復以有所憑而脩慲，人故知先生非匿而要長厚名，益服而歸之，里中少長皆呼對揚先生。

蓋先生彬彬，質有其文，人謂且莫沖舉，掇一第如寄耳。晉陵癸酉榜人後先成進士者什之六七，先生獨數困公車，人以爲淹，先生恬然不色動，曰：「士亦有不須一第而重者。」遂應博士選，來主余邑教事。首下車，揖余青衿輩而告曰：「鬱勃乎名賢藪，楩楠杞梓如雲，所不與諸君吊海若，一開㴞井雙眸而竊黄龍水，以自脂潤苜蓿笑人矣。」於是月有試，日有會，捐餼廩，供膳羞、筆扎，一不煩諸生。諸生中有塵甑者，爲賙其乏；有豐蔀不得驟見斗者，爲訟其冤。横舍鉅典曰舉刺，曰鄉賢，曰鄉飲。往有一二鷙害者，任愛憎上下其手，而饕餮之徒又不難借公法以實私囊，令錢神作奸。苟家嬴白鏹，即跖蹻而厠曾史之席，先生毅然堅持曰：「此國家所設以風勵天下者，奈何惰窳至此，令人人自危，以俎豆祖割之區爲金穴也？」悉謝去。有潘生某與華亭之富人訟，富人力能得當事者意，當事者亦惡潘生之喜爲鼠雀也，陰簇先生訐其短，將中之督學使。先生辭之力，當事者忿然改容曰：「不去此人，何以清士風？」先生徐起對曰：「若去此人，何以培士氣？」當事者語塞。評鄉賢曰：「據吾耳目所及，如衡齋潘先生，不可當吾世而失之。」評鄉飲賓曰：「苟得人如中山黄先生、嗚陽蔡先生，吾無間然矣。」所稱黄先生，即先府君也。自先生主教事，諸生非大跰跄，雖終歲不通問遺，無意外虞。富室縱積錢如山，力可通神，亦無敢覬一截一爵。先生處宗人戚屬，最雍雍穆穆，以平恕爲主，乃其鼓鑄海上，凛不可犯如此，則其方嚴之性然云。

己丑，再上春官，再不第，先生橫經講藝如故。當路若御史、若御史大夫交薦先生渾金璞玉之守，陽春白雪之才，至飛章相屬。辛卯，翰林孔目缺，天官選曹郎思擇人爲天子重玉堂之選，採訪而得先生，遂擢先生翰林孔目。請青衿依依不能舍，聚而謀曰：「經師易獲，人師難逢。今而後，素絲之質安得復近朱藍乎？」爲之伐石頌德，以識去後之思。壬辰，詣長安。先生故善病，日杜門校書。諸太史有所撰造，必取財先生，無能傲之以所不知。燃藜幾一載，擢工部司務。工部主錢穀出入，先生無絲粟染，嘗奉使易州，解額外羨百餘金，胥稱故事嘗先生，先生勵聲叱曰：「若以余爲盜臣耶？」胥流汗而退。京師呼先生真司水郎。丁酉，三載考績，敕贈父如其官。

會兩宫三殿災，天子迺召司空鳩工庀材，司空郎半乘使者車，先生亦以采木行。先生年未至而體素孱，竣事後益尫羸不能支。子姓勸先生無出，先生曰：「余豈不知僕僕宦轍，令車生耳非夫耶？第方今天子側席，百執事焦心蒿目，罔敢寧處。余未報命，遽乞骸骨休，其何以避辟？且余亦有私臆，念吾母未沾雨露，猶綦縞也。」冬且深，徑攜兩蒼頭往。歲杪，始入都門覲天子。北土風寒，倍於南中，余視先生衣緝枲，勸先生製一狐裘，先生笑曰：「一狐裘非十金不可，奈何費中人之産爲輕煖計？吾子豈遂忘余冷氊時耶？」未匝月，以中寒臥牀褥。元日，余候先生於榻前，先生命童子治酒殽，留余坐榻前，圍爐而譚時事，抵掌咄咄，有伏波據鞍狀。越五日，漏下二鼓，呼童子取湯沐具來，起就沐更衣。又呼童子執燭，趣遵野顧先生來。顧先生者，先生之壻翁，爲宜春二尹，以奏計來長安者也。顧先生至，則執手語曰：「余將大去矣，以後事累君，以家事累君。長兒平日事余甚謹，共余綢繆拮据，歷風雨之苦，余心不能忘。君其□若善撫若弟。次兒恂恂，似不能言，然篤行無他腸，有子頗惠，幸加意課督，毋墮家聲。余女君媳，温恭諳大體，余所衣緝枲衣，猶其手製，可取以襝余。故儒家子服食堂寢，無所紛華。余死猶生之日，寧須美其題湊，以虚地上？君其以二十金治木。」尋出一匣授顧先生曰：「此余常俸所遺也，别有海上知交若黄君長卿輩，損橐饋余。余俟其奏捷後歸之，以佐酒資，今已不可待矣。君其一一檢而歸之，無悮。」語既伏枕，索筆手書數語於方寸赫蹏，俱端楷密緻，投筆揖顧先生，就寢室。顧先生堅不忍去，則堅揖至三，而顧先生出。顧先生履及外户，報先生乘箕尾逝矣。詰朝，余聞訃至，先生之同鄉顧侍御驤宇、楊黄門鳳麓及余同榜趙蓋菴諸戚屬亦差池至。先生顔色如生，環而哭之哀。顧先生述先生彌留語，并出歸書片紙及所授匣，匣中之遺可掬，無長物。讀遺言烺烺，絶似古人易簀時訓戒，不爲怛化。環而哭之愈哀，各相向失聲。侍御顧公更出身經紀其喪，首倡議曰：「鄒先生志在守素，不虞子孫抱終天之恨。且吾輩在，可令鄒先生以二十金治木乎？」乃厚爲之賻木若美然。木成，親爲置柳翣，□慎嗣是或一日兩至，或薄莫至，至必憑棺慟哭。升輿就道，猶聞嗚咽聲。嘗謂余曰：「余與鄒先生非有私暱，先生蓋吾鄉文人也，其格律峻整，風氣遒上，實吾儕祭酒也。一爾過隙，永歸長夜，何時復見此偉人？是以愴然悲心，不知涕之無從也。」在侍御公雖自行古人之誼，如任末之於董奉先，然侍御公慷慨特達，爲邦司直，未嘗輕有許可，而猶傾心於先生，亦足觀鄒先生矣。

先生生於嘉靖辛卯，卒于萬曆戊戌，享年六十有八。配華氏，吴門太學生婁江公女。子二：一曰温叟，娶蔡氏，繼娶錢氏，邑庠生虞齋公女；一曰淳叟，娶華氏，邑庠生娱峰公女。先生少無子而子温叟，生淳叟而子温叟如初。女二：一嫁吴江顧應謙，即前遵野顧公子；一嫁夷陵知事琴川章珍川。子榮，邑庠生。孫男女六，温叟出者三：曰枚，娶紹泉浦公女；曰楝，聘禮部儒士昆陽顧公女；曰楨，未聘。淳叟出者二：曰正己，未聘；女亦幼，未字。俱側室王氏出。曾孫男一，枚出。温叟、淳叟奉母命，卜於某年某月某日葬先生於塘□橋祖塋之次，從先生志也。

夫吴中士多華少實，率以軟熟媚人，以緣飾逢世，詎意乃有不雕而朴，無欲而剛如先生者，不足當碩果乎？余嘗造先生廬門外，奕寂無人門焉。視其庭，多錢鎛蒼頭，襫襏蓬蓬，有豳人風。遇田中負問鄒先生，咸舉手加額曰：「此其家不漁吾民，光景絶異吴中縉紳。」由今思之，此余西州路矣，而先生之高致殊可想者，宜其真實心信於士大夫。死之日，無論知與不知，皆爲流涕也。昔元伯柩須巨卿素車來而進。今二孤屬余詮次先生之生平，將徼靈立言名公銘其墓中石，揚芳闡幽，於是乎在。先生之望不尤亟乎？伏惟賜之椽筆，生死而肉骨，以起先生於九原，則豈特鄒氏子孫世世願爲銜結哉？

原任刑部主事俞識軒先生行狀

海上有衡齋潘先生、識軒俞先生。兩先生並以悃愊著於鄉里，迺其位不暢才也同，壽不稱德也同，貧不能厚殮也同，死之日，無論知與不知，争咨嗟雪涕，若有憾於天之夢夢也則又同。夫以兩先生之位不暢才，壽不稱德，貧不能厚殮，而至於死之日争爲咨嗟雪涕，豈非人心之天蓋棺始定乎？是亦足以觀兩先生矣。顧潘先生有王大司馬鳳洲先生爲之誌，庶幾不朽，俞先生胡可令泯泯哉？哭者在位，無如仁舊，遂不揣而爲之狀。

先生諱顯卿，字子如，别號識軒。其先宋樞密使彌恭，從太原徙大梁，再徙嘉禾，三徙北橋鎮。子姓若端、若彬、若英、若雄、若俊，俱以世德顯。英之裔數傳而有悦朋公宗源，是爲先生曾王父。隱耕公柟，是爲先生王大父。而先生之家上海也，則自其父近村公煬贅於西溪徐翁始。近村公與配徐孺人好予樂施，能增修前人之德，寔生先生。公隱於市，而先生用儒起。年十四，來執經於家大人中山府君，府君見而奇之曰：「是兒丰骨端凝，似貴人獨以方質處員世，慮異日非善持青紫者。」十七補諸生，十九領鄉薦，不以年少自喜，益下帷揣摩。凡八上公車，竟成進士。其成進士歷二十年，膏晷力而冠進賢。冠纔八月，直日暮報罷耳，而綜其所表竪，亦足千秋。蓋先生性沉毅，喜引繩墨，不喜越矩矱尺寸。喜矯志崇邈，不喜朒脜作模移態。初授比部郎，上三議於大司寇舒公，一曰清滯因以召和祥，二曰厚垣墻以嚴防範，三曰申職掌以飭因循。大當司寇公意，刊示諸曹郎，尋需次督獄，見胥靡赫然庾死者尫然垂斃，而婉轉呼號者家屬凄然，對面不踰時，而隸卒呵散，各飲泣去者，不覺淚交於睫。詩以識哀，有「哀聲隔圜土，隨雨入庭除」之句。然其寬仁中又不廢彊察，獄法積久漸弛，舊刺服重辟置老監者，終歲關木帶索，近分置見監，多解徽纏施帷薄矣。諸供帳飲食器皿如平居矣。江陵餘黨游守禮與方士李玄習鍊劒之術，意叵測，先生廉得其狀，出不意突至圜扉，帷簿窮而諸藥物鑪錘見。將疏於朝，白簡就矣。念疏入則掌囚與先督獄者疑故縱相株連，禍當大搆，奈何身受摘伏名，爲人造彌天之釁也？且射押中兕不武，禁加嚴而事中寢。人以爲先生知大體，察而不苛。於是諸曹郎争讓先生能，先生愈慷慨，欲得當以報天子。會有蕩而軼於度者，復念四維不張，如三尺何？遂露章糾之，大指謂輦轂下不宜聞鼓缶聲，猖狂諧褻，自四方游士穴而作奸，法當禁。時諸曹郎蠭起言事，爲世側目，方思借一人以警越俎游士，復從中挾而搆之。雖天子明聖，收游士悉置之法，一時郎官列侯肅然禀度，於世道人心不爲無補。而先生竟與所糾者俱削籍歸田里。羣口曉曉，獨月林丘公、西江張公、豫章饒公夙負霜氣，稱俞先生壯夫。後省臣成所王公追論官箴宜肅，游士宜禁，稍稍爲先生訟寃，而會且歸矣。

歸製荷衣，集芙蓉裳，奉近村公于城西之大椿堂。日鳩諸老人與公槃舞其中，食必饔，飲必醇，御必緝，六博嬉戲之類必設度。杖屨所經行徒杠，小徑必葺，先生亦身爲帣韝鞠跽迎諸老人意，而曲爲先時時語。公曰：「使兒善宦，方皖皖在柴柵中，徒有陟屺望耳，胡能朝夕牽衣，爲公娛桑榆也？」如是者五稔，公忽稱疾，疾且疑，先生惶懼，持筐篚四出，冀得秦越人起公。公呼左腋楚楚如刺，先生親爲撫摩。至夜分，聞公徐徐鼾睡，則心喜，微聞減獲輩跫然足音，懼驚公寢，汗滲溼沾背。寤問欲溺乎？則傴而進溺器候公；欲藥乎？則傴而先嘗，爲甘語勸公；欲粥乎？粥苦燥不能下咽乎？則含粥漱津，傴而喂公。移時蹲伏牀第間，股戰慄不能起。公亦數勞苦先生，先生輒强起，謝無所苦。俄而公忽下若蝌斗狀，環視而言吉凶者，人人殊，然人人言苦嗅者吉，不苦嗅者凶。先生五色無主，亟掬而嗅且舐之，殊不苦，益惶懼疾呼，願以身請於天，而公竟殞，恨不能攀公箕尾，徒跣擗踊，屢仆地欲絶。晨昏卧起柩側，必長號數聲，或中夜淚潺湲滴苫塊，幾令韓母輟事。先生體素豐，三年脣不沾勺醑，飲血愴甚，頓雞骨欒欒矣。余間謂先生曰：「豈不聞以死傷生，孝所禁乎？」先生感悟，稍稍修藥餌攝生，起爲公營喪壙。母徐孺人早卒，業已葬城西羅家灣，先生念少且倥傯，於心未恔也，別謀卜吉壤，合封先生。家故貧，公所遺南畝，悉讓弟太學顯謨，兼贍父黨母族暨邑諸生，而獨鬻前所奉公之大椿堂，以供馬鬣龍耳之費。卒定宅於華亭長橋里，穴左有故冢如髻，里人不年矣，亟爲加封而表識之曰：彼爲子者，其初願保骨之心寧後余乎？穴右泉涌如鮫珠上飛。郡陸少保平泉翁以爲孝感，作靈泉歌。雙玉既藏，繞墓側搆數椽，讀禮其中。每聞泉聲與松楸聲，竟夕欹枕不寐。間歸城市户外事若掃，窺先生隱，真有臨深履薄，懼忝所生意。先徐孺人驟得危疾，先生甫弱冠，嚙指出血，致辭於邑太神，願減年益母，里中業已呼孝子。至是，孝子名愈譟，爲里中父老目不見有此勞悴慘怛狀，競摭其事譁於守令、監司前。守令、監司雅慕先生介直名，復廉如里中父老語，益傾心先生，直指使李公雍野、甘公紫亭、陳公岐岡相繼持斧交旌其廬，咸鞅鞅以奇寶横棄爲歎。豫軒鹿公用韋彪法思求忠於孝，所以推轂先生者。甚至海内方以先生出處卜世風澆淳，而先生病且死矣。

先生爲人，任真推赤，居恒誾誾，未嘗霆震飈發，憑意氣陵轢人。人有齮齕先生者，先生亦侃侃不能曲讓。罹羅之兔，窮來投我，雖犯難觸忌，不恡以身翼全，毋使爲强食。遇公正發憤，尤攘袂而樂爲蒿矢。治河有議，濬吴淞江有議，建義倉有議，清絶田有議。往歲島夷犯朝鮮，聲發射天之矢，條陳安攘攻守三議四術，令人有封玄菟、樂浪意，雖耦影乎，而凌霄故態猶有存者。迺其意更以功不副忘，欲嘔心而盡攄其湮鬱，杜門裹足，兀兀學老蠹魚，上下典墳外，復縱自於金匱石室之藏，思僭用衮斧，旁及蟲篆鳥跡，比類分門，務一訂千古魯魚之誤。口不絶吟，手不停披，如登山啗蔗，見其進未見其止。結撰非關名教，不妄吐沫。終身多懷沙之吟，少高唐之賦。所著有國朝史輯五十卷、韻府通義四十卷、春暉堂集十二卷、倚廬雜草一卷、禮雲篇一卷、二江稿一卷、千里游稿一卷、吳淞漫稿一卷、和陶詩一卷，皆藏於家，未得行世而卒。卒於萬曆乙未十月一日，距生嘉靖壬寅四月十五日，享年五十有四。配唐孺人，年及强，尚艱於嗣。弟顯謨舉子先生欣然曰：「人貴有子，爲先人祧鬯計耳。儌天之靈，祧鬯有主，安論弟子與余子也？」即命唐孺人子之，名穀貽，爲娶春元顧秋宇女。女二：一嫁府庠生顧國鼎，一嫁太學生潘雲章，皆唐孺人出。處家常食麤衣素，思矯家族怙侈，爲賦漆巾布履以見志。約鄉丈人修樸社，戒無盛供辦以穢素業。死之日，廪無餘粟，家無餘貲，椸無新衣，僅存圖書數卷。糊口之産若干畝，命弟顯謨分遺書別知交，割若干畝，授二壻若干畝，周三族之戚，而以其存者養孤長幼。屬其子穀貽曰：「余聞貴家當彌留時分金授産，若荆山汶陽。而余靳一空囊，余其安所逃拙乎？然寧拙嗇，毋寧巧盈，盈則必毀。彼持籌鑽核園，非其有爲子孫作蛇蝎，徒令過益智損者，巧拙殊未可定也。」遺音烺烺，之死靡忒，是則先生之得正而斃也已。

吁嗟！先生孝爲世則忠足維風，柔固不茹，剛亦不吐。學探文遠之奥境，家食周顒之晚菘，誠墨子所謂九人處、一人耕也。無奈頓遠跡於促路，屈長算於短日。有登雋曳組之名，而蕭然無受享之實；有砥行攻文之實，而闇然無舄奕之名。蒙莊氏稱天之畸人者非耶？矧輓近秉纖纊，迋迋進千駟而退首陽，潘先生猶然以貧，故隱而未耀，又何望於俞先生？余亦儌靈於人心之夭，如里中父老，再摭其事，九頓而請於當世名碩，倘能察其用心而哀其志，爲之揭德振華，俾與潘先生並垂不朽，庶幾後死之責其少逭哉！

明朴齋王公行狀

當世秉纖纊，寀飛纓組而壠畝始抑，雖有獨行，無踁不走矣。余謂家起錢鎛，至與封君比入，且敦倫慕義，不佔俾而合於道，此其人多賢豪長者，壠畝之名，何必減纓組也？去海十里而近，曰川沙堡，堡城如彈而雄於諸鎮，則有二三大姓，若太原氏，在江左風流率推太原氏，此豈其苗裔耶？遠不可攷，近得朴齋王公。

公之先，相傳出唐僕射瞳之後，在宋爲求得、之良，在元爲子進、孟紋。入國朝，爲隱園公駒、梅莊公仁、愚菴公鑑，凡八傳，生公父西田公懷。里中東墅諸公，其子起家縣令，貴矣。有女而才，見西田公，以爲足當也，配之，是爲諸孺人。西田公生四男子，公仲也。諱潭，字克深。惡世佻巧，別號朴齋。公生端凝有度而敏燕，居平衡翼如，從容論議，恂恂似儒生。晚窺玄理，尤喜習熊頸術。客以儒冠羽衣來，必爲倒屣，無留門焉。里中兒突首短後，蓬蓬褦襶，公亦無所夷，必以貌有脩。虞芮之隟來質於公，公爲坦腹而諭必以情，曰：「若輩幸同閭閈，何忍厓眦，當有鼠子相爾矛乎？訟不戢，必取其族瘠囷窖以肥胥隸，而使宫室露，是爲路寢，將十年之田弗償也。」大都視曲者用法語，直者用軟語，兩者稍稍解，則飲以醇酒。凡武來者多好往，歸語其孥曰：「余初如惔，爲王公盛德所化而若飲冰，王公實生我，里中有公，不祠而福矣。」

嘉靖癸丑，島夷驟起，里中烏徒而散，大姓被練負蘭，聚獲夷之徒，佐縣官捕虜。公曰：「執干戈以衛社稷，庶人事也。獨余有親在此，身未敢許人。」時諸孺人已卒，遂奉西田公避兵於邑。西田公寧居，公亦不憚征繕。數歲之中，冢醜屢動，首城邑，次城堡，又次捍海。公奉畚插，周爰執事，凡可佐軍興者，靡不身爲先。里中岐舌，推公嚆矢。公更諳大義，篤於典常，紛有内美，不在圭撮間。西田公嘗爲邑掌計，歲值大侵，民魚者半，鴻者半，縣官且急責，掌計者胡能令鬼輸，空以淚往耳。公問西田公曰：「額幾何而盈？」曰：「五百金。」公計私槖僅五百金，足相當也，遂垂槖以免西田公，西田公以得免，故重念公謀，以前市堡中徐福房償公。公跽而請曰：「兒痛父疲於奔命，恨不能捐頂踵，奚有身外長物，乃望償耶？且父産少而昆季衆，均分之猶虞不支也。」力讓而止，西田公益喜出意外，以家秉授公。公取沮漆之業更之岐豐，儲廥贏衍十倍於西田公。

後西田公卒於邑，公以父死逆旅舍，襝窆慟哭，幾滅生。强起營喪壙，一不煩諸昆季。尋籍所儲廥均分諸昆季，又不以身所倍也有自功色。時兄素齋公涣將以仕往，弟慎齋公洄家温而苦谿，庶弟敬齋公法年少而好弄，公一一慰藉曰：「兄地往，余主兄管鑰。」曰：「而無苦谿，余代而征輸。」曰：「而無好弄，余作而阿姆。」或肩其内，或禦其外，或設監監其家，出者無内顧，居者無外侵，逋蕩者無南北阮異態，雖户列乎，心如貫矣。它宗人饒於貲者教之禮讓，貧者督之銚鉏，貧甚而身爲鬻者拔之奴牧。五世以前之塚，半屬他姓，草芊芊莫澆一盂矣。搜遺址，斬而新之，再謀建義塾，鳩宗人俊子弟，輮而礪之。以故宗人樂爲公用，不徵而蒇，巨細一禀於公。公念彼蔦蘿波及三族之戚，諸孺人家自縣令公殁，業漸單。公收恤其後，窮萬道力。素齋公舉子晚，愛其女，女嫁於喬，喬之女嫁於周。公視兩姓，不異子壻。配陳孺人族與王氏埒鴈行稱内兄弟者，人予以恩。季先捐館，遺孤子弱，里中不能無生刀俎。公戟支尤力，當陳隧者往來如織。居嘗歎曰：「余祖父世以好施得里中懽，當吾世而失之，其何以避辟？」乃出子母與里中相緩急，户外若橐若囊，若任若負，若皇皇如投兔欲先，若楚楚如飛鳥欲依。駢田逼側，至寒年儉歲，尤倚公爲命，如良稷纖纊。

萬曆壬午，海若衡命，陽侯之波漬薄過海塘，髑髏隨飛，瀑挂樹杪，稜稜貫莽者萬計。公身乘小刀，率唐子出没驚濤中，裒浮屍數百坎埋之。里中舉首祝天曰：「王公恩及枯骨矣，王氏其興乎！」是歲，公長孫乾昌舉二子，公始抱曾而樂。次孫偕春領應天鄉薦，人謂公獲爲善之報，而公不色喜，曰：「余家世爲農，無所紛華，孺子驟以經術選，余其有趙襄子之憂哉！懼如江河風雨也。」首爲蠲田租之半，再發粟以賑貧者。遇同井，益傴僂嫗煦。子太學君奉例請太醫章服爲公壽，非公好也，曰：「毋危冠臺以自厓異，令里中人目攝。」時時葛巾野服，周行阡陌，鳩藪澤，表淳鹵，規偃豬，每飯必設，早荇晚菘，曰：「此余祖父所常食也。」公蓋猶然壠畝，忘其纓組，里中以此益服而歸之。三槐之下，望之鬱然，中翩翩不鳩而揮麈者，真陸地安期矣。

歲庚寅，公忽卧病，呼子太學君曰：「人無越思，當如農之有畔。余享踰涯矣，余將大去逍遥壙埌之野乎？顧王氏子姓日繁，豈能人盡馴習？母家更瑣尾可念也。余死，責在吾子，吾子其無忘行葦。」再呼二孫曰：「若父猶共斬荆棘，知祖父拮据之苦。若等已爲鳩，寧念鵲乎？逸則好勝，好勝則競而階厲，益以陰陽之祟爲之袛戈影弩，而角弓之隙搆。祖父數百年羽殺尾敝，以成此尺寸，一朝殲矣。若等其無忘棠棣。」左顧見郁氏壻侍，曰：「若貧不能糊弟之口，然弟可終在兄子下乎？」子太學君暨二孫爭握手泣，徐張目曰：「千載誰免此，而空令人怛化？」遂安然以逝。時萬曆庚寅九月十八日也，距生正德甲戌二月十七日，享年七十有七。娶陳氏，男一，即太學君學詩，陳孺人出娶姚氏。女二：一嫁贈公喬春山子太學生楠，一嫁衛經歷郁復菴子光祖，俱側李出。孫男四：一乾昌，太學生，娶雲南按察司副使喬玄洲女；一偕春，壬午舉人，娶貴州布政司左參政唐純宇女，俱姚出；一慎行，早卒，側賈出；一家翰，側龍出。曾孫男二：一廷鼎，乾昌出；一杏芳，偕春出，聘鄉進士張岱淵女。曾孫女三：乾昌長女，嫁山東按察司僉事俞新宇子廷諤，華亭庠生；次女受光禄寺署丞潘足菴子嗣定聘；偕春女，受太學生艾光宇子廷機聘。

公子太學君卜癸巳歲葬公，而先乞餘狀公，謂乾昌、偕春皆從余遊，余侍公杖屨久，知公莫如余也。夫計然之筴五用以霸越而歸其餘於家。公則盡用於家，不得一施之國，似乎業不暢才。顧公陶鑄其鄉生死肉骨，爲衆人母，功豈出解紛者下？矧有大節，在孝友天至，皮相者比之程鄭、伊頓，扁照者以爲李仲元、謝幾卿之流，是余所謂不佔俾而合於道，蓋天授也。有此賢豪長者，烏容泯泯哉？余故妄加詮次，俾徽靈於當世立德、立言之士，庶幾播之穹壤，令採獨行者知壠畝間未嘗無通人，不必皆纍纍若若云。

明故王母陳孺人行狀

東海上朴齋王公卒于萬曆庚寅，余嘗奉公子太學君命狀公矣。又四年爲甲午，而陳孺人卒，太學君再泣而請曰：「先君起壠畝，幸不至湮没，得信於士大夫者，則恃有先生之言在。今先孺人即有一二幽馨不出於閫，微累世通家如先生，其誰知之？儻垂憐不肖孤匪莪之痛，再辱吐沫，庶幾假靈徽寵，合爲雙璧，坎而藏焉，先孺人死且不朽，不肖孤亦死且不朽。」余稔聞孺人之爲婦、爲母，大類桓少君，願揚其懿美以備内則，而又重違太學君命也，遂爲之狀。

按陳孺人爲朴齋王公配。朴齋公父西田公與里中守拙陳翁並以賢豪深相結，綢繆往復，每至各出子女爲壽。陳翁於西田公諸子中目數數，屬其季曰：「不意斥鹵中乃有此兒，異日必亢王氏宗。吾有女而才，此其對矣。」於是陳孺人來歸朴齋公。孺人生而齋媚儉勤，無近世閨閤紈綺態。姑諸孺人爲縣令諸公女弟，性頗貴重，於諸子婦中獨宜孺人。孺人旦暮上食惟謹，視諸孺人色喜而後就刺。臬膳饈諸役，滌筐筥諸器，儲黍稌橦稑諸種，課臧獲機杼錢鎛諸勤惰，庀户内諸細纖，井然若畫。而尤諳大體，喜立義以高里中。自里中島夷驟發，繇役數起，凡輸菽粟以佐軍興，奉畚插以繕城修隍，傾囊中阿堵代西田公償縣官稅，以脱之櫝楚。孺人亡論無幾微望於諸伯叔，實從旁贊助之力居多。朴齋公或疲於奔命，燕居太息，孺人從容風諭曰：「丈夫拮据蓄租，豈斬斬爲筐篋之藏？亦爲義使耳。且君處今日，非無賄之患，而無令名之難，君獨不能爲卜大夫，令婢子得比於虞潭母耶？」時諸孺人已卒，朴齋公始奉西田公邑居，而出身以當諸盤錯。孺人脱簪珥，具滫瀡，未嘗見不鮮。居亡何，西田公卒於邑，朴齋公痛逆旅倥偬，不能如含襚禮，屢哭屢仆。孺人再爲經紀，幾殫頂踵。先西田公德朴齋公之垂橐以免於難也，彌留之夕，尚諄諄遺命，以堡中房償公。孺人莊語曰：「父死之謂何？而因以爲利也。」朴齋公遂悉分諸昆季，不私名其一錢而家且日隆隆起，甌窶汙邪之人，且什倍於西田公。孺人懼温於家，涼於行也，亟勸朴齋公曰：「財帛欲其行如流水，君幸鼠壤有餘蔬，盍周恤君三族之戚，而以其餘波及君之同井？利者怨之藪也，轉怨爲德，不亦可乎？」於是盡出橐中裝授朴齋公，與戚里相緩急，户外繈至輻湊如歸市。孺人復謂朴齋公曰：「君豈以是爲黄金母耶？謝家玉樹勝巴婦丹穴遠甚，君何不專意訓督子若孫，漸之以芷，而忍令過益智損，人終呼爲田中負耶？」子太學君始負笈出遊名師，交海内諸快士，二孫亦日露苞采，燁然矯翼人羣矣。稍舉趾高，輒厲聲誚讓曰：「吾終不使若輩當吾世而有遊閒名，棄累世積箸，如風雨之不終朝也。」子婦姚令人髪已種種，對孺人未嘗不下氣怡色，無敢忤旨。二孫婦俱貴家女，居恒爲孺人減華飾，戒女奴毋嬉戲，務貶損以修女紅。歲時或進薄繒異膳，孺人愀然不樂曰：「蔬素我家故物，奈何些窳屑越，效爾朱門爲？」且詈且呼女奴：「亟取余脱粟飯、大布衣來！」身起曳婁而加爲之餐，曰：「若等以是爲不足温飽耶？恐終不如余所有爲安且吉耳。」其母儀方嚴有如此者。至其遇朴齋公側室李氏，則又任真推赤，多所寬假，有小星、江沱風。李氏生二女，孺人謂朴齋公曰：「若以女爲子，猶吾女也，慎爲擇對。」一嫁於喬，一嫁於郁，凡治奩具甚設。李氏先朴齋公卒，孺人泫然曰：「若少而事君，令死不得遂同穴之願，恨其及我乎？且人固以少託乎老，生託乎死，而君受之矣，可使倍其託乎？」務令治壙於朴齋公生壙之側。迨朴齋公捐館，賓子太學君改卜周浦之新阡，又命子太學君曰：「若必葬而父於新阡，則請以而父之遺衣冠與而庶母合窆焉，庶無負余初心，異日好相見地下也。」時孺人年已踰耄幾耋矣，不以倦勤爲解，益勵精操家，秉户内米鹽甕盎，悉爲握筭。太學君於户外有所處分，亦必入爲陳説，如對朴齋公，聽其劈畫。卧病且革，聞雞聲喔咿，尚呼子婦起督亞旅，彊以視明星若何，曰：「老身從此休矣，若輩其思居思憂，無忘先世之緒。」孺人卒萬曆甲午，距其生正德乙亥，享年八十。其子女曾玄及嫁娶姓氏，具朴齋公狀中，不復載。

余維詩咏瓜瓞，以揚周家世美，始於陶穴，成於疆理宣畝，極於木拔道通，蹶然文明而中，本之姜女胥宇，豈非以姜女實相古公而啓任氏之傳，開文武之統耶？陳孺人共朴齋公篳輅藍縷，以斬荆棘，大有造於王氏，不讓周姜。其後綿綿日闢，湫隘更之爽塏，亦一家之豐岐也。誰謂王氏有朴齋公，可無陳孺人哉？余故妄加詮次，以備當世立言者採擇，庶幾知家之興也，微獨丈夫能彷彿彦雲，亦多婦人比蹤英傑云。

明鴻臚王公元配姚孺人行狀

姚孺人者，王鴻臚公元配也。孺人世家吴門，父仰菴公僑居海上，樂海上土風，願始家焉。閭右王氏伯仲曰恕齋、朴齋，公並號長者。仰菴公與兩長者游，最相厚善。時恕齋公未有子，子朴齋公子，即今鴻臚公。仰菴公既厚善兩長者，又見鵷臚公豪爽，心知非埃霧人，遂以女女之，是爲姚孺人。孺人生於嘉靖辛卯，甫十六來歸鴻臚公。鴻臚公名學詩，別號文谷，偃蹇名場，晚就職鴻臚，以典客起家。有子三人，孫男女五人，曾孫男一人。伯子乾昌，授文華殿中書舍人，娶喬憲副女仲子；偕春中壬午應天鄉試，娶唐大參女，俱孺人出；季家翰，側龍出，聘唐太學女。孫男女爲乾昌出者，男曰廷鼎，娶杜中翰女；女一嫁俞文學廷謂，一嫁潘太學嗣定；爲偕春出者，男曰廷球，聘陳水部女；女一嫁艾中翰廷機。曾孫男則廷鼎出，尚幼。孺人享年七十有三，於萬曆壬寅正月以末疾終。鴻臚公卜明歲癸卯正月葬孺人于朴齋公新塋之昭位，先率諸子若孫踵余門，請余狀孺人，將走千里乞銘於俞觀察公。余唯唯而謝鴻臚公及諸子若孫曰：「余不佞，辱在知家，曩已狀朴齋公，再狀陳太孺人矣。今孺人其何辭？第知閫以内終，不如知閫以外著。以余狀孺人，終不如諸君子之狀孺人覈也，盍各言而孺人之所以焜耀而室乎？」

鴻臚公起而言曰：「自吾婦之相吾室也，幾六十寒暑，其間豐約異數，少壯强羸異態，然未嘗一日不見其手龜而足繭也，身敝緼而口齏糲也，曉披星呼臧獲理絲枲橦稑，夜篝燈達丙始罷也。先府君望於里中户外，屨簣麋至，供應旁午。先妣陳孺人性嚴重，鮮當意，燕私勃若怒生。吾婦外飭厨糈，内順意旨，未嘗一日見不鮮，或幾微忤。邇者多疢疾，四體痿痺，兩目瞶眊，不辨東西，行恃女奴。掖而起居，詔而飲食，余謂吾婦曰：『子休矣，老將至而霰集矣！慎無效少壯時，徒自苦。』吾婦尚愀然作色曰：『人生而不習生人事，日晏坐若尸，何以生爲？』居恒坐而暗校米鹽出入之數，不爽尺寸。薄莫必索模諸扃鐍亡恙，而後即安。其它三族之戚，余宗若伯父後，外氏若外父母而下，即疏屬，靡不左右顧匍匐極之。窮年兀兀，竟不得旦夕弛其負擔，而忽焉殁矣。吾胡能忘吾婦也！」

伯子乾昌、仲子偕春踞而泣，泣而言曰：「不肖兄弟兩人之苦吾母也，微獨幼而保抱攜持，與狼狽竄伏，脱吾兩人於倉迫中之爲兢兢。稍成童，就外塾矣，聞塾師與家大人誚讓聲，未嘗不心悸而五色無主也。長有室，亦既抱子矣，慮妻子累重，不肖兄弟且沉沉也，未嘗不潛爲劈畫，騷除其竈上而縷督其帷中也。徼天之幸，俱得從衣冠後矣。懼懷與安實敗名，未嘗不討不肖兄弟而伸儆之，以天之不假易訓之，以若祖若父之披棘斬荆，積銖累寸之孔艱也，昕夕飛蓬操蒇蕤鑰，佐家大人綢繆其牖户，靡有朝矣。豈直沾沾困窘是營，誠願躬處其勩，以逸不肖兄弟，俾得少竪尺寸，亢身以亢宗耳。今乾昌濫奉天子筆扎，未能徼一命以榮吾母，至匏繫燕市，終天之日，不得與於哭泣之位。偕春久困公車，每偕計，不知費吾母手中線凡幾，而猶然雌伏，倚門望眼，喁喁未舒。匪莪伊蒿，昔人所悲。不肖兄弟雖捐頂踵，何以報吾母罔極也！」

時叔子家翰藐焉坐郗前，余視其神愴然，而色凄然，而淚汪然，摩其頂問曰：「孺子亦欲有所言乎？」潸然涕泗横流，哽咽而言曰：「痛哉！吾之不可一日無吾母也，甚於吾兩兄。吾見兩兄之來侍吾母也，未嘗得近吾母襟裾，亦未嘗借以嬉笑，而吾母之出入必腹我，食必舍肉啖我，衣必擇軟温緼褓我，護持必敦琢老成監奴左右我。我與仲兄子年相若也，時鴈行而索梨棗於吾母前，吾母必先與我，後仲兄子。我而推讓仲兄子，則喜我，復予我。或仲兄子行偶先我，則必後仲兄子，前我。我生而吾母僊，不勝乳矣，別有乳哺我者，吾母念我所賴以乳哺也，而厚爲之遇。凡糈醪紵縞供帳之具，隆殺華素，必引與埒。有時輒詈我、撻我，則吾母輒呵止之，背而爲好言提命我，且紿我曰：『此亦汝母也，兒無不自它於我故跳躍以干彼武怒，啼而向我。』吾母之顧復我也，不遺餘力。蓋未嘗一日相離也。今夢魂猶時接之，而醒則已不知其所之，天乎！何生我之晚而奪吾母之速也？天乎！而後誰爲腹我而食我，而衣我，護持而提命我也？」言既，嗚嗚作孺子慕不能已。鴻臚公與伯仲子若孫亦争泣下覆面，不能仰視者移時。

夫鴻臚公同甘苦而共爲俯仰，故言其勤儉孝敬之德，美哉！質而不偷，戒而不違，太原之業始基之矣。伯仲子藉長養而念其劬勞，故言其孚化翼飛之功，美哉！慈而嚴，媚而正，猶有丸熊輓鹿之遺風焉。叔子沐真愛而忘其自出，故言其嫗姁休燠之恩，美哉！熙熙乎偪而能降而不憾，鈞之以禮，撫之以惠，其儀一，其心結。吾聞詩稱太姒，其詠樛木、螽斯也若是，是麟趾之嚆矢乎？合之而孺人之幽芳隱懿，於是乎備。乃余則深有感於孺人之言，而知孺人之賢於人遠也。凡相室而勤儉孝敬，啓後而孚化翼飛，詎不云婦人大節，然閨閫中時亦有之。至於妾媵庶孽之間，誰能堪此？孺人有子，已魁然壯且才也，而顧爲鴻臚公置曲室，更撫其子，不異己子，子且深德之，如屬毛離裏，不知非孺人出此，寧尋常闔闠所可能哉？亡論馮賈家婦，即宣夫人猶以母故夷裴秀，微賓客皆起，不能爲母重，他可知矣。余重賢孺人，不復溢以侈辭，敬理諸君子語爲孺人狀，致之觀察公。觀察公其誌而銘之，微獨王氏籍以不朽，庶幾備史氏之傳内則者。

明鴻臚寺序班勅贈文華殿中書舍人文谷王先生行狀

東海上多剛風，地饒魚鹽，便耕種，易爲積箸。人生其間，好大喜功，氣壯而□□，類齊俗。余每謂居其鄉者氣足以任事，力足以佐施，惜不得善用之者，以其壯氣運其厚力。乃今而得鴻臚王先生。

先生名學詩，字可興，别號文谷。相傳其先出江左，近世可知者曰隱園公某，曰梅莊公某，曰愚菴公某。世家於農，數傳有西田公某，生朴齋公某。父子並骯髒沉毅，爲布衣傑。仍用農起，而閈閎漸高。朴齋公配陳孺人生先生。先生生而穎敏，不類田中負。長益揮霍，有丈夫概。貌似悃愊不華，中實了了，劈畫中程，不爽尺寸。遇人傴僂，磬折能下人。私所自許，直欲籠蓋一世而上之，耻爲人後。初慕儒之爲世榮名也，猛然攻鉛槧業，負笈擔簦，遍遊名師快士間。補邑弟子十餘年，再補成均弟子二十餘年，後先應應天試者八，兩幾售，竟以數奇弗售。中歷驚濤危疴，幾入鬼録。先生按劍咄嗟曰：「丈夫奚所不可起家，務兀兀作老蠹魚？」遂以儒授其子，出身以佐朴齋公理家政。曉衝黑而起，暮然紅勾，校其出入，達丙而寢。算效争時，捷於鷙鳥之發。立起累世奥渫，更之爽塏。雙扉纔啓，扉外肅衣冠，入者戴笠，荷銚倚杖，入者趾錯。某也甑塵欲火，某也骨暴欲收，某也虞芮互争欲平，先生人濟而人剖之，令各滿其欲而出。鱗次輻輳，儼然一都之君。然終無所紛華，身衣單絞，食脱粟晚菘，酬應旁午。日高舂，猶蓬首垢面，衣不蔽體。家人進蕪蔞滹沱之饌，懽然共野老對食，忘其旨否。一切薄繒異膳與諸古今法物靈人器，悉謝去，戒子孫毋得寓目。邑人士華争謂王先生，固竊竊姍笑，先生弗避也，用我法自如，獨於奉西田、朴齋兩公及陳孺人，則必具軟温甘毳。當阨時，雖捐頂踵不惜。西田公以避寇作於城，先生虔庀其終事，不以倥偬從苟簡。引發而雨驟集，先生不忍雨侵廣柳，以身翼而蔽之，淚與雨涔淫俱下。丙夜，盗闖入，先生與朴齋公鑿坯遁矣。已而知陳孺人爲盗所執，挺身出語盗曰：「若輩利吾財耳，若釋吾母，不難傾槖勞若等。」盗遂得飽去。先生方喜釋陳孺人也，竟不搜萑苻。朴齋公最友愛，有兄曰恕齋公某，有弟曰慎齋公某。恕齋公艱於子，先生朝夕上食，不異朴齋公，數擇宜子女婦以進，晚竟舉子三人，長即今別駕君名某者。恕齋公重德先生，願先生與其子鴈行而均分其産，先生固讓，不可得，則舉而歸之別駕君，不名一錢。慎齋公懵於事，有子而夭，二孫嫋嫋，不絶如綫。射影者睨而視，先生代其踐更，撫其遺孤，使其生不爲絳縣老，死不爲若敖鬼者，秋毫皆先生力。其他餘波所及，首母族若陳氏，次女兄弟族若喬氏、郁氏，又次妻族若姚氏。於陳氏更多渭陽之情，身爲戟支，不避勞怨。每值社時，會諸父昆弟甥舅，輒舉觴告曰：「我在而令三族之戚無鳩，不能保其寧宇者，有如此觴。」其視同室亟於纓冠如此。至於公家之役，更不煩鼛鼓竭蹷而趨。邑有大故、大繇，如往年島夷發難，監司議城邑，則先生操畚鍤而邑；議城堡，則先生操畚鍤而堡。矢石及睥睨，則先生司鈴柝慎封守，爲諸少年倡。蚆蟦陽侯爲祟，則先生收遺骼，輸積囷，起瘠於溝中，以佐縣官急。閭左二三著姓與先生鼎足而立，先生慮當吾世有先王生着鞭因以失諸侯，故喜於先登，不能多讓人，閭左著姓亦脉脉壯先生，敬奉盤匜以從，一當盤錯，率推先生爲嚆矢。

歲壬午，先生仲子領鄉薦。庚子，伯子官中舍。先生亦拜爵典客。縣大夫推擇而隆袒割之禮，齒且杖於國矣，知交憐其齒危髮秀，間以霰至，諷先生少弛負擔。先生自恃神王，艴然作色，謝曰：「凡保家之主，氣不可使一日餒，餒則無可憑以翕張；力不可使一日絀，絀則無所恃以緩急。人言太原裔出江左，吾家夷甫揮麈而坐譚，苦空殊不足法，九原如可作也？寧人笑余固木屑竹頭，吾其爲陶士行乎？」仍食矗衣素，操管鑰，問米鹽如故。

壬寅疾作，牀褥間口娓娓説家政。稍間，即輿而出，召諸綱紀之僕權子母奇羡，不欲晷刻就閒。蓋先生壯氣厚力，不妄用以陵其鄉里，用以任事；不專用以營其囷窖，用以佐施。篤於倫，勇於義，滿而不溢，耄而不偷，瞿瞿蹶蹶，有古良士風，此豈徒好大喜功，隨俗雅化者耶？余觀邠之爲俗，家長日討家衆，男子畝，婦人桑，布褐苴荼是甘，終不以菲廢禮。內備果蔬修介壽之懽，外供嘗裘趨藏冰之役，朋酒羔羊，直與君公相揖讓，而卒歲播穀之慮尚咨嗟相戒，試爲歌邠風七月。先生之精神猷念恍然可覩，是可以狀先生矣。

先生生於嘉靖辛卯，殁於萬曆甲辰，享年七十有四。娶姚氏，子三人：長中舍乾昌，娶憲副喬玄洲女；仲孝廉偕春，娶大參唐純宇女；季家翰，側龍出，娶太學唐景文女。孫二人：長廷鼎，乾昌出，爲邑庠生，娶中舍杜象南女，繼娶余年伯張青鰲女；次廷球，偕春出，聘工部郎陳成所女。孫女三：一適僉憲俞新宇子文學廷謣，一適光禄潘足菴子太學焕宸，乾昌出；一適太學艾光宇子中舍廷機，偕春出。曾孫一：有孚，曾孫女一，俱廷鼎出。乾昌等卜於某年某月某日從先生遺命，葬於朴齋公之昭位，而先乞余爲之狀，將借華衮於太史氏。適長子中舍遇天子覃恩大典，得徼寵命，贈如其官，龍章爛焉。倘太史氏俯念先生生平，未必合於今人，未必不合於古人。保世亢宗，亦自有不可磨滅者。而賜之齒牙，豈惟太原氏子姓實嘉賴之，亦庶幾世道去華返朴之助云。

卷九

祭别駕劉龍州年丈

歲在甲辰，余寓燕市。公謁選曹，别駕筮仕。桑梓幸偕，士民咸喜。公方太息，向余眉攢。謂此一官，罕能自完。余曰否否，公其少寬。官豈累人？人實累官。所司云何，濬川煮海。更有難者，尚衣是待。任既孔棘，弊亦日延。下獻其餌，上甘其羶。上下相蒙，誰能瓦全？人濁獨清，人醉獨醒。罟擭在前，不入奚耿。公拜稽首，願奉九鼎。揭來吾郡，勵志殫精。皎然月朗，凛矣霜清。壁無懸魚，庭有置水。羣奸鼠竄，令望鵲起。無大無小，咸來誦公。邦國不空，别駕之功。公每握手，謂余不詭。余亦自信，足報知己。立懦廉頑，公其嚆矢。胡期一疾，遽反其真。口無含珠，甑有餘塵。閭閻灑淚，縉紳愴神。競起呼天，謂天不吊。碩鼠蒼鷹，家温齒卲。茹蘖飲冰，石火電燿。使若輩存，令此君夭。余曰不然，天道難明。易盡者賄，不朽者名。

瞻彼西山，寧讓東陵。余無二言，公可以瞑。

祭金翁年伯

嗟乎吾翁，行同彦方，齒齊伏生。涉世無風波之作，撫膺少冰炭之衡。子昂昂而玉立，孫英英而蘭馨。其存也順而眉常舒，其没也寧而目能瞑。誰不謂翁之可以死，殊異乎造孽之夫，悔往慮來，鬱鬱抱恨，以終其身。而間有一二，猶若爲翁不能釋然，於今則以翁之令子賦才瑰琦，抱藝絶倫。公車再上，尚困青衿。冲天之鵬翮，未即翱翔於南溟。不知翁之得全，而天之尤厚於翁也，正在於斯，未可以語夫凡襟。翁年踰八秩，僅此獨子，客歲偕計，翁之神王形衰，杖屨龍鐘。翁子已業業如履薄而臨深，脱羊角，驟至春官。策名欲歸，而柴柵之累已羈；欲留，而庭闈之戀難禁。親煢煢而凝眸，子依依而瞻雲。一朝聞訃，千里想魂。當此彌留之際，誰爲搔背而摩足，誰爲進糜而嘗藥，又誰與幾晝夜握手而叮嚀？遇之升沉，總是一身。此身萬狀，仍是一身。親之訣别，惟此一日。此一日失，無此一日。以故古謂終天，雖有三公，未肯與易，而况於區區一第之微榮，豈不此重太山而彼若鴻毛之輕？某等與翁子同社同榜，稱弟稱兄，諸子猶子，而翁吾翁。生羡翁之解頤而優游，死諒翁之含笑而無所怨恫。敬酌江水，佐以蕪詞，翁其欣欣而鑒余通家之末悰。

祭陳太石

嗟乎吾兄，懷聳壑昂霄之志，而不能酬其願；席丘累陵聚之業，而不能持其盈。稟山苞淵，渟毓者之度，而不能永其年。是則吾兄之飲恨以没，而亦人之所欲問於天，不能無憾於天之夢夢者也。雖然，東海之上，風剛氣勁，人生其間，往往食弱爲强，兼小爲大，狡焉有偏覇之態。以故其生也人畏之，其死也人幸之，曰今而後，莫予毒也已。獨吾兄悶悶淳淳，恂恂雅雅，居村落間而清譚諧謔，有晉人之風；藉豐隆勢而知雄守雌，有老氏之術。居恒不見其震雷憑怒，徵色發聲，即有横逆之來，每每以嬉笑當其唾駡。以故其生也人親之，其死也人憐之，曰今而後，罕有鄉之善人矣，天何奪吾佛子之速也？然則天雖夢夢，而人心之天，不亦昭昭乎？雖然，吾兄有兩郎君，不徒以文學世吾兄，而亦能以長厚世吾兄。語有之：不於其身，必於其子孫。又安知天之夢夢，不轉而昭昭乎？余與吾兄締交最久，相與下帷東海上，不知若而年，而以試事相從於秣陵者四，相從於燕市者一。至於玉峰義興，相與數墨尋行，燃紅浮白，涉煙波，驚風雨，聽短長更也，又不可勝數。今吾兄一旦奄然長逝，能不愴然悲心？敬酌江水以畢吾素車白馬之盟，兄其翩然而來鑒余之微忱。

祭朱令人

嗟乎！人孰無死？死孰不悲？顧其死也，或以性之悍戾而死，或以遇之忳鬱而死，或以年之耄耋而死。即非是三者，亦以危疾沉痾，伏枕經旬，盧扁弗有，藥石弗效而死。今令人之死也，其暴戾耶？則貞静禔躬，温惠處衆矣；其忳鬱耶？則産於名門，歸於望族矣；其耄耋耶？則髫年弱質，婉孌季女矣；其危疾沉痾耶？則初昏燕笑，丙夜長逝矣。問之於人，人不能知；問之於天，天不能對。煢煢嫠姑，形影相傍。望空幃而太息。孱孱夫君，契濶相要，撫孤衾而長號；孄孄鳳雛，嚶鳴求索，牽遺衣而投懷；翩翩鴈侶，風雨奔赴，恨縮地而無術。更有尊公，聞訃震悼，傷母氏之早世，泣引蔓之不長。遥遥乎想魂於千里之外，雙眼欲枯，而眠食俱廢。興言及此，寧不悲哉？余忝通家，稔令人之賢最悉，傷令人之死獨深。聊陳一觴，告以悲心，靈其來歆。

祭潘孺人

嗟乎！孺人之歸都事君也晚，而都事君之去孺人也早。且都事君伯仲俱稱多男，而孺人獨艱於嗣。煢煢嫠居霜露，幾二十餘易。此孺人之飲恨以終，而亦人之所鬱鬱不能釋於孺人者也。雖然，人世所願，不過其生也榮，其死也哀，如此而已，况於閨秀，豈復過望？都事君宦不甚達，孺人之侍都事君不甚長。顧居則瓊瑶，食則鼎珍，衣則錦冰。青宮職膴，黃扉寵渥。歲時與兩妯娌鴈行而上壽於恭定公、曹夫人也。雲翹翠鈿，霞帔玉珮，並爲都雅，不見豐嗇，可謂榮矣。都事君無子而有丈夫子二，長君視草而供筆札之役，次君典客而負鋒鍔之才。兩者並位交戟，爲近侍之臣。日者孺人疾革，長君以官羈長安，次君親治其棺襝，供其飯含。席薪枕塊，嗚嗚作孺子慕，可謂哀矣。彼富貴家之婦，往往運方豐隆，身已萎謝，不得永藉其靈光，而不淑之子孫，當終天之際，猶然鄂鄂修貴倨態，不一省問隆薄。視孺人所得孰多？就孺人今日而論，豈世之顯者晦，而晦者顯，抑有者無，而無者有邪？總之，孺人可以瞑矣。余不揣齊大，而妄忝葭莩，敬酹江水，聊以告虔。

祭陳鄧林

吁嗟人伯！爾貌則隆，爾氣則雄，爾學則豐，爾胡爲飄然而驟若御風？爾親則耄，爾子則少，爾室則未造，爾胡爲翹然而殞於中道？爾居則吳淞之江，爾丘壠則黃浦之旁，爾所下帷則東海之鄉，爾胡爲超然長逝於合肥之陽？吁嗟人伯！爾睥睨塵寰，以人生爲逆旅，爾豈以死之樂爲勝於生之侶？爾什九在外，以天地爲蘧廬，爾豈以雞鳴龍眠皆可乘箕尾，無擇於故園之墟？吁嗟人伯！爾已反其真決，龐潰癰偃，然寢於巨室，或化而爲彈，或化而爲輪，栩栩焉奚所不適？獨爾高堂倚門，中幃罷織，弱息凝眸，朋舊太息，見爾之出，不見爾之入，是則涕泗哽咽，情可斷乎鐵石。吁嗟人伯！繁華將茂，秋霜悴之。人生若寄，電逝星馳。朝而七尺，暮而一棺。聚若蟻合，散若鴻摶。名固蝸角，身亦蟬翼。舉口雌黄，瞑目玄寂。又何苦較修絜短，守雄而守白？奠以椒漿，賦以招魂，豈故嗷嗷然惡知乎禮意，聊以表余黨數十年風雨之淒惻。

祭方明齋

憶昔弱齡兮，偶爾班荆。百里一堂兮，千秋定盟。任朋從之攘攘兮，獨與吾儕自成。或浮白而角勝兮，競呼酒兵。或燃紅而話舊兮，共聽長更。或執鞭弭而周旋兮，風雨咸驚。或感意氣而慷慨兮，山岳爲輕。猶云同病相憐兮，肝膽易傾。迨徤翮之冲天兮，平陰先鳴。致萍蹤之兩地兮，形影參横。凡處兹之峥嶸兮，誰念友生。惟吾兄之素心兮，雙眼偏明。輸真悃而雜諧謔兮，披襟以迎。苟急難而藉推輓兮，裂眥以争。對韋布與金紫兮，曾何此縮而彼盈？人羨兄之通才兮，文武用而各擅英聲。余慕兄之高標兮，榮瘁交而不見二情。尚記往歲之秋兮，兄有閩行。過海上而握手兮，中宵飛觥。忽灑淚而歎故舊之消歇兮，若愴怳於離合之難憑。詎期歲序之倏改兮，河梁如故而人已返乎化城。恨吾儕之星散兮，疇秉筆而爲爾寫乎銘旌。悲友道之愈喪兮，聊束芻而敬奠乎兩楹。

祭徐贈君

嗟乎！人生貴于有年，尤貴有子。年踰稀齡，子稱名士。得全如翁，亦復何企？乃翁之死，惆悵靡已。豈曰逆旅，而非首丘？寵命將臨，尚未承休。大塊蘧廬，空名浮漚。寧問故園，何必鳴騶。亦曰世風，日入于僞。顯操弧矛，隱伏魑魅。稍有憑藉，更多詫異。改玉改步，機心機事。惟翁淳龐，不飾不緣。今世而古，人貌而天。厭彼苦海，種此福田。當簪纓之赫奕，儼韋布而仍前。矢口而譚，直如蒙泉。舍車而徒，捷如飛鳶。胸不抱杞人之憂，性默契莊叟之篇。知者以爲大人赤子，不知者疑塵境之偓佺。揚詡之夫，望儀從而氣沮。閃爍之輩，窺底裏而赧然。似叔季之畸人，實高曾之故我。衆巧趨而獨拙，羣右袒而偏左。庶幾極剥猶存，碩果將寬。鄙而敦薄或化，螟而爲蜾胡期。一疾遽爾乘箕，德鳳翔而遠逝，海鷗猜而懷疑。穎陽彌下，狂瀾曷支？凡在知交，咸爲痛咨。況仁係通家，能禁涕洟？此余衷之所倍爲愴神，而殷殷不釋于身後之思。至于翁之懿行，久而不朽。翁之後禄，積而愈厚。靈光貢于泉壤，芳聲等于山斗。此固人之所頌翁，而諒翁之所不自有。故不縷縷而出諸口。翁其翩然，而顧余之用缶。

同郡同年祭徐贈公

甲辰之役，合郡之鴈行而獲雋者凡十人。總十人計之，其蓼莪銜悲，稱永感者强半；其大椿志喜，稱具慶者，僅不及半。而僅半者，或戀故園，堅守桑梓；或苦遠道，懶問舟車。瞻雲徒切，陟屺爲思。求其能跋履山川，縱觀宫闕，曉聽鳴玉，夜看燃藜，團聚旅邸，夷猶京國者，豈多屈指？蓋同榜之子十人，惟翁在矣。每登翁堂，望翁杖屨，悃愊而無所紛華。隨翁步武，矍鑠而無所委頓。接翁議論，坦率而無所經營。知翁令子周旋晨昏，祇承菽水，式歌且舞，欣邑而無所湮鬱，不異閬風仙眷，逍遥人間。吾儕低徊留之，或噛指而羨弄烏之懽，或捫心而興負米之恨。庶幾曰：若翁我翁，尚及見老成人之典刑。今翁復奄逝，其爲愴怳，奚啻恒情？嗟乎吾翁，鍾元精兮含醇，完太素兮抱真。浄風波兮長空，混寒燠兮如春。蝶無心兮栩栩，麟有趾兮振振。沾湛露兮未央，厭塵氛兮上賓。招燕魂兮楚步，表鳳德兮龍文。佐椒漿兮哀衷，恍梁月兮美人。

祭喬純所方伯

凡稱鄉達，貴宜於鄉。寵而能降，令名乃彰。維公毓秀，斑香宋艷。羊角風生，鳩司藻掞。出秉外憲，長樂豫章。再陟大藩，漢沔荆襄。從事獨賢，總領百粤。桂林象郡，投誠爰發。赫赫嵬膴，比古諸侯。俯視桑梓，眇焉寡儔。早謝纓縻，來返初服。閭井闃寂，不知嶽牧。杜門養重，裹足就閒。非公不入，絶無居間。涉世如醇，禔躬若磬。雖犯不校，絶無暴横。鮮衣華履，强項怒睥。不問可知，非公蒼頭。乘駕唱騶，前遮後距。不問可知，非公車騎。吁嗟公乎！與物何傷？千家祝鳌，百歲未央。方慕煙霞，泉石是理。遽罹鞠兇，霜露弗起。矯矯雙鳳，在疚煢煢。依依宗黨，含悲忡忡。豈遇之豐，而年則嗇？抑天之夢，不虞乎人？之恻某等，少瞻芑采，長欽范型。望公雅素，羡公老成。聞訃震悼，喪我冠冕。束芻拜奠，敢告不腆。

祭王隆槐

試望燕市，攘攘盱盱。智盡能畢，名利是趨。但知福藪，罔知禍區。猗與我公，禀固夙完。

天亦獨厚，徒步而來。奮袂而售，鳳池珮鳴。鵷班羽箔，上自台垣，下至列宿。有事必詢，有謀必就。海内賢豪，望景輻輳。湛露頻承，殊恩屢遘。數十餘年，位晉巨卿。纓簪奕燁，門第峥嶸。彌昌彌熾，如茨如京。玉帛充牣，粉黛逢迎。左顧右盼，何欲不盈。花爛熳兮方茂，日暄妍兮正升。方將邀異數以華躬，挾飛仙而陶情。一旦嚴霜夕下，翠色朝零。親朋額顣，盧扁神驚。遠莫能致，近難爲營。棄白頭與黄口，辭金谷與玉屏。蕙帳宵空，蘭堂晝清。恨欲入骨，悲來填膺。曩歲公歸，假令少次。棲遲桑梓，周旋帬屐。減塵世艷，消造物忌。即修短之不可逃，亦俯仰無憾而首丘之安置。始信禍福之相倚，而齒角翼足之未可過覬。某忝通家，爰締姻盟。余無妄干，公亦推誠。久暫若一，肝膽俱傾。甫共宦途，鉅細質成。遽罹鞠凶，顧影煢煢。春潮雨急，野渡舟横。有淚交睫，有酒滿罍。

祭潘衡齋先生

嗟乎先生！心貌俱古。土木形骸，麟鳳肺腑。清音寡和，獨行誰伍。高文大科，龍變雲蒸。棠留玉臺，霜飛秣陵。三秦校士，懸鑑若冰。勳名爛焉，未概先生。顧瞻吴中，厚道漸瘠。憑城倚社，逢年通籍。梓里雄行，腐鼠仰嚇。先生象賢，恭定巨公。身膺甲第，望重崆峒。炙手可熱，無翼能翀。偏厭豪華，恂恂抑抑。周旋閭閈，忘爲貴客。蒼頭厮養，雅稱君實。嗟乎先生！砥柱中流。誰承八座，囊無餘資？誰官外臺，府不投書？誰戀高堂，輕辭纓舄？誰思舊姻，永撫遺息？誰嚴暮夜，堅守清白？誰乘箕尾，百身願易？寸心白璧，屋漏青天。棺蓋論定，享薄德全。勢居人後，名在人先。自足不朽，何必長年。某等晚學後生，夙欽儀矩。時蒙接引，意氣煦煦。鄉有典刑，士知步武。庶幾風靡，猶存土鼓。昊天弗惠，喪我老成。豈厭塵世，返爲庶貞。觸目傷感，揮淚縱横。聊采溪毛，特百常情。

祭秦太夫人

語有之曰：不知其親，視其子。語德也；又曰：不于其身，于其子。語報也。夫人婦德，不出於閫。而夫人之子，非吾友子聲耶？子聲仁心爲質，古道是師。類萬石君之淳孝而文采過之，似原巨先之樂施而醇謹異焉。夫士行清節，本之湛母。微中國嚴訓，孰成滎公？夫人之賢，豈不於子聲有明徵耶？無德不報，矧於厚積。乃夫人中道違天，半世茹苦。誓柏舟而截髮，歌黄鵠而拊心。人且謂夫人必食報於子矣，乃子聲學窺二酉，文蔽班揚，而鵬摶之翼終斂。年踰耳順，行齊伯道，而麟趾之瑞尚虚。既悲衛氏之玉人，旋哭蔡家之殘史。雖勤孝寬之流涕，竟殞皇甫之遺孤。涼涼踽踽，形單影隻。僅存壽母，弄烏舞斑。承懽朝夕，而今復奄然萎隕，悵矣雲飛。凡人生所僥倖而愉快者，子聲百不得一；而人生所歔欷長大息者，子聲什居其九。不知天何以謝子聲，又何以報夫人耶？某等少從子聲，共修鉛槧。屬在通家，惟知子聲最深。故哀夫人最切，而頗有憾於天之蒙蒙也。聊束芻陳詞，以訴此衷之不平。

祭孫果亭代家君作

嗟乎吾兄！論兄之享，享亦已厚。計兄之年，年幾中壽。兄胡不瞑，死猶眉皺。知兄含悲，其在爾後。伯子無懷，多病而尫。季子有文，弱冠而亡。哀哀嫠婦，淚灑空房。嫋嫋諸孫，望斷高堂。兄性太剛，兄言過直。負氣負才，任怨任德。左右讋伏，宗黨目側。恐爲弱肉，終於强食。豈知天意，殊未可知。天苟欲廢，人誰能支？竊料人心，寧肯乘危。忍侮鰥寡，横爭錙銖。敵惠敵憾，不在後嗣。況鑒前車，宜懲往事。彼衰而逞，此衰復噬。展轉相仇，曷其有置。清議公法，鬼責神非。昭然具在，兄無懷疑。雄心如存，卓識弗迷。聚散榮枯，總歸太虛。某等朝夕相依，硯席與共。塤篪情親，金蘭誼重。昔時朋舊，太半入夢。僅兄周旋，聞訃尤痛。幸我同志，死生不移。頹風力挽，大義是持。言念故交，撫此遺兒。敢布衷悃，兄其歆之。

祭亡弟

嗚呼哀哉！ 汝生而愚，死亦以愚。汝亦已矣，爲汝父兄者，痛忍言哉？ 汝生未及期，遭兵燹之亂。母攜汝匿蒿萊中，賊近接武殺人，汝啼不止，迺攜汝竄遠鄉。母體素孱弱，不奈跋踄，更襁負汝，不十步而蹶，不五步再蹶。墜深淖中，幾不能起。賊遊兵尾其後，行道人争勸棄汝，母且泣且前，終不忍釋。時謂汝必死矣，而得不死。踰年邑中疫癘大作，母病疫卒。予方九歲，汝尚匍匐，未能口食，懷抱拊循，惟庶母梁氏是賴。又踰年，庶母尋卒，寒煖饑飽，莫爲省問。時謂汝必死矣，而得不死。已而汝漸長成，忽病狂奔郡城，舉家㥬惶雪涕。有料汝溺於水者，有料汝仆於途者。予冒風雨，走百里外，雨濡袍徹澤，會見汝在郡之東門。時謂汝必死矣，而又得不死。夫不死於亂，不死於二母之喪，又不死於狂奔流落，人且謂汝有後禄也。迺冠而戴弁矣，娶而有室矣，執牙籌，計贏奇，能經紀生産矣，而竟以死耶？ 汝外貌窿然，若壯盛有餘，故凡傷生之事，攘臂爲之，因遘疾入肺腑，百方療治，不能救。汝死之夜，予以手撫汝胸骨，鑱然如礪，猶思覓鹿血啗汝。汝亦猶張目呼予曰：「兄未寢乎？ 重自勞苦，得無恙乎？」遂作熟睡狀。予乃去假寐，至夜分，忽聞汝長笑聲，驚起視汝，而汝已瞑矣。時雖欲撫汝，令汝呼予，可復得乎？ 汝有子名寄，甫兩月，此汝所眷眷死而不忘者也。汝子幸魁梧，易爲鞠養，使予不終如今日也，視汝子誓不異予子，汝固可無慮也。使予即如今日也貧賤，吾家故物，甘苦共之，庶不至落莫，汝亦可無慮也。近所慮者，獨汝未就土耳。向母之喪也，殯殮造次，每於明發思之，心隱隱痛，期與汝努力共改卜之，而汝又貽予此慮，予何以爲心哉？予自汝死，當食而歎爲汝，聞樂而戚爲汝，過墓側睨不敢視亦爲汝。今以歲周，將除汝靈，乃灑泣爲文，設常食以祭汝。汝性喜食梟，更嗜酒。有梟一圩，有酒一尊，汝其能下咽乎？

祭秦孺人

古稱閨秀，又云女士。于今徵之孺人，而信幽芳之足企。人言婦德，周旋舅姑。孺人存順意旨，汲慎喪葬，引經合度，真思媚徽音之克嗣。人言婦功，精勤刺枲。孺人胸羅錦繡，案列圖史，韞藻含華，直操丹鉛，而窺孔壁之奇字。人言母道，厚所自出。孺人撫其支子，不異己子。奚論居常訓誨，儀一心結，如鳲鳩之不貳。即彌留之際，近顧長郎於榻前，執手攢眉，淚盈盈而無語。遠盼次郎於户外，絶粒旬日，眸炯炯而猶視。此俱孺人大節，固天性之合，亦學力之至，豈尋常淑質可比肩而較軒輊？計孺人始終，洵懿美之完具，獨其半生艱辛，萬狀勞勩。年僅踰五而遽逝，不得見夫君之成名與令子之奪幟，是則其中之耿耿而賫志。第公孫之射策未衰，終軍之請纓方鋭。人事鬱久而將通，天道剥極而將泰。孺人亦足含笑而待泉壤之光賁。某等與孺人夫君爲研席交，維風及雨，共三十餘載。時時談孺人内政，咸推閫則，祭酒微孺人其誰寄？今珠沉玉碎，彤管且空，餘而棄寘，豈特夫君令子腸斷淚枯，凡屬在通家，烏能已於情結而涕漬？敬布蕪詞，佐以江離，聊以申吾儕同戚之誼。

祭喬味湖公

逢時不辰，戚屬半零。惟翁之死，百倍恒情。情同悲異，豈曰私臆？古人有云，老成可惜。猗與吾翁，生於華宗。軒岐隱跡，經史羅胸。抱慤含淳，周規折矩。蕭膏悉屏，泉石共侶。性厭貴介，遠之如遺。貧交急難，告則必趨。家謝繁禮，闔户峻避。閭閈慶吊，着皮首至。吹毛洗垢，掩耳若禪。弱寡欺孤，怒髮指冠。中律中度，爲法爲則。八十餘禩，終始一日。書稱黃耉，詩賦鳲鳩。譬之碩果，胡不永留？天愛佛子，巷乏舊德。柱傾波靡，曷其有極？某累世通家，更荷推誠。孱焉弱息，來配翁孫。余當北行，翁念余目。尚慎旃哉，諄諄訓囑。今登翁堂，翁已乘箕。謦欬猶昨，杖屨誰依？先君彌留，辱翁眕視。長君次君，周旋猶子。余羈燕山，遥傳訃音。疾不及問，死不及臨。興言及此，寧禁淚漬。絜酒隻雞，翁其戾止。

祭王仰槐

嗟乎！人世所艷，厚實顯名。兩者既備，期於修齡。悉數吾公，何欲不盈？公實已厚，公名已顯。八十餘禩，志舒意展。安然仙逝，亦復何憾？第公之逝也，不逝於往歲之病，而逝於今歲之不病；不逝於公子之暫歸，而逝於公子之方出；不逝於公子之生前，而逝於公子之死後。燕魂未返，吴雲已斷。紛紛未了之緒，縷縷欲訴之情，僅得會語於九原，而不及訣别於兩地，是則翁之可悲者耳。雖然，悲喜榮枯，展轉相迎。盈則必毁，毁則復盈。子孫森立，紀綱充庭。保祚亢宗，是在後人。某忝葭莩，休戚俱係。夏留長安，既含公子。秋歸梓里，再灑公涕。一歲之中，鞠凶備至。送往事居，能不悲心？束芻盈缶，公其來歆。

祭王文谷

嗟乎吾公！壯氣深心，弘才卓識。門外酬應，户内劈畫。賓朋戚屬，往來如織。紛紜旁午，隱然都君。惟公坐籌，遊刃而分。剛柔並用，鉅細惟均。言不宿諾，事不避難。能春能秋，任德任怨。人既咸宜，家亦日隆。麟鳳充閭，纓組峥嶸。亢宗保祚，遂甲於東。惟公遠慮，處豐而惴。集木臨谷，恐陷恐墜。食必麤糲，衣必敝碎。知無百歲，欲作千年。長君中翰，次君孝廉。叔也最少，頭角嶄然。蘭孫玉立，突而戴弁。曾玄鵲起，抱着膝前。猶恃神王，未肯就閑。齒幾大耋，而問米鹽。人謂公勞，公曰余適。蟋蟀職思，鵾鴞補葺。天不假易，曷其有極？神之太用，形隨以凋。一疾伏枕，萬念俱消。遷延兩期，竟返層霄。余與公交，三十餘禩。公獨待余，寒燠無異。遣子執經，委托若寄。有言必詢，有事必議。爾無我虞，我無爾貳。客冬卧疴，余當北行。滿冀歸來，與公逢迎。今登公堂，公已乘雲。人琴兩亡，曷禁涕零？余知公心，意在後嗣。所願公嗣，善承公志。余持此訓，以報相知。公其俯鑒，盡余一巵。

祭潘心菴

嗟乎吾公！竟止此耶？豐頤偉幹，直氣坦衷。論議慷慨，舉止從容。種種壽相，豈應夭終？且無論公，公之生父，實惟學憲。行齊君實，操比清獻。立懦廉頑，淳回澆變。源之既深，流亦宜遠。天之報施，云胡太舛？官僅典客，年方踰强。弱息未壯，雄心未降。死非狐丘，又非燕市。僮僕易簀，水濱長逝。妻子不面，親舊罔侍。誰寫銘旌，誰薦沼芷。一靈孤飛，兩目猶視。嗟乎吾公，竟止此耶？某忝通家，辱公推誠。慕賢者後，而締姻盟。記余北行，河梁握手。聞公南來，朝夕翹首。相遲不至，忽聞人言。余信公素，斷謂不然。久而漸真，淚灑滂湲。愛莫能助，悲弗可傳。今登公堂，庭樹蕭瑟。翟公之門，已無昨客。聊束一芻，以告余臆。

祭喬孺人

詩稱葛覃，婦德咸備。勤儉孝敬，於是焉萃。末俗風靡，閨範蕩然。鮮克由禮，其誰能全？吁嗟孺人，性自天植。終温且惠，柔嘉維則。生於甲族，門高望崇。隼旟熊軾，最極顯榮。孺人處之，罔所憑藉。仰承姑嫜，匪懈夙夜。歸于名家，履温席豐。蟬聯鵲起，並號巨宗。孺人處之，罔所汰侈。謝去羅紈，躬問機杼。至其恩波，下逮女蘿。曲室别館，罕聞嘯歌。兼之頴敏，旁通經史。青緗彤管，足當女士。吁嗟孺人！宜爲世儀。云何霜霰，遽殞江籬。天邊湛露，瀼瀼方零。翠翹翟衣，未獲躬膺。雲外孤鸞，盈盈將返。握手永訣，不遑少緩。枝頭棣萼，韡韡正穠。煮粥爇鬚，有願無從。掌上明珠，英英照乘。訓鹿丸熊，中懷靡竟。興念及此，疇不嘘唏？况余通家，曷禁涕洟。遥想梓里，傷彼蘭質。聊陳一觴，神其來格。

祭朱嫂黄令人

嗟乎令人！生於溟渤之墟，其禀性勁而賦才敏；産於鴻鉅之族，其襟期遠而眼界寬。以故其嫺於文史也，可以頌椒花，詠柳絮，而惜乎墮地，不爲男子。其嚴於課督也，能使茂弘揮麈，崔篆傳經，而惜乎遇奇，未爲世儀。迍邅閨闥，委頓牀褥者幾二十餘年，而竟賫志以没。是則令人雙眸之所以不能瞑也。雖然，邇者吴中風靡，世禄之家鮮克由禮。或挾聰穎而舞弄，或任意氣而憑陵。不聞問夜，但知司晨。甚至犯上凌長，敗度踰閑。誶語舅姑，溷迹尼媪。厭棄乎蘋蘩藴藻之業，而放浪乎三竺五湖之間，敝也極矣。乃令人敦悦憲章，動遵矩矱。道齊師氏，德配女儀。慧擷蘭芳，可稱藝苑之博士；威振玉顋，足當女中之丈夫。況夫君行修一生，孝子長郎養邃。半世名儒，令人其又何憾而不瞑乎？某忝通家，若兄若嫂。愧吊奠之不前，撫中心而如擣。陳觴豆以告哀，恍環珮之夭矯。

卷十

餘慶録誦

太末之壤，三衢穹窿。天矯槎牙，紺碧玲瓏。鬱爲靈秀，乃生巨公。厥惟詹氏，始於總戎。再拓縣治，轉徙岐豐。猗與寒泉，寔闢渾蒙。學探二酉，名齊八龍。應貢分符，位卑望隆。蕞爾星子，比於單父。釜能生魚，江可渡虎。花滿河陽，棠留西土。千家尸祝，百年歌舞。克開厥後，繩其祖武。曰道南公，卓行誰伍。懷瑾握瑜，當已不賈。晚就司城，下車遇虜。三事震驚，五色無主。公徐紆籌，折衝樽俎。漢備方嚴，胡笳氣俯。華膴咄嗟，競推禦侮。囊處頴脱，陳力披腑。義釋壘囚，恩沾覆甒。直犯權貴，出擢留都。掛冠杜門，飛玉灑珠。善積慶衍，麟趾鳳雛。元方季方，偉焉通儒。大馮小馮，共綰雙符。伯來雲間，暫棲枳棘。穆穆我侯，昭茲世德。雨露芝蘭，雷霆虮蜴。月明峰寒，霜清鶴唶。獄少赭汙，庭多搓掖。鹿已隨車，鴻且奮翮。矧伊琳琅，照乘奪席。于門日高，荀里星集。薈矣三槐，奚啻萬石。敬效輿人，遠遡先澤。文正樹軌，忠宣接舄。瀘州作戒，靡恃宗祏。仰止關西，謀貽清白。並驅往哲，今古煒奕。

贈陳節婦

從來立孤難，寧責閨中季。嫋嫋此紅顔，稜稜勵素志。豈惜衛姬耳，時灑若敖淚。兩髦惟我儀，三尺再爲置。芝蘭故不榮，松栢甘委翠。笑彼鬚眉人，名節如敝屣。

暑讖

古人重民命，順時宣愆伏。焰高日亭午，漏長月當六。村農苦荷鋤，圜土更帶木。汗流深墨面，蚊嘬阨羸腹。卬首望甘霖，庶幾解煩燠。上漏復下濕，轉側在溝瀆。烏啼發長歎，蠅集還自卜。時愁嚴霜飛，忍見浮雲簇。虞廷絃忽調，殷家網已祝。景風從南來，飄然入幽谷。纍纍此胥靡，夢逐關山鹿。傴僂出犴狴，旋對嘉石鞫。張目街巷新，抱頭妻子哭。相戒且勿悲，燭舉盆豈覆。主聖臣亦直，情伸法不曲。耿雉脱羅罦，籠鳥向林麓。驚魂猶未定，四顧追胥蹴。鴒亭與梧丘，白骨真再肉。懽聲動地起，願言永天禄。誰云王道難，德行置郵速。

贈沈黄門尊人崇祀鄉賢

佳麗秣陵勝，高標白下尋。鯉庭頻齧指，馬帳獨危襟。韞藻時霏玉，披裘肯却金。論心人是古，閲世品非今。真可廉頑懦，應無媿影衾。于門虿已闢，槐里喜成陰。苞翥丹山曉，珠明合浦深。香生芹荇裏，千載有徽音。

仰止篇送李郡伯

福星來八閩，明月照三吴。勁節青松掩，貞心白璧孤。雙魚淹繫肘，五馬始分符。垂簾還野鴈，秉燭問城狐。風暖鸞堪舞，霜寒鴞不呼。發奸如拔薤，易俗似投巫。陳東惟懸壁，劉鞭止用蒲。門少蕭朱客，庭餘鄒魯徒。空囊厭刀赤，塵釜煮雕菰。期月歌來暮，千家喜再蘇。如何機上杼，竟落暗中弧。無雲驚震斧，有淚灑當塗。鵲亦知填轍，人難擁去轤。牽衣倍愴怳，搔首獨踟躕。遥憶達士襟，升沉兩俱無。但念九重遠，還應采蕘蒭。良矣此漢制，寧弗聞吴歈。聖代饒雨露，幽蘭終自敷。

題琴鶴高風册送詹太府陞山東憲副

漢代循良重，唐官刺史尊。競誇旟是隼，誰稱玉爲麟。卓哉趙閲道，高標有餘芬。寥寥已千載，矯矯誰等倫。侯起姑蔑墟，桑梓早卜隣。振衣邁流俗，砥行尚古人。星造雲間福，日迴海上春。反風多渡虎，披鑑少窮鱗。執法朱門遠，論文白屋親。鯉庭頻灑玉，魚釜耻贏金。最績奏丹陛，温綸下紫宸。廟堂顧要地，採訪屬名臣。冥鴻不棘棲，五馬遂東巡。霜飛劒方利，月朗橐常貧。攜琴發清響，隨鶴伴黄昏。中宵褻博山，俱可對蒼旻。塞外馳羽檄，世事正紛綸。持此勁節往，而寧憂盤根。萬里烽煙浄，九天雨露新。椒花明日月，棣萼耀齊秦。竹帛良可羨，褭蹏詎足珍。庶幾兩閲道，相望若參辰。

送徐令君

君來自姑蔑，聲價重南洲。玉貌神仙侶，冰心大雅儔。鸞龍追太史，馴雉比中牟。春暖飛鴻集，霜清封豕幽。芃芃潤苗黍，濟濟藉薪槱。遐邦推衆父，上國晉康侯。暫釋烹鮮手，行持射隼籌。烽煙千里净，信宿萬家愁。月照玄裳舞，潮生畫鷁浮。差池鴻漸遠，宛轉鵲難留。争恨帆前意，不如江上流。臨風呼濁醪，騷首發清謳。幸有河陽花，對花爲君酬。

送劉使君

自昔推三劉，煒然耀青史。矧兹豫章材，磊磊俱杞梓。門高匡廬巔，文貴洛陽紙。累葉半雲霄，十室九金紫。笏滿鄭公牀，珂鳴荀氏里。我侯更振振，清標襲芳芷。宗老呼鳳毛，騷壇執牛耳。不誇謝家玉，俛作王喬履。初試白嶽山，再棲黄龍枳。吁嗟斥鹵邑，賦煩俗澆詭。雀鼠頗縱横，雁鴻數轉徙。防口甚防川，殰蠹似殰豕。柱促虞絃絶，笱敝懼魚唯。持平最苦心，遊刃在中理。我侯甫下車，案牘正填委。照淵牛渚犀，剸劇肅慎矢。調劑分更漏，經營繼膏晷。封户多寧人，姦穴少聚螘。恢恢寔有餘，斷斷若無技。寧成桃李蹊，毋共鷹鸇齒。簾外時懸蒲，庭前每置水。庚癸軫窮簷，甲乙辨流徵。雨足九扈稔，風暖千林喜。超超百官表，上上九重璽。燕露接天來，吴歙隨地起。願言長子孫，庶幾官爲氏。中有素心人，竊效武城士。非公不入室，屏跡常掃軌。竊抱漆室憂，敢效醴泉祀。畜萬先訛心，至寶獻天子。引領浮雲開，拭目飛鴻駛。元氣回泰運，餘波流海涘。直補台垣衮，安數中牟雉。勳業穹壤間，聲名竹帛裏。相期殊相遠，適館還稱兕。

題忠烈祠詩册

崑岡兵燹合，玉石幾共焚。旄頭何陸離，鋒刃正紛紜。召募多吴儂，倉皇避楚氛。胡然衿韋士，骯髒願從軍。志決赤膽壯，身殲朱輪殷。目慘矢弦絶，魂驚毛羽翂。天地爲震動，鯨鯢亦遠徙。人惜公無年，天令君有子。龍種固自奇，垂髫嫺文史。揮麈清雪霏，落筆紅霞起。掞箋登賢書，抗章得俞旨。崇祠鬱崔巍，高山堪仰止。丹青凛如生，俎豆馨於芷。雄風自東來，烈焰遂西指。祝融不敢侵，靈光應可擬。一死足千秋，寧須祈後死。

題項贈公太老師崇祀册

南嶺含深黛，雙溪漲微白。靈秀甲人寰，瑰琦發地脉。賦質通玄冥，披襟見蒼壁。慕義何不勉，獨行誰爲擘。庭奉三公養，家存九世宅。長解原生槖，時推范氏麥。蒙開山下泉，屯起溝中瘠。説項逢人是，流芳到處籍。仲弓潁川主，彦方太原伯。太原暨潁川，善衍慶亦積。種玉萬頃煙，栽桃千年碩。陰雨膏黍苗，飛霜凛劒戟。兩收伏櫪駿，屢射馮城翮。舉鼎藉金鉉，持籌需石畫。横天鳳苞紫，照乘珠光赤。覩鳳問其穴，剖珠窮其液。于門故崔嵬，王槐自舄奕。湛露方瀼瀼，輿頌猶嘖嘖。既秉孔顔心，寧辭曾閔席。匪曰借異數，聊以報通德。庶幾詔來許，共挽此澆堉。風生俎豆裏，芹藻有餘碧。

自鉏園

呼童除階草，鉏歇草復茁。何如手自鉏，芸芸剷然潔。

百花居

開卷擷芳蘭，抽毫發暗麝。知君百花叢，不在東籬下。

超遠樓

庾樓插霄漢，塵飛蔽星斗。何如聚萬卷，雲夢吞八九。

宜暑亭

竹牀雲共卧，水簾風自揭。寧須寒露臺，至人火不熱。

獨笑軒

慶卿歌燕市，漸離相坐起。君今獨長笑，響入松風裏。

澹逸處

梅落横素影，烏棲對良月。堪笑紅塵客，車馬猶未歇。

片雲石

空濛五色奇，疑是神女戾。霞帔倏然收，僅見青螺髻。

夜雨分得桂字

雨滋石上苔，雲掩月中桂。孤燈苦長夜，嘹嘹鶴清唳。

俞子如從燕市以詩見寄，次韻懷之

彼美今何事？燕山早佩刀。千花開正好，萬騎戰方勞。春暖傳鴻信，時明覩鳳毛。瀛洲應不遠，誰與共仙舠？

秦子聲丈過訪，以夢中所撰制藝并賦五言見示，依韻答之

空谷喜跫然，清風白雪篇。早醒蕉鹿夢，長笑野狐禪。半世百憂裏，片言千古間。不禁心欲折，揮淚舞龍泉。

送張人則應貢北上

雲路帆前近，春光眼外明。人方貧季子，天未老營平。吴地看新柳，燕山聽曉鶯。當年遺笏在，攬轡説澄清。

春盡日聞遼左報兼得彭欽之獄中書

不覺春來好，翻添春去愁。看花空有淚，對鏡總如秋。北地多戎馬，南冠學楚囚。終霄燒燭短，寧爲曉鐘留。

張叔翹索壽座師董誼臺尊人

一説新城重，三篇漢室奇。寧知千載後，再見兩公儀。天上金花簡，人間玉杖詩。願齊松栢茂，桃李借方姿。

三月三日同朱叔行渡浦禮佛兼訪趙繩之索飲

黄浦潮方長，梵宫煙半封。天香野外發，春色晚來濃。宿雨垂新葉，微風度遠鐘。投閒纔半日，莫惜酒千鍾。

中秋喜晴邀月於王爾中池橋再和朱伯縉韻

選勝還得月，秋水玉爲姿。影落寒塘亂，光摇香霧披。數聲長笛夜，幾處倚樓時。自古朱家俠，應須酒作池。

山行即事

出門見殘月，策馬又斜曛。鳥逐林稍葉，人分嶺上雲。輿懸驚倒影，路轉急呼羣。吊罷三歸後，千秋憶鮑君。

遇雨

沙飛渾是幙，況復暮雲平。夜色隨風合，輕寒帶雨生。呼童忙捉笠，勒馬問前程。遥憶占蟻垤，停針歎遠行。

懷張脩之

立雪當年共，餐風此日同。笑談忘逆旅，去住忽飄蓬。念舊敲棊子，論心呼僕僮。倚門情更切，莫戀薊門紅。

秋日送萬石朱十三丈遊燕

知君席未暖，又見片帆縣。最羡江湖興，不爲兒女牽。溪邊蘋蓼合，雲外鴈鴻聯。莫遂輕離別，相期動隔年。

山居喜伯縉雨中見訪次韻

君來慰幽寂，尤喜雨中過。列樹圍青嶂，層巒浸碧波。山光晚更好，世路近如何。門外多荆棘，尊前有薜蘿。

送朱敬之秋試

北海才方茂，干將利若何。白頭當户望，黄口仰天歌。濁世三緘少，高名十指多。眼前繒弋滿，風便莫蹉跎。

送王汝一秋試

羡爾髮初覆，懷奇便出藍。蓬門常寂寂，椿影已毵毵。預卜天心定，應誇吾道南。閨中眉乍展，佳麗未須探。

咏掛蘭

澗草懸高棟，天香下翠臺。花開晴點雪，影落座生苔。鳥疑銜藻啄，人呀折梅來。金谷多芳艷，何如不染埃。

雨阻利國驛和黄海鰲先生壁間韻

河流已在望，山雨濕行旌。到處添新水，何方是故城。野凄燐照苦，風急鴈聲驚。遥憶汝南士，應多出世情。

題比部李步存母夫人壽册

登龍欣御李，輓鹿更聞桓。函谷含真氣，黄河吐夜舟。鸞箋今日誥，熊膽舊時丸。遥憶瑶池上，春雲滿座看。

東渡壽道南吴姐丈艤舟夜宿，因懷亡娣

茅舍酒初熟，楓林雲半籠。黄花正堪摘，白髮未須笍。殘月照寒犬，孤燈對晚舂。胡能效貞武，爲作爇鬒供。

戊子紀事

丁亥正月，先有雨水冰之變，後淫雨連晝夜不休。農家計自春迄冬，一歲僅兩月餘晴。明夏秋，異雷颶風，麥禾花荳俱淹没，摧折晚稻，僅可得糜數升。戊子，人大饑，斗米銀二錢，斗麥亦一錢。人啗糟糠屑荳餅作粥，繼以草根木葉。行乞者塞街市，有自經於樹者，有自投於河者，有抱子女潛置之通衢去者。有司設法勸富民出粟煮粥，饑民近者蟻聚叫號，穢氣熏蒸；遠者攜妻孥枵腹，行數十里來就食。比至而粥已盡，相枕藉死以澤量。疫癘大作，城四門出槥車以百計，葦裹屍出者無算。桀黠者煽饑民環富室，告貸尋鬨，入室中，盡擄其所有，復轉而之他富室，忿恚報復，相殺傷甚衆，至全家屠戮，火其居，并投屍於火。巨

姓急收保，設兵衛，出入如寇至。監司憂禍且不測，亟上其事。降明旨，用重典殲其渠魁，乃定人心風俗，此爲一大變云。

昔年倭奴入中國，中國猶能禦蠻貊。今年中國自相殘，四方蹙蹙將奚適？平居往來共里井，須臾疇爵變矛戟。青天無雲驚轟雷，白日飛沙亂走石。千人哨聚若貙虎，素封立破何蚚蝪。富家累積成金穴，那知强反爲弱㡯。奸民掉尾遊釜中，見金不見法三尺。一朝屠戮骨俱灰，攫金仍入他人宅。天災流行亦時有，澆風肆毒中肝膈。誰生厲階至此梗，拊膺涕泣空歎惜。遥憶開倉汲大夫，還向青州歌遺澤。古來救荒信無奇，烹鮮不擾真長策。

兩度陽春詩送許令君

春日初舒江上梅，春風又向帝城隈。須臾離合成悲喜，相看肯放鸚鵡杯。漫憶雙鳧自姑蔑，汪度冲襟水鏡才。絳宫止有熱腸在，化作甘霖遍九垓。半載中牟雉已馴，一夜河陽花盡開。高堂忽驚卷白雲，短轅齊卧起黄埃。卧轍攀轅留不住，蒼忙畫得儀容回。日暮戟手向天祝，前度懷英去復來。宸衷俯狥醴泉請，德星再耀春申浦。蕭蕭琴鶴渾如初，紛紛竹馬歌且舞。軒髯下車相慰勞，亟問民間疾與苦。太息民貧懸若磬，忍看役重猛於虎。條陳屢抗當途顔，釐革稍甦踐更伍。别有鼠牙慣穿墉，含沙射人血如縷。求情只在開生門，格暴何須用雷斧。政簡刑清蒲作鞭，赭衣不見稽圜土。争奈天時數告祲，遼陽塞頭報飛羽。西北待餉呼癸庚，東南束手空旁午。環視城堞僅壁立，陽候齧城纔尺五。捉衿肘見真迫阨，幾迴髮握哺還吐。課最仍蒙内史褒，心勞堪接陽城武。補天徐歸鴻鴈影，柱地直奪黿鼉府。試擬循良誰可方？古稱召父今許父。荏苒寒暑已七易，山川魚鳥機亦忘。翻疑匡廬非吾宇，却認吴淞是故鄉。君侯寧問及瓜期，廟堂竊抱前薪傷。一朝天子重銓衡，留都新命發長楊。流膏暫歇龍江雨，啓事初含雞舌香。心知父母猶孔邇，蒼精下春愁清霜。黍谷誰能吹暖律，寒泉誰惜浸苞稂。不記鳳棲已踰時，但恨鴻飛何太易。街填巷塞争牽衣，況余銜恩門下士。胸懷明月猛欲酬，腰懸秋水還未試。秣陵煙樹鬱蒼蒼，從此肝膽向誰示？願共君侯保歲寒，矯矯淩霄答高義。

贈逸士顧見恒

東望海門雲水連，蓬萊隱隱中流縣。朱户桑樞各擾擾，獨有高人似偓佺。家徒四壁偏骯髒，年過五十正蹁躚。上有壽母下壯兒，公無催租私索錢。緑井汲來成玉液，青囊到處是芝田。慨解綈袍千古事，頻傾北海七林賢。酒債尋常柯欲爛，花顔零落語猶顛。開眼不知眉可皺，出門便覺天何寬。始信白髮從心生，始知丹丘在人間。却笑紅塵車馬客，飛蓬何日北牕眠。

送邑父母顔令君應内召

德星遥亘稽山顛，初躔來照東海堧。皎如秋月冰壺縣，恢乎遊刃犀象剸。下車首問横江鱣，然犀照水揮龍淵。桴鼓稀聞里帖眠，豺狼遁跡空垂涎。案無留牘開韋編，喜栽桃李培青氈。雌黄能辨淄澠泉，境爲鄒魯户管絃。中有章縫弟子員，好修不作陽鱎妍。家無二頃負郭田，牛衣對泣貧益堅。伯樂一顧席屢前，頓令寒谷生雲煙。賢良文學天下先，龔黄卓魯堪比肩。父老加額共嫣然，願禱醴泉復一年。豈知補衮須大賢，俄傳徵書下九天。鴻飛行立五花磚，篋羽鵷鷺真登仙。松水旋開隨鶴船，大小塞道争攀緣。門下銜恩情獨牽，稽首敬誦羔裘篇。古來循吏多内旋，知民疾苦能抗言。今日春風沾十連，明朝霜威遍八埏。嗷嗷赤子若磬縣，矯矯豈肯同寒蟬。憂時快着祖生鞭，奏書當用牘三千。坐瞻執法耀日邊，萬年白簡青瑶鐫。

送鄒師上春官

古稱皐比並君父，邇來槐市日陵夷。不開絳帳規赤刀，頓使天下輕爲師。翁生望族負正氣，屹立中流能自持。黄金等視塵與土，青眼能辨澠與淄。圖書數卷珠萬斛，苜蓿一盤酒百卮。縮緌盤舞羞彈鋏，玉屑縱横能解頤。矯矯龍性信難馴，翩翩鳳苞宜爲儀。憶昔毘陵徐夫子，卓然大雅令人思。一朝賦奏明光宫，置身黄閣侍丹墀。旋陟留都拜瑣闥，直言不避憑城狸。翁今同里亦同調，勳名應與相差池。焦桐定有中郎遇，駿骨豈無伯樂知。藜閣已虚專席待，薇垣遥見光離離。獨憐門下銜恩士，含情抑首悲臨岐。世路悠悠論目前，蘼蕪那得春風吹。

贈詹使君

東南煩劇推雲間，古云易擾如烹鮮。一侵再侵苦縣磬，三甲五甲幾控弦。斧斤不施憂漏網，雷霆大震恐察淵。非擅兼才數異等，孰當盤錯稱旬宣？帝軫此邦杼柚空，福星煒煒照海陾。地鍾姑蔑三衢秀，胸吐虹霓萬丈煙。大馮小馮誇兩難，荀龍竇桂驚四筵。于公之門無苛士，吁嗟麟趾性自然。恢恢遊刃有餘地，優優敷政真二天。豺狼敢向清晝攫，鴻鴈俄從中宅還。遥憶循良漢代最，嚴師慈母誰比肩。漁陽討奸身布袍，南陽宥過庭蒲鞭。更類文翁變成都，談經講藝若涌泉。春風喜對桃李舒，陽和能令蘼蕪妍。大小從公沾色笑，郡疑鄒魯争鳴絃。慙余操瑟久未售，黑貂敝盡志益堅。印首長號青眼回，指迷呼寐時勉旃。砭石中窾棄美疢，迴環滿紙俱玄言。策蹇每羞知己顧，銜恩敬誦輿人篇。但願高名並千古，棠陰常覆九峰巔。

俞子如園居摘荷瓣寫詩見寄走筆答之

卜得幽居竹滿皋，荷衣製就試輕刀。如何收却南熏調，不寫商霖寫楚騷。

和温公真率會詩二絶爲俞子如賦

司馬勳名推蓋世，相羊里社亦稱稀。誰云岩石非爲政，一醉能令千古輝。
對菊乍疑彭澤里，占星還聚朗陵家。且償江上尋常債，莫問玄都去後花。

宫怨八首

一入深宫不記春，幾回花信幾回顰。頻將青鏡照顔色，疑是鉛華着未匀。
昨宵鼓吹鳳鸞過，共羨君恩幸處多。無緣得到平陽第，試看新粧樣若何。
聽罷宫車又獨歸，懶將雙袖試空圍。君王未必終移寵，莫把朱顔付落暉。
纖月斜縣暮靄收，雙星偏照玉搔頭。齊紈製得新團扇，一夜西風火又流。
銀屏倚遍帶圍寬，遥望楓林玉露團。碧海青天誰最恨，姮娥不耐九秋寒。
雲鎖空庭月滿牕，强將心事對銀釭。何時化作巫山女，也得君王夢裏雙。
蛩聲驚起繡羅紈，繡到鴛鴦落指難。獨立斜陽數征鴈，孤飛又似妾身單。
高樓何處不鳴箏，獨有長門塵暗生。莫向相如買詞賦，且將妾命問君平。

聞歌

蕭然野店酒堪沽，折得溪花也勝無。泣下燈前歌欲咽，茫茫宇宙恨偏多。

聞鴈和杜袁度韻

一夜西風萬葉黄，征人征鴈兩俱忙。歸家應製斑衣好，不羨人間有鷫鸘。

河南道中見美人走馬四絶

十里春郊煙半籠，長條細草盡含風。乍驚陌上紅塵起，錯認花飛過苑東。

翩翩疑是五陵君，不道雙眉巧似雲。羨殺畫橋開水鏡，桃花紅映石榴裙。

夾道争呼陸地仙，青螺欲墮錦爲纏。霞標已向巫山去，留得鸞聲尚瑳然。

五花絶勝七香轅，無限春心付野猿。到處魂消争欲抹，何人獨自賦東門？

雨中看落花

獨卧深山聽曉禽，强將愁思對花吟。春光已逐東風去，雨濕殘紅何處尋。

春夜飲天花庵客去偶賦

主人送客月正中，獨坐悠然天欲空。疏柳淡雲相掩映，傷心惟有落花風。

春日登浦口沙上有懷

春江水落見平沙，獨坐中流疑泛槎。縹緲孤帆天外没，數株煙柳幾歸鴉。參差緑樹倚雲遮，滿目春光帶晚霞。忽憶美人腸欲斷，愁心兩地對飛花。

題蕘蔞

夜來玉女散天花，遥望春郊遍作霞。却笑隋隄空剪綵，不如兩岸野人家。

旅夜不寐

青滿溪頭緑滿山，不禁愁思損朱顔。荒臺獨夜誰爲侣，明月千門水一灣。

獨坐

一鈎新月半窺堂，四面輕風送晚涼。自飲自斟還目醉，不知燭短五更長。

初夏偶題，時春日共事諸子俱不在

萬樹煙迷故苑空，爲誰消瘦爲誰紅？停杯無限傷心事，盡在朝雲暮雨中。

夜聽布穀

山深無事聽禽鳴，徹夜頻催爲曉耕？年來最是田家苦，啼得愁心到五更。

苦雨

十日山居九日陰，垂垂疏雨隔牕侵。千家四顧無煙火，門外何人問陸沉？

憶顧仲韓往吴門

美人一去碧山孤，獨坐雲林聽晚烏。遥知今夜停杯處，煙樹斜陽月滿艫。
我坐家園君向吴，姑蘇臺下酒堪沽。當年佳麗今猶在，應寫青山入畫圖。

雨中招伯縉

萬竿新竹倚雲栽，四面羣峰帶雨來。知君雅有東山興，斗酒牀頭待爾開。

夏日雨中偶題

愁來夢醒竹方牀，幾陣芭蕉雨更狂。坐看平沙迷斷岸，風波何處不瞿唐。

過毘陵遇雪，不能踐孫淇澳舊約，賦謝

毘陵城外雪如毬，四望千山盡玉樓。爲報袁安且高卧，子猷已解剡溪舟。

病目

經旬卧病掩柴門，不對花神與麴生。豈是世途多坎坷，合從馮信學青盲。

題秋日玉蘭

春日曾看瓊蕊放，秋風重送玉容來。東君豈是偏留意，不管芙蓉尚未開。

和楊鐵崖題丹鳳樓韻

錦雲長鎖絳樓梯，檻外蒼茫草色齊。舉目潮升知海近，當杯日落見天低。三山霧横迷朝望，萬突煙消苦夜啼。莫向東方問機杼，斜懸北斗柄方西。

壽尚寶顧龍海八十

鶴骨稜稜老伏生，雄心消盡海鷗盟。閑看世事憑棋局，笑折花枝對酒觥。雞肋早捐惟煮石，蛾眉列坐共吹笙。延年莫問金莖露，日日青山便赤城。

壽侍御秦鳳樓七十

少游雅望擅江東，早拂紅塵卧碧叢。冠挂已忘當日豸，霜留猶避舊時驄。種成五柳今陶令，嘗徧千花古木工。歲歲清秋堪買醉，芙蓉溪上月明中。

唐氏柳溪咏

長條裊裊水盈盈，想見高人卜築情。煙鎖當年棲舊鶴，雲停此日起新鶯。頻驚驄馬疑青瑣，早返屠羊似赤城。更羨庭前多玉樹，懸知柳外有傳聲。

送吴學博擢沙縣令

羅浮山月照吴梁，壁水光生荇帶香。班管縱横時酒玉，青氈寂寞夜飛霜。三年霧豹偕鵷鷺，一日仙鳧繞鳳凰。太史溪前花正好，應將春色比河陽。

送李郡伯思弦

霏霏煙雨逐征蓬，御李依然夢想中。未必塞翁真失馬，笑看弋子慕冥鴻。還珠無復疑前史，片玉留將繼國風。今日傾城留别意，可知名手畫難工。

送燕二守歸滇中

矯矯冥鴻快羽翰，九峰山色一時寒。蛾眉自古宫中妬，鶴駕於今雲外看。霧隱可知縣白日，月明何處照清湍。寄言輦上掄材者，應遣馮唐早據鞍。

九日集王爾中新居同朱伯緡咏雞字

蕭齋臨水足幽棲，佳節逢秋意轉悽。問歲田家愁雨急，憑高海上覺天低。雖無刺史杯堪覆，却有劉郎糕可題。對菊未須嫌鬢短，夜深還自舞隣雞。

懷對揚鄒夫子

鳳棲暫息青氈署，龍變俄登白玉堂。家住晉陵稱太伯，才高漢苑比鄒陽。嗚珂風裊裁雲暇，開閣煙浮照夜光。獨有銜恩門下士，飄零又向故園翔。

辛卯秋暮遇顧仲韓於虎丘夜集，仲韓酒罷詩成，依韻二首

秋風江上片帆孤，忽遇同心共泣途。秀色山川看處有，浮雲今古坐來無。琵琶重訴人雙玉，塊磊須澆酒一壚。擊罷吐壺還起舞，長平應不久爲奴。

顧況風流絶代孤，相逢更喜是窮途。人情邂逅驚離合，山色蒼茫似有無。剪燭一宵能下榻，開尊二妙復當壚。夜深倚馬裁珠玉，信爾多才騷可奴。

和顧仲韓途中感懷韻

消愁沽酒典征衣，翻覺愁多酒力微。秋水腰縣龍尚護，吴江楓落蝶應稀。髩華共笑馮唐老，裘敝誰憐季子歸？莫向青天問奇耦，多財無翼也能飛。

再泊黃河

逆旅孤舟欲斷腸，閒評世事更茫茫。黃河九萬連朝雨，白髪三千一夜霜。操瑟齊門終作客，多金燕市半爲郎。乘槎莫向君平問，且自高歌學楚狂。

送朱爾正從季則遊燕

客子翩翩欲問津，滿天愁思上江蘋。帆開是處梧桐月，被暖寧須麴米春。俠骨從來多意氣，少年真不畏風塵。停驂應近登高會，喜插茱萸有一人。

高皋甫舍中生柿，一蒂三函，賦以紀瑞

梁侯碩果半垂紅，偏共芙蓉對晚風。海外正愁無九譯，庭前且喜有三同。曉疑菡萏舒丹甲，夜似珊瑚出絳宮。柳下不須彈指語，匣中雙劒已成虹。

途中見菊

縹緲鄉關歸路賒，情同賈傅謫長沙。閨中悵望悲魚瀨，天外蕭疏數鴈斜。四海幾人歌白雪，三秋此地見黄花。雖知吾舌依然在，雙鬢其如半欲華。

途中懷俞子如

向惜懷沙老屈生，今看世路合逃名。道旁競起盈庭議，塞外誰屯細柳營？强項縱堪寒鼠社，浮雲何處效鸞鳴？寄言卜築汀州好，堅卧松蘿釣月明。

雨霽舟行志喜

一片蒼波萬頃煙，歸心無奈日如年。幾鷺帶雨投荒岸，忽喜乘風渡曉天。卷幔頻移雲入座，停杯還待月當筵。從來去住真難定，羨殺江楓繫釣船。

途中過九日

荏苒秋光忽重九，且將笑口向誰開。憑高有興因愁盡，失路無人送酒來。撲面黃沙侵短鬢，驚心丹葉下荒臺。遥知此日茱萸會，猶自慇懃尚慎哉。

旅夜

野店悽然對短檠，終宵無奈百愁生。風傳砧杵寒逾急，霜冷關河月倍明。家隔三千頻入夢，年過四十未成名。秋江寂寞花猶斂，縱使芙蓉也不平。

端陽日送學師徐三泉擢慶元諭

籍甚才名早擅吳，任真偏可狎鷗鳧。經傳三韋常霏玉，庭繞千花獨據梧。到處風清宜野蓿，別時酒緑剪新蒲。少年同學多華膴，肯把寒氊易畏途。先生與申相公、韓太史俱硯席友生。

送張博士擢寶安令

數載環橋喜得師，俄驚雙舄欲差池。已知霏玉雲流几，可信鳴弦花滿枝。盤錯朝歌須利器，瞻依谷水惜臨岐。關西伯起千秋物，應訪遺踪說四知。

送張仲遠同潘氏兄弟遊留都，時仲遠丁外艱

黄□春潮帶雪浮，乘槎疑共碧雲流。梅花路上供新調，桃葉灘頭問舊遊。揮麈縣知同二妙，開尊從此憶三秋。寄言六館談經者，莫誦匪莪動客愁。

送勾章沈先生從海上遊廣陵

休文早擅斗山名，垂老能令四座傾。人盡小巫誇獨步，家多大雅自爲盟。尊浮春浦河梁意，帆落秋雲淮海情。莫遣相思腰漸瘦，重來還擬獻蓴羹。

輓徐儆弦夫子

忽報宣尼夢兩楹，徵書豈是玉樓成。文章萬古星辰迴，疏草千秋日月明。人事已知嫌直道，天心寧不爲蒼生。交遊共下山陽淚，獨有羊曇最繫情。

秋日集碧漪堂

淡雲裊裊雨濛濛，山色蕭然浸碧空。動地愁聲來絡緯，滿天秋思上梧桐。清尊未減看花興，白苧那堪落葉風。兩岸不知司馬淚，芙蓉仍發舊時紅。

送姜東岱歸越

纔隔明朝即路岐，不辭終夕泛金巵。經年一別猶嫌早，傾蓋相投肯恨遲。夢繞池塘姜被暖，心隨帆影越山移。西牕共話知何日，落葉庭前花滿枝。

夏日山居，喜朱伯縉昆季見，訪次伯縉韻

池塘過雨足傳觴，獨對空山苦晝長。啓户忽驚來二妙，呼童頻煮滌枯腸。且看樹底花沾砌，應惜林稍月滿廂。明日歸期休預問，漫浮村酒發清狂。

夏夜酌雨花菴次越人楊海東韻

雲封蕭寺傍漁磯，碧蘚依然春已非。入定青蓮傳晚漏，飛空紅雨點禪衣。燈前尊酒憑吾醉，江上風波滯客歸。欲向山僧學疏放，身閒頓覺世情微。

乙未下第，將出都門，吴中翰出扇索書，賦贈

從來豪傑少淹留，罷繡猶能比素侯。心遠不妨同鸞鳥，功成還擬狎沙鷗。笑傾百斗宜春酒，快解千金結客裘。愧我長貧羞太史，飛蓬又向故園遊。

秋日山行感懷和杜袁度韻

曾記春光滿去鞍，歸來何事覺秋殘。非因山色隨時改，秖爲人情逐境看。好醜一朝憑水鑑，英雄千古付漁竿。卷舒天地吾曹事，却笑江州淚暗彈。

途中懷楊青萍，兼訊潁州徐箴韋。二君將厚積薄售，詩以招之

廿年風雨共操觚，一住燕山一向吴。媿我數奇甘墨守，看君草就惜玄孤。雙鈞出匣終應合，尺壁連城莫浪沽。爲語南洲徐孺子，横天健翮尚堪圖。

同李味石、王伯元過鄒嶧山，土人傍馬首而言山勝甚悉，三人將策蹇就之，竟以雨阻不果，悵然賦此

小魯曾聞鄒嶧名，土人指點慰平生。霞標時返仙人駕，玉檢空來天子旌。絶壁千年藏道氣，孤桐百尺吸雲英。連鑣不盡探奇興，無奈蕭蕭風雨聲。

彭城道中送李味石歸廬州

相依正好又相别，客裏那堪送客行。君望舒城紫氣滿，余瞻春浦白雲生。秋風秋月渾無

賴，江北江南總繫情。落落晨星何處合，燕臺攜手吊荆卿。

贈檇李高文江七十

門餘五柳半蒼苔，七十仙翁晝不開。玄度止宜三竺隱，高風遥度九峰來。長貧時解原生橐，樂聖惟銜太白杯。玉樹當庭千尺影，南飛一曲是蓬萊。

贈陳孝廉節母五十壽詩

黄鵠孤飛似轉蓬，凌霜此日見高風。兩髦猶自思共伯，一卷偏能起孟公。膝下應翻錦作袖，天邊還賜玉爲琉。艾年已覺人千古，不羡斑麟降漢宫。

送鹽官轉任鳳陽

多才到處若春融，偶爾班荆又轉蓬。奏課已知居上上，持籌未許考中中。日生滄海鄉關近，雲護諸陵王氣通。此去未應淹驥足，蕭曹原自起新豐。

春日從家君登龔叟筆耕樓，次壁間韻

適志何須二頃疇，蕭然半畝即丹丘。千花覆水連雲赤，萬竹當庭帶月幽。問字喜看逸少跡，憑欄疑與仲宣侔。時攜菽水追歡笑，不羨人間歌舞遊。

和顧仲韓生朝集長壽庵韻，時仲韓病後，蓋三月二日也

經歲相如稱善病，觀濤何處問枚生。偶聽蕭寺青蓮漏，共對閒雲緑柳城。春到禊時人轉惜，坐當幽處酒俱清。金聲滿地非關磬，倚馬天台賦早成。

春日寓清華堂，朱士模叔履過訪，時堂已易姓玉蘭盛開如故

二仲相過破寂寥，名花解意若爲嬌。雲霄舊傍春嘗好，雨露新承色轉饒。素質未宜金谷

貯，幽馨似共玉人遥。傷心王謝堂前燕，徒倚空庭魂暗消。

顧仲韓卧病山居，春日過訪留酌，次韻奉謝

同心何必久盤桓，半餉相逢也自懽。山徑舊遊煙裏識，林花將落雨中看。十年世事尊前話，一榻春雲檻外殘。揮麈滿庭飛玉屑，蕭蕭竹樹欲生寒。

咏燈花

逆旅蕭然對短蓬，無端燈焰吐奇紅。光摇滿座雲移影，彩散輕煙錦作籠。杯落乍疑頭上照，棊敲終悟眼前空。須知爛熳長安陌，總是飄零一夜風。

泊江頭見南録有感二首

征人秋盡未能歸，坐向江頭盼落暉。浪迹且隨流水住，愁心先與暮雲飛。黄金橐盡交應

淺，白雪歌殘和轉稀。始信馬遷誇結駟，無媒空自泣牛衣。

短棹長歌獨叩舷，數奇肯怨祖生先。抱殘荆璞還疑石，釣得鱸魚不論筌。偃蹇從來多白眼，蒼茫何處問青天。秋風江上頻回首，寂寞芙蓉又一年。

同朱季則、杜袁度至徐，二君復先我而行，賦此

翩翩征鴈苦蹉跎，況復離羣奈若何。易水連牀歌白雪，彭城分袂渡黄河。開尊遥憶悲歡異，欹枕還驚風雨過。此日高堂頻悵望，歸人信至轉愁多。

中秋喜晴，同王伯與集朱伯縉齋中，時有遼左之變

去年燕市今東海，秋色依然事已移。朝雨濕藻迷玉鏡，晚風飄桂落金卮。高樓有賦空長歎，廣殿無媒且自支。更恐浮雲吹不盡，中宵羌笛走胡兒。

送潘元漢遊南雍

恭定勳名彌宇宙，振振公姓爾爲尤。門高已抱瀘州畏，年少偏多新息憂。雲白應瞻金剪斷，水清更念玉人修。賢關豈是遊閑地，分手西風又一秋。

黄河風雨不寐

纔解征鞍問水程，波濤徹夜起愁聲。黑貂和雨敝還濕，青雀隨風棲復驚。移席依稀似江子，正襟那得學茅生。已知世事浮雲薄，河伯如何也世情。

早過汶上將雨

平沙歷盡又山程，夢醒愁聽垤鸛鳴。馬上僕夫憂險遠，村中父老説陰晴。風吹花陣驚紅雨，雲暗溪頭鎖緑萍。人世何須太勞攘，三歸臺畔半榛荆。

途中遇雨

征夫僕僕馬騑騑，險道何當雨亂飛。齊里歌殘遊子鋏，楚天雲暗逐臣衣。老農帶濕鋤新麥，野店無煙掩舊扉。遥憶深閨頻悵望，不禁歸思轉依依。

過河間

長隄曲曲水融融，新柳交加二麥豐。倦策紫騮來冀北，喜看青雀似吴東。人間赤石秦時篆，天上黄河夏後功。獻邸即今何處是，洋洋大國有遺風。

過雄縣，大似水鄉，和朱伯縉韻

三千赤縣獨稱雄，帝里盈盈在望中。沙斷泉流驚作雨，橋危影落喜成虹。慢看稚子沿溪釣，疑有雙魚尺素通。莫怪征人轉愁絶，依然風景似江東。

輓秦子聲

漫憶當年共事時，半稱老友半稱師。學探二酉功難耦，遇歷千辛數信奇。天上競傳添佛子，人間偏惜少佳兒。傷心不獨空文社，古道誰能更復持。

輓喬與立

尚記河梁話別時，忽聞鵩賦轉堪疑。年方半百心如死，草未成玄鬢已絲。咄咄誰消長夜恨，飄飄空帶美人姿。相思竟爾不相見，忍聽山陽笛暗吹。

悼亡友俞子如

墓草青青尚未陳，看君門外半荆榛。生前豈少銜恩士，死後偏多射影人。共抱狐悲因類兔，誰能越視竟如秦。山陽淚落非關笛，世道羊腸倍愴神。

贈慈谿蒙師沈龍南六十

伏生九十尚爲師，況爾猶當據鞍時。長鋏每從吴市解，片帆歲傍越山移。江頭春酒常沾醉，海上羣蒙半入帷。莫呀五侯多繾綣，投膠何處不相宜。

乙未下第，别孫淇澳年丈

每憶南樓倚夕熏，中宵看劒細論文。相期共醉呼明月，不謂臨岐愴暮雲。我已彈冠誇貢禹，君猶握手惜劉蕡。須知纓組尋常物，莫改初心逐世紛。

和杜袁度夏日山齋見懷作

連陰五月似三秋，四壁苔深緑暗浮。雨濕殘花隨葉卧，風迴斷梗逐堦流。去年燕市同呼酒，此日蕭齋獨對愁。更是憂人最無賴，嚶嚶鳴鳥喜相求。

壽戴芳洲八十

江東姓氏許誰先，八十仙翁更少年。漫吸金莖留緑鬢，閒揮玉麈吐青蓮。尊前共舞雲中翮，門外時來雪夜船。始信長生無秘訣，塵緣消盡是芝田。

壽杜虛江先生八十

高才杜聖氣昂藏，早製芙蓉避世裝。懶對雞羣青復白，笑看蟻穴醒尤狂。雙垂緑鬢人如玉，獨草玄經字有霜。太史遥占乾象好，德星應是照東方。

送胡冲野初應南宮試

看君意氣自翩翩，始信逢年勝力田。仗劍便能稱漢將，鳴鑣還擬勒燕然。筵開好獻禰生賦，風利從揮祖氏鞭。此去高陽多酒伴，麯車遇處莫流涎。

題紫芝圖贈韓伯達

百年幾見一人閑，羨爾浮沉別有天。偶向坐中空幻影，便於塵外得真詮。數莖欲斷因詩瘦，四壁徒存了世緣。藉令曩時生計在，飛蓬何處覓芝田？

贈吴五卿

千秋五柳擅高名，此日高人字五卿。赤膽傾來真氣合，黄庭寫就白雲生。持籌綽有經時略，環堵蕭然出世情。莫向西風怨憔悴，長條應傍曉春明。

戊戌歲遇孫淇澳年丈於德州，道中隔水譚寒暄，悵然賦此

干旌摇曳衛河明，報道仙郎上苑行。漫説行藏千里隔，可憐邂逅一江横。燃藜東閣卿雲事，搔首西風巢許盟。聞道故園松菊好，登瀛未肯羨班生。

送龐混成歸嶺南

鳳雛自昔推高士，慷慨如君信可儔。不效寒蟬抱空葉，屢從嫠婦泣孤舟。豈爲一官甘百折，願將三刖博千秋。方今拊髀思頗牧，未許東陵有故侯。

送青浦丁丞

昔年燕市喜聯牀，文藻翩翩偪夜光。共擬扶摇鵬欲奮，何期枳棘鳳來翔。才高且自嘗雞肋，俸薄還須典驌驦。此日已知丞不負，風生何處不飛揚。

壽湖州沈年伯

君家奕葉舊簪纓，小試花封早擅名。坦腹不難餌冠虎，吹毛何事却儒生。公能以誠感稅使，而入計時竟以絓悮報罷。鄖鄉鴈影千秋葉，苕水鷗盟五柳情。更羨雲英同舉案，九霞捧出總連城。

壽廣平王年伯

突兀天臺漳水平，高人猶是舊耆英。譚經白社誇三樂，列鼎清時讓五更。雲護千秋槐里蔭，風流四野彦方名。試看繞膝多庭玉，遥卜雙星分外明。

題房年伯八十雙壽册

勳名萬里正遲遲，忽憶松花滿舊枝。洛社喜添司馬主，漢庭猶籍伏生師。羲皇白日惟開卷，綺皓青山只采芝。更羨雙星齊耀彩，捧觴五色鳳毛奇。

壽民部馮年丈老年伯

姑射迢遥氣鬱蔥，真人猶帶舊唐風。含香粉署堪題柱，曳裾侯門喜放籠。歷盡冰心終自白，種成桃實竟垂紅。簪纓累葉紆籌策，不羡當年大小馮。尊人亦曾爲民部郎。

題李銓部尊人壽册

迢遥大庾含真氣，縹渺靈池有隱仙。不向冰天開絳帳，却從桂海覓丹鉛。悟來白社千年秘，種得藍田萬頃煙。試看興宗能負荷，豫章芳譽許誰先。

送朱季則還水部，時不佞亦將偕計

尚記歸時露始霜，金風纔動又長楊。鳴鑣帝里含雞舌，回首家山憶鴈行。慷慨看君堪應宿，差池媿我逐飛黄。誰令易水俱爲酒，相對狂歌十萬觴。

春日遇趙繩之、金萬里，共酌，和萬里韻

乘春且學少年遊，燕子猶餘舊日樓。隨地不妨開笑口，逢人最喜正凝眸。坐傾白雪雲流漫，杯落紅粧花影稠。夜半江城明月滿，恍疑身世在羅浮。

送喬中翰還朝

使者乘秋賦遠行，清尊明月故人情。香分芸閣唐中秘，光借藜燈漢雨京。天上三台脩世講，人間五色擅才名。燕山紙價知應貴，視草今朝屬馬卿。

送朱爾實從兄入楚修興陵

黄浦寒潮送客船，翩翩藻思杜青蓮。香生棣萼人如玉，月照梅花酒似泉。蔥鬱楚天瞻王氣，迢遥吴地望飛仙。衡陽路上多征鴈，歸信頻將尺素傳。

長至日賦送季則水部入楚修興陵

歲晚寒風吹驌驦，軺車偏逐楚雲忙。月明漢水瞻龍氣，雪滿衡陽數鴈行。望重不妨章敬侶，調高莫向郢中揚。相思千里情何極，此日先添一線長。

題秋浦圖賀張秋浦遷居

風流平子早懸輿，塵境超然此結廬。架有圖書堪把玩，隣無弦管覺清虚。蛾眉畫就雲生座，鱸膾盛來月滿除。幾處蒹葭倍惆悵，伊人宛在水中居。

送趙繩之北上應試

三月江頭競采蘭，蕭蕭班馬劒鋒寒。雞牕幾共論風雨，羊角俄驚快羽翰。飛將固知争出塞，謍平應自獨登壇。故人寂寞玄亭久，遥憶秋光爲整冠。

送朱幼裳入都侍尊公

朱家俠節自來豪，公子翩翩稱水曹。雲繞丹霄催客騎，風迴紅雨點征袍。吴江此日看鴻翼，燕市明朝有鳳毛。遥憶停驂先問舊，言余潦倒讀離騷。

甲辰中秋夜宿良鄉有感

策馬長安纔一日，停車問夜説中秋。主人避客塵生釜，野館頽垣月滿頭。世事一燈村酒話，鄉心千里暮雲流。雖然不作關門氣，尉吏休猜是故侯。

河間道中遇杜袁度、王叔朗，聞得孫，志喜

客裏逢人已自嘉，況聞户内長蘭芽。充閭敢説于公澤，着膝慙非荀令家。古道千山多紫氣，故園三徑半黄花。何時濁酒酬佳節，醉看梧桐月影斜。

秋日從陸行登舟，志喜

歷盡山程到渡頭，沿堤蘋蓼滿天秋。得輿不必彈馮鋏，倦馬還須問李舟。雙槳聲隨征鴈度，片帆影逐亂螢流。勞人處處思安枕，安得慈航遍九州。

壽宣城張年丈年伯母

黄山萬仞鬱嶙峋，千載浮丘鼎尚新。充駟于公能種德，輓車桓母更勞神。閑家不獨稱閨秀，砥節真堪尚古人。擕得天香佐椒酒，葡萄還許下楓宸。

秋日過吕梁，懷朱季則文卧病

曾記登樓把酒日，遥看雲夢氣堪蒸。金莖未解相如渴，玉露偏填宋子膺。數載飛蓬腰欲折，幾回沉壁筏先乘。停驂細説河渠事，喜脱纓縻勝廣陵。

冬日過關山遇雪

朔風吹雪雪花輕，天外參差鴈影横。歸思依依多俗態，浮雲裊裊似塵情。千盤峻嶺雙輪轉，萬里長江匹練明。聞説故園梅漸放，好持椒酒祝長生。

壽朱見淙翁九十

衡門草坐獨開襟，清夜懸知不愧衾。展卷惟濡天上露，披裘偏却道旁金。三千大界紅塵地，九十餘年赤子心。豈爲百齡誇異數，歲寒碩果世應欽。

壽隆暘張年伯

當年聲價重文園，雲夢翩翩吐復吞。把握明珠稱世寶，零蕭清露下天閽。高懷不抱西河戚，俠興時開北海尊。更羡長文陪後乘，好將通德爲題門。

壽嘉定陳侯尊人

八斗才高百尺樓，明光賦就彩雲流。太常事爲隣居輟，驃騎名留第五收。繞膝真堪當趙璧，捫心還自拂吴鈎。元方釀得桃花酒，子舍誰能似太丘。

壽吴母

柱史當年殊履雄，夫君曾此挹高風。獨憐中道違天早，却使深閨舞鏡空。機影穿牕朝輓鹿，者聲徹户夜丸熊。試看膝下翩翩者，不羨行行青海驄。

甲辰春，高皋甫計事畢還楚，聞余南宫報，以詩見寄，依韻奉答

十年聚首論風雨，一日分攜逐鴈飛。遥憶雄心照秋水，自慚短髮試春衣。漫看燕市花千色，爲問桓公樹幾圍。惆悵荆高何處合，開樴聊爾慰調饑。

題嚴州毛年丈公祖兩尊人雙壽册

石英百尺散天葩，遥望雙星鬬麗華。葛几憑時能化虎，潘輿到處欲生花。峰頭月朗千門色，江上風清萬石家。最喜庭前椒酒熟，官袍乍着帶雲霞。

贈同寅張曙海往豫章恤録，兼壽太夫人七十

東海論交舊識荆，鹿車懿訓蚤知名。勤行采藻蘋傾槖，遍恤連枝笑頡羹。正憶秋雲生粉署，喜將春雨下華清。仙郎原是張廷尉，況有高堂問反平。

朱爾正再之申州省季則兄，時爾正方賀乘龍之喜，兼有獲麟之期，賦以贈之

君行慣在雪深時，此去看君行道遲。天上魚書猶未下，人間鴛侶正相思。帆前漫憶迴文錦，夢裏先成春草詩。仗劒不須頻顧盼，歸來五色鳳毛奇。

壽吴年伯七十

梅花方暖酒方清，七十仙翁漢五更。鶴髮翩翩來閬苑，鳳毛矯矯起瑶京。香分北闕金莖

露，歌徹南山玉管笙。更羡不勞頻陟屺，使星常傍壽星明。

贈楚地師張鳳山

衡岳山人下碧嵏，手持緑玉過江東。揭□飛鴈芒鞋敝，遥識眠牛慧眼空。遊遍五湖看似鏡，興豪千日吸如虹。箇中秘訣君須記，惟有于門最鬱葱。

聞著泉劉黃門訃

申浦森森花正紅，遥瞻青瑣望春風。俄傳鵩賦還疑夢，誰信鴻冥似轉蓬。駿骨一朝空冀北，衮衣千載憶吳東。傷心白馬無由達，遺像依然在閟宫。

四然齋稿跋

春束髮而遊吾師之門，凡經傳書史疑義，與夫時制之好醜得失，無一不取証於吾師。間有所未，即解攻難，或至再三。乃吾師亦不以春不敏，倦於指示，有問必析肌理，剔精髓，剖分如在目前，聽之朗朗，不覺蓬心自豁。如是踰年，就院試，補博士弟子，又踰年，遂領鄉薦。是吾師之有大造於春也。及上公車，落羽南還，復從吾師遊。吾師乘桴海上，或避疏禪林，春無不鼓篋負笈隨者。暨甲午，吾師舉於燕；乙未，從吾師同就南宮試。蹶而歸，復從吾師於城西静舍朝夕磨礲。吾師識益精，學益博，文益高妙，春之得於領受者益多。已而吾師成進士，爲天子守比部。春猶然故我，嘗自恨才下，有負於師教。又歎今而後，安所禀仰朝夕，奉爲指南，將終焉已矣。而吾師刻經書制義後，重刻其所爲古文辭。春讀之卒業，怳然如侍左右而聆謦咳，因校讐其魯魚，而有感於今昔之際，輒爲道其生平如此。蓋遊吾師之門者固多名碩，乃陶鑄深而信從久，似無能踰春。即盧植之於馬南郡，楊龜山之於程伊川，當不是過，第媿學殖非盧、楊兩君耳。至吾師經濟大業，不朽盛事，略於是編見其一斑。當世學士大夫，自具隻眼，愚何敢贅。

門人王偕春子與父謹跋

四然齋藏稿跋

黄氏世家東海而喜藏書，自曾王父與吴門沈石田、文衡山諸名家遊，而王伯父獲得舅氏陸文裕儼山翁朝夕問寄，揚於今古，漁獵典墳，稱東海聞人。迄余小子，才亦數奇，抑抑受經生業不暇。先世專緗幾灰注矣。又幸今伯父穀城翁遡至水木，不夷余小子也，刻其鄉會硃卷經書制義與今古文詞，皆得與讎對之役。遂令東海上謂黄氏世有文獻室，余小子敢顓承之？自曾王父而亦實嘉伯父之賜，因不揣而附前言於末簡。

姪仲訥謹跋

附録一 佚文

蓬萊縣新建尊經閣記

蓬萊爲登州附郭邑，郡邑皆有學，而尊經閣皆缺。余視郡學卑卑，以儲材之地無藏書之所，殊不壯觀，乃因郡諸生固請，與觀察李公共出贖鍰羨穀，勉爲營度。未幾，邑諸生亦率率而前曰：「郡邑弟子員等也，幸均視而並圖之。」余視兩學猶家塾也，而何敢差池？況邑學新徙，尚草創，堂後漫衍，鞠爲園蔬，更難少緩。遂復謀之觀察李公，公助如郡。余以兩役競起，鍰穀盡偕同寅燕君汝靖、劉君汝桂、栢君儲珝各捐俸以助。邑令邢君琦瓜期及矣，慨然力任曰：「余願殫頂踵，觀厥成而後行。」於是邑大夫士之慕義者，爭先樂輸。學博士陳余達、柳汝棟暨縣簿陳明敏、尉陳三謨、巡檢熊鼎元，生員顧汝言等晝夜課督，鼛鼓與絃誦聲相雜。迄三月，傑閣巍然已於事而竣矣。竣事後，邑諸生復牽率而前請予記之，知余郡學有記，且念一時拮据之勞，欲勒之貞珉，以詔來許也。

余進諸生而告之曰：昔列禦寇稱渤海之東有大壑，中有五山，其一爲蓬萊，臺皆金玉，所居皆神仙之種，望之如雲而不可即。爾邑何以獨被此名也？名亦都矣哉！豈謂徐福、欒大輩紿秦皇、漢武其地登山臨海，庶幾可至殊庭而被此名也，誠謂其地大海蜿蜒，羣山錯列，蒼蒼莽莽，不類人間世風，氣聚而靈異鍾云爾。夫地靈則人傑，人生其間，宜其敦龐樸茂，有太古鴻濛之色，恬澹潔浄，有冲虚之子餐霞吸露之標，然後可稱此名。而舍吾儒，將安冀乎？吾儒所宗者，堯、舜、周、孔也。其人補天柱地，千載如生，非若安期羨門杳渺而不可索模者也。所誦者三墳、五典、七經也，其書列宿連珠，百世不磨，非若秘文怪牒，誕幻而不可厝施者也。諸生而誠能讀其書，知其人，非聖賢之謦咳弗以鑄辭，非聖賢之型摹弗以禔躬，無論吐鳳轡龍，掇嵬登膴者，人以杏園藜閣比之瀛洲，或處而砥節礪操，振衣於霄漢，或出而竪駿流鴻，垂芳於鼎彝，宇内想見其丰采，如藐姑射之有至人，忻忻思一履其墟，爲之執鞭。則此嵬然閣也，吐星出日，藏寶懷珍，彼蓬萊金、玉臺觀，豈麗於此哉？山隱文豹而丹壁增姸，海飛蒼虬而碧津耀采。是故問地者問材，問材者問士，士多琦瑰，則雖瘠土窮鄉，不異大都；士多茅靡，則雖雄藩鉅鎮，終爲陋壤。諸生其勉旃，務令無媿名邑之初意，并無負建閣者之盛心。

是役也，用夫數百指，木數百章，石數百丈，磚萬個，瓦萬片，灰萬斛，總計規制稍狹於郡學，工費亦較郡少什之三。官帑不煩，民力不疲，而厥工告成，是皆可記。遂記之。

道光重修蓬萊縣志卷十二

唐賢張公祠記

張公名公藝，唐壽陽人也。至唐龍朔間，凡九世，聚族而居，無析産，亦無間言。北齊、隋、唐，交旌其門。高宗登岱宗，幸其家，問所以久居之故，公書「忍」字百餘以進，高宗賜縑帛而還。夫周之有懿德也，糾合宗族，爲賦《棠棣》，尚有急難死喪鬩牆之感，况棠棣風微，角弓響熾，誰能依依久居，不見隆薄乎？誠古今希哉！至其百忍獻規，則更有深意，而宋儒苛於求疵，謂高宗以濡忍不斷，釀成天后之禍，以忍濟忍，何異以干戚之舞解平城之圍？遂惜公失對，不若新城壺關諸三老。嗟乎！忍何容易哉？郇模獻三十字，自謂一字爲一義，公書百忍，亦謂忍非一端，而惡可以一濡忍盡之？鋤其鋒棱，固其扃鐍，一於藏垢，是含忍之爲忍也。宣尼有曰：「小不忍則亂大謀。」試度人所不能忍時，突如其來，如飛如翰，如崑岡之焰方揚，孟門之波欲決，誰能遏之？是必有慧眼朗鑒，常空明以破其情塵，而後能忍；是必有剛腸勁氣，常磨礪以斬其性蘖，而後能忍。忍何容易哉？公特以草野之夫，不敢直言宫闈之事，而寓意於此。假令高宗而悟公之意，忍於割帷牆之愛，忍於驅城社之奸，則龍漦燕啄，不充後宮；狐媚鼠黠，不伏外庭。藻扃黼帳不爲蔽，而袵戈影弩不爲祟。天后之禍，安所從起也？天后朝有婁眞公，以唾面自乾訓其弟，與張公意正相符。當此穢濁之時，稍自愛者莫不拂衣去羞，與昌宗、易之輩爲伍。眞公獨低佪留之，不能去，大似忍辱，而卒偕狄梁公挾日虞淵，收反正之功。忍之用又稍變而效於此矣。

每鏡往牒，至於叔季，在上者陰噎而不開，雷虺而不發，多以惑溺而養亂萌；在下者攘臂而呼群小之援，射影而修一方之怨，多以忿戾而生厲階。風波起於轂下，而荊棘旅庭，何紛紛也？總之，不能忍耳。當此得公説而存之，如重昏之夜照以曉日，蘊隆之侯沃以清淵，欲平躁釋械，息機忘有，不覺氛祲消，天壤寛，世世並行并育，無相害哉！張公妙用，有補於世道人心，合於宣尼「小不忍」之旨，眞可方婁眞公，寧在新城壺關諸三老下哉？

壽陽令李君仰思以古道變今俗，爲公建祠肖像，擇其後人之俊秀者主公蒸嘗，以示風勵意。復伐石，索余記，其遂記之。

雍正山東通志卷三十五之十九下

讀史漫録序

余每謂以今論今，不若以古論今。以今論今，或局面未定，成敗藏否猶屬揣摩；以古論今，指前輒以詔後，車執舊矩，以晝新方，百不失一矣。漢時有大議，必召博士問故，實霍子孟稱大臣當用有經術者。而我朝卜相多取之史官，舍金甌而求之石室，亦謂其考訂多參酌熟千古，得失之林了然指掌間也。晚近士矜鞶帨，厭薄陳迹爲唾餘，不足拾。刻脂鏤冰之輩，始不可望以補天浴日之功。抱空腹而載高位，非其具耳。

東岱有文定于公，余讀其全集，奏疏類賈、陸，敘、記似昌黎、眉山，賦、詠在沈、謝之間。龍翔虎躍，蔚然已爲詞林冠冕。而余雅知公素以天下爲己任，其所殫精勵志，恐不沾沾細響，願盡發公武庫之藏而後愉快焉。適天子萬壽，余以祝釐行道，經東阿，公子中舍君儼然廷辱曰：「先君子遺言種種，頗流傳人間，更有讀史漫録，微辭隱義，不無忌諱。先君子每歎司馬子長史記爲藏山之草，非遇楊惲不傳。是録也，其在是君乎？」余受而卒業，蓋上自混元初闢，下迄餘氛閏位，悉網羅而衮斧之，凛然萬世著龜兆，而公之相業亦於是焉備。如論氣運過盛當衰，在聖賢豪傑必有參贊之機，不宜以身家結念禍福易形，視主德世道爲無可奈何，而偷旦夕之安，此何襟期也？可以想公盡瘁之極思，與默回之妙川。至於論治體曰：古之論治，在命脉、腠理之中；今之論治，在形骸、骨節之外。論人才曰：輔弼之臣，以德爲才；奉法守職之臣，以才爲才。論黨類曰：蔓草有引而附木，松柏無憑而干霄。論延訪曰：博古通今之士阻，則造膝附耳之徒進。論抗疏曰：反噬之跖犬不察，則折檻之鳴鳳含羞。論罷四方貢獻曰：上行求車之令，則下興問鼎之心。論斥五坊使曰：極虎兕於原野，雖遠而壯夫奮袂；薰狐鼠於城社，雖近而巧匠血指。培養之眞悃，式序之朗鑒，集思之虛懷，秉公之介性，委曲開導之訏謨，口津津見於篇中，不可枚舉。乃公之孤標勁節，養之能定，持之能堅，尤於論錢若水窺公底裏。公深服若水高品，謂人臣有嗜進心，涕，疑吕蒙正罷相寂寞，知帝心輕鄙輔臣，即以母老請罷。若水因宋太宗問劉昌言去位流爲人主所輕，則人與官俱輕，損士風而傷治體。余度公居，恆嚮往必如李鄘，不屑由監軍就相位；如歐陽永叔，不願從諫官得執政；如富鄭公使北，三予三辭，姓名不爲宦官宫妾所知。令天子知廟堂有不愛纓縻之士，改容而禮，然後侃侃諤諤，爲韓琦之撤簾，爲李沆之焚詔，爲楊億之不草制無入，而不得讀其書，不知其人可乎？世豈有當耕莘時如此盟心若而人肯卑卑浮沉，以取世資已哉？

司馬温公居洛，作通鑒，凡百餘卷。温公主於紀事，公主於立論。煩簡稍異，而抽鳳毛，截麟角，詞約而切峻。温公再相宋，天不欲元豐之爲慶曆，王安石、吕惠卿輩互爲下石，竟阨於時。

公遇聖明，三事推轂，九重裂麻，業已握樞秉衡矣。朝拜命而夕隕星，竟阻於年，相業以久暫差池，隱顯亦漸有間，而二公之正直忠厚，博大光明，並爲千載。人易地而更置之，又不知誰爲古而誰爲今矣。

（乾隆）泰安府志卷二十七、（道光）東阿縣志卷十八

附録二　傳記資料

黄憲副穀城公傳

黄體仁字長卿，號穀城，上海人。公生而歧嶷，端碩有大人志。方九歲時，舉家避島夷難，晝伏夜行，即爲扶掖祖母及母，見者已卜其非凡兒。迨補博士弟子員，年猶弱冠也。而其爲文，即以高奇雄博受知于督學使耿公，携之至泰州，講身心性命之學，多所發明究解，不以諸生禮遇公。而公之在膠庠也，凡事必嚴毅發憤。有社友棄産之金爲族貴所匿，意極鬱鬱，病且危。公往陳大義責之，遂返其金，得不死。學有群忠祠久湮，公倡義復其故址。顔令公修邑乘，有議汰鄉賢蔣給諫牲中從祀者，公力持之，俎豆如故。此其磊落之概可以見矣。當是時，自縉紳大夫以至學人士，皆以公輔期公，而無奈高才多戚戚之窮，屢不售於塲屋。邑令許公仰亭與鄒學博有人倫鑒，知其大器，當屬晚成，輒捐俸貲代公援例入六館。至甲午，始登薦書，而尚阻于一第。

其爲孝廉十年，所爲鄉邦計利弊甚悉。如議築浦塘，議建匯塘閘，議增繕内外城，議開東西水關，議省煩役，皆得行其説。而亦錚錚侃侃，未嘗靦顔俛首。居間郡邑大夫郡邑雅重之。

閲甲辰成進士，出文恪唐公抑所之門。文恪舊與公同社，有意引之，庶常數語公，公不應，迺循例授官刑曹。公在曹，明刑飭法，豪貴不得少干以私。爲大司寇董公、沈公所器。會科場割卷事發，署有老蠹夙奸度無可上下，别爲駁語以撓公。公持之益堅，有「三尺重則一官輕，科場公則鄉曲私」之示，人争傳誦之。而又補定律例，人情帖然，朝論亦無不服公者。薊州陳橋殺夫，橋倚中貴人勢，勾攝之不得。公能捕之，伏其辜。内犯劉夢龍姦人妻，正在按問，忽有挾匕首持頭而入者，震動禁門。公能勘其致死之由，寘之於理。若貲郎以七品秩從使朝鮮，假之三品服色，而以虚俸濫得恩典，主爵者訊而成永戍之獄。公謂于法不宜戍，而爲之據事參駁，卒從末減之科。公即執法而亦持平，是其精明而仁恕者也。

無何，出守登州。登瀕海瘠墝，民多不堪命。而公至即捐市中雞豚、麪醋、屑瑟之税，且約己率屬，務敦本實，挽頽風，伸單寒，抑豪右，省科派，賑饑貧，頌聲大作。屬吏有不善俛仰者，爲蜚語所中，撫臺已將從事彈章矣。公心知其無他也，而竟與白之。登之舊志以淳于髡爲稱首，公易之以魯仲連，蓋重仲連之爲人也。而靖難時少保陳迪以抗節得罪，戍其子孫于登。公代爲陳乞，而且以謚請焉。又爲戚少保繼光請謚于朝。而壽張有張公藝九世同居遺跡，公爲建祠而擇其後裔之賢者，給衣冠奉祀，其表章名賢以礪俗皆此類。公以此益騰循卓聲，遂有東兗憲使之擢。時且歲當大祲，民情騷動，山林嘯聚，道路僨尸而會。福藩之國，舟車輻輳于途。公皆處置調停，民亦不苦於酬應，兗之人相與德之。蓋公秉憲以來，其所陳列者皆儲谷備賑諸條，其所禁革者皆參謁供億諸欵。雖得民譽而頗不得當路心，有含沙射之者，而公亟賦歸來矣。其歸也，囊無餘貲，自奉惟取諸田稅之入，而市不求廛，浦不争渡，行不規利，奴不役官，日偕故舊友朋載觴載咏，而亹亹好行其德，内外戚疎藉之衣食、婚嫁者不可勝數。而凡事且多陰爲之地，没齒不令其知，此晉陵宗伯孫公愼行銘其墓而稱公青松不改，寒日足曛，且謂公淳懿方遂，豪舉悃愊，合而爲一人者也。至乃居家孝友，又公天性自然，毋庸論矣。公爲諸生，嘗横經受徒，多高足爲顯人鉅卿，而宗伯徐公光啓尤敬信其師，詳述其行誼官箴，屬余受簡而爲之傳如此。

公所著四然齋稿十卷、續稿四卷、奏議二卷、詩、文、雜著、東牟、西曹案牘各二卷，藏于家。有丈夫子六人：應申、兆錫輩皆讀書，能自豎立，當有似續而昌大之者。而今已從祀鄉賢，得與廟食，公其不亡也夫！　客有談公遺事者，公嘗夢至李善長祠中，得題詠一扇，後書贈晉相國尤公瑛。蓋善長爲開國元勳，以甲午年謁見高皇帝，而先是尤公成進士以嘉靖甲辰，公鄉舉會榜之選，適與之符信，亦有數并記之。

雲間志略卷二十二

黄體仁傳

黄體仁字長卿，號穀城。父一岳，以孝友稱，由貢爲祁陽訓導，署邑篆，著正直聲。解組歸，舉鄉飲賓，門人私謚貞定。體仁九歲，避島夷難，能掖祖母及母。比長，受知於學使耿定向，講性學，多所發明，顔洪範，修邑志，有議汰蔣性中從祀者，力持之。中萬曆二十二年舉人，議築浦塘，建蒲匯塘，牐增繕内外城，開東西水關，省煩役，皆得行其説。學問行誼，推重時流，遠近争爲負笈。登萬曆甲辰進士，館於相國李文節廷機家。廷機使試館職，謝曰：「某老矣，不足以辱此選，門人徐光啟博學而賢，用世才也，請以自代。」故光啟入翰林。體仁爲刑部主事，遷員外郎，陞郎中，出知登州府。罷坊市雜税，豪右斂手。登州有建文忠臣陳迪孫在戍籍，體仁爲陳脱伍，并請迪謚。擢東兖道副使，值歲祲而福藩之國，舟車填輳，體仁條上，盡革迎謁供億諸費，當事者不悦，罷歸。仕宦十餘載，歸惟擔書而已。居家以詩酒自娱，而問字之車盈户外。體仁獎勵後學，講誨無倦意，著有奏議、詩文及上海田賦志。遷居上海城，卒祀鄉賢。

光緒川沙廳志卷十

圖書在版編目（CIP）數據

黄體仁集／［明］黄體仁撰；杜怡順整理．—上海：復旦大學出版社，2014.12
（浦東歷代要籍選刊）
ISBN 978-7-309-10772-2

Ⅰ．黄…　Ⅱ．①黄…②杜…　Ⅲ．黄體仁—文集
Ⅳ．Z424.8

中國版本圖書館CIP數據核字（2014）第132313號

黄體仁集

［明］黄體仁　撰　杜怡順　整理

出版發行　復旦大學出版社
上海市國權路五七九號　郵編：二〇〇四三三
八六—二一—六五六四二八五七（門市零售）
八六—二一—六五一一八八五三（團體訂購）
八六—二一—六五一〇九一四三（外埠郵購）
fupnet@fudanpress.com　http://www.fudanpress.com

責任編輯　張旭輝

印　　刷　浙江新華數碼印務有限公司
開　　本　八九〇×一二四〇　三十二分之一
印　　張　十一·七五
字　　數　二〇九千
版　　次　二〇一四年十二月第一版第一次印刷

書　　號　ISBN 978-7-309-10772-2/Z·73
定　　價　叁拾貳圓

如有印裝質量問題，請向復旦大學出版社有限公司發行部調換。